Werte Leserschaft,

vor kurzem erreichte uns eine Zuschrift, die mit dem Satz begann: „Endlich habe ich DEN Guide zu fränkischen Lokalen gefunden, den ich so lange gesucht habe!" Als Autor geht einem da natürlich das Herz auf. Wir freuen uns, dass wir mit der Erstauflage unseres Weinstubenführers gleich so ins Schwarze getroffen haben. Eigentlich sollte das nur ein Hineinschnuppern in die neue Materie sein, weswegen wir mit der nun vorliegenden zweiten Auflage nur etwa ein Jahr später den Umfang fast verdoppelt haben und Ihnen auch eine neue Faltkarte bieten können. Gerade die Leserzuschriften bescherten uns eine perfekte Recherchegrundlage für Weinfranken. So waren wir wieder viele Wochen und Monate rund um Main, Saale und Tauber unterwegs und haben viele liebenswerte Menschen kennen gelernt.

Sollten Sie weitere Tipps oder Anregungen haben, zögern Sie nicht, mit uns Kontakt aufzunehmen. Alle wichtigen Informationen über uns und unsere Projekte finden Sie auf der Website zum Buch – **www.wein.by**

Neu für Sie dürfte wahrscheinlich unser kleines Sonderthema sein: das Baierweingebiet. Hier, entlang der Donau, wächst ein feiner Tropfen, der nur aufgrund der geringen Größe des Anbaugebietes ausschließlich als Tafelwein verkauft werden darf. Blättern Sie sich doch einfach einmal durch die Seiten 366 bis 375 und planen Sie einen Besuch in diesem winzerischen Kleinod ein. Wir garantieren Ihnen ein wunderschönes Erlebnis.

Natürlich haben wir auch in unserem vorliegenden Buch wieder nach dem bekannten Konzept gearbeitet. Die Recherchen sind unabhängig, keine der Weinstuben oder Heckenwirtschaften zahlt für Ihre Aufnahme oder gar die Veröffentlichung bestimmter Texte oder Bilder. Deswegen ist es umso wichtiger, uns bei den Partnern des Buches zu bedanken. Allen voran Hubert Rottmann und Peter Weber von der DB Regio, die uns und Ihnen den perfekten Weg zeigen, mit den öffentlichen Verkehrsmitteln zu den verschiedenen Winzern zu kommen. Denn auch für Weinliebhaber gilt natürlich: „Don't drink and drive"! Zudem danken wir Herrn Markus Schoebel von DIVINO Nordheim, unserem Partner vom Fach.

Weiterhin maßgeblich für das Gelingen unseres Buches sind Silke Barthel, Jutta Lange, Bernd Müller und Simone Sesselmann vom Fränkischen Tag Buchverlag und natürlich unser GuideMedia-Team (ebenfalls in alphabetischer Reihenfolge): Ingeborg Essel, Jofrey Kollmann, Frank Märzke, Nicole Schramm, Florian Spindler und Benjamin Strüh sowie unsere teils bereits angetrauten besseren Hälften Pia und Claudia... **DANKE!**

Markus Raupach und Bastian Böttner

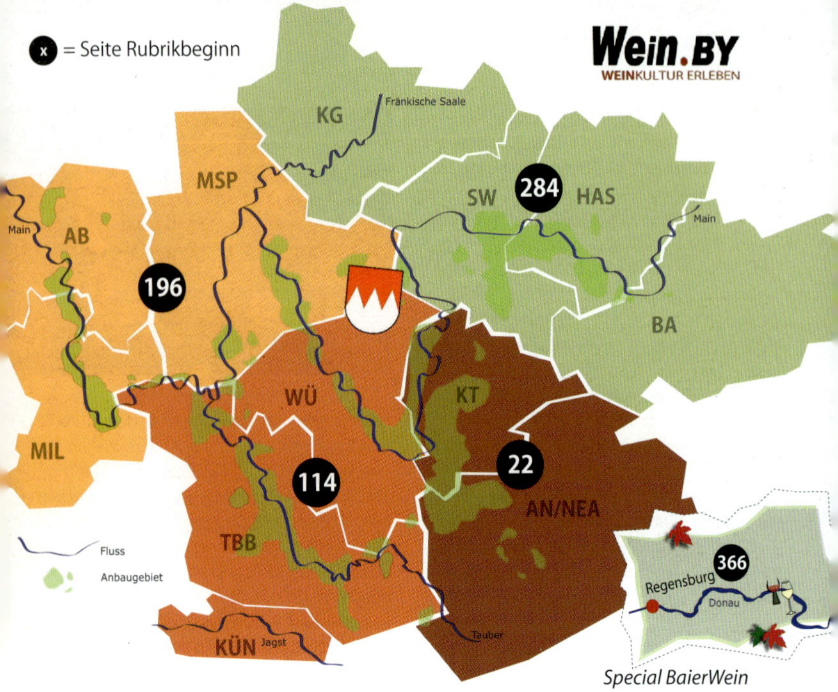

Die fränkische Welt des Weines...

...entfaltet sich im Schwerpunkt entlang der großen Flüsse Main, Saale und Tauber. Vor allem der Weinlandkreis Kitzingen mit seinen vielen bekannten Weinorten, aber auch Regionen wie Würzburg, Tauberfranken, Miltenberg oder die Haßberge haben sich kulturell wie traditionell voll und ganz dem Rebensaft verschrieben.

Um etwas Struktur in dieses Buch voller Genusstipps zu bringen, haben wir **vier Hauptrubriken** gebildet, deren Stationen farbig gekennzeichnet sind. Dabei haben wir bewusst darauf geachtet, dass sich kein Abschnitt des Buches vor dem anderen verstecken muss! Überall finden Sie wunderschöne Landschaft, kulturelle Höhepunkte, tolle Gastronomien und natürlich herausragende Weine. **Als kleine Draufgabe finden Sie ab Seite 366** einen Ausflug in das kleinste Weingebiet Deutschlands!

Viel Spaß beim Entdecken dieses Weinparadieses!

Bahnhöfe und Liniennetz siehe **Seite 20**, Haltestellen bei der jeweiligen Gastronomie! DB

Unsere fünf Rubriken kurz erläutert...

Kitzingen & Mittelfranken

Weinselige Weininsel, wahres Weinparadies, eine echte Symphonie in W, so könnte man die südliche Frankenweinecke bezeichnen. Der Spannungsbogen zwischen Volkach und Rothenburg, Bullenheim und Sommerach könnte nicht größer sein... **ab Seite 22**

Würzburg & Tauberfranken

Das Herz Weinfrankens schlägt eindeutig in Würzburg, der gewachsenen Metropole, in der früher die Bischöfe das Sagen hatten und für die Weinbautradition sorgten. Weiteres Pflichtprogramm in dieser Rubrik: Der Zauber der Tauber... **ab Seite 114**

Aschaffenburg, Miltenberg & Main-Spessart

Roter Sandstein, so weit das Auge reicht. Der Untermain weiß in jeder Hinsicht zu überzeugen, auch wenn es hier schon an mancher Ecke nicht mehr fränkisch klingt und Maultaschen den Teller erobern. Im Main-Spessart gibt es einige Geheimtipps zu entdecken... **ab Seite196**

Von Bamberg bis Bad Kissingen

Der Norden des Frankenweines – mit echten Highlights wie Handthal, Ramsthal, Sand, Zeil und echten Überraschungen, wie dem Bamberger Weinberg oder dem Wei'Stübla in Königsberg. Lassen Sie sich begeistern, auch jenseits der bekannten Weinpfade... **ab Seite 284**

BaierWein

Es ist zwar nicht mehr ganz Franken, aber dafür trotzdem ein Weingebiet mit Herz und Charme, das Baierweingebiet. Wir wollen Ihnen diese Hand voll Weinstuben nicht vorenthalten. Dieser Ausflug lohnt sich sicher und lässt sich wunderbar mit einem Regensburg-Besuch kombinieren... **ab Seite 366**

ÜBRIGENS: Innerhalb der Rubriken finden Sie immer wieder grau hinterlegte **Themenseiten mit Geschichten rund um die Fränkische Weinkultur, Weinfeste oder Freizeittipps.** Näheres siehe Verzeichnis auf **Seite 10**.

Rubrik Kitzingen und Mittelfranken

Rubrikbeginn mit Karte auf Seite 22

Komplettes Namensverzeichnis ab Seite 376

Rubrik Würzburg und Tauberfranken

Rubrikbeginn mit Karte auf Seite 114

...weiter siehe Seite 06 ▶

Rubrik Aschaffenburg, Miltenberg & Main-Spessart

Rubrikbeginn mit Karte auf Seite 196

Komplettes Namensverzeichnis ab Seite 376

...weiter siehe Seite 08 ▶

Von Bamberg bis Bad Kissingen

Rubrikbeginn mit Karte auf Seite 284

Komplettes Namensverzeichnis ab Seite 376

Special: BaierWein

Rubrikbeginn mit Karte auf Seite 366

Redaktionelle Themen siehe Seite 10 ▶

Redaktionelles

Handwerkszeug

Impressum

Mediengruppe Oberfranken
Buch- und Fachverlage
GmbH & Co. KG
E.-C.-Baumann-Str. 5
95326 Kulmbach

Produktion & Gestaltung:
GuideMedia GbR, Bamberg

Druck: creo Druck &
Medienservice, Bamberg

ISBN-13: 978-3-936897-83-8

GUIDEMEDIA

Grüner Markt 15
96047 Bamberg
Tel.: 0951-5194166
www.guidemedia.de

Komplettes Namensverzeichnis ab Seite 376

Weinfest-Service
Elena
FRANKEN
2009er
Bacchus
homburg

Bald hebt sich auch das Herbsten an, die Kelter harrt des Weines...

Die fränkische Seele hat es nicht leicht. Schließlich erstreckte sich einmal ein Frankenreich über ganz Mitteleuropa mit Städten wie Paris und Rom. Am Ende der Entwicklung stand die Auflösung des Fränkischen Reichskreises unter Napoleon und die Einverleibung durch das Bayerische Königreich.

Mit den Bayern hatten die Franken bis dahin fast gar nichts gemeinsam, und so bezeichnen sich selbst heute noch die meisten Einwohner von Würzburg, Bamberg und Nürnberg in erster Linie als Franken. Neben den drei Bezirken Ober-, Mittel- und Unterfranken existiert in Baden-Württemberg noch die Region Heilbronn-Franken, die bis 2003 nur Franken hieß.

Innerhalb dieses rund 28.000 qkm großen Gebietes leben heute rund 5 Millionen Einwohner, die sich kulinarisch vor allem durch ihren Durst unterscheiden. Etwas westlich von Bamberg durchläuft eine Trennlinie das rot-weiße Territorium, in deren Osten hautpsächlich Bier getrunken wird. Im Westen hingegen liebt man den Frankenwein. Der Ursprung dieser klaren Trennung liegt in den Vor-

lieben der Fürstbischöfe von Würzburg und Bamberg, von denen die einen eben auf den Reben- und die anderen auf den Gerstensaft setzten. Das Ergebnis ist, dass sich die Franken sehr mit ihren jeweiligen Lieblingsgetränken identifizieren und gerade in dieser Hinsicht auf die Bayern herunterschauen, die hier auch nicht wirklich viel entgegenzusetzen haben.

Mit dem vorliegenden Buch möchten wir Ihnen die Herrlichkeit des Frankenweines und seiner reichen Kultur nahebringen: von den großen Weingütern in Würzburg (immerhin Nummer zwei und drei in Deutschland) bis zu den kleinen Besenwirtschaften in Tauberfranken, wo man den Eindruck hat, dass jede Flasche die letzte sein könnte, die vom jeweiligen Hauswein (noch) zu haben ist. Überall werden Sie auf äußerst liebenswerte, offene und originelle Menschen treffen, die eine Menge über ihr Leben im Weinberg zu erzählen haben. Manche leben und arbeiten noch sehr traditionell, andere haben sich den vermeintlichen Zeitläuften angepasst, Trauben wie Merlot oder Chardonnay angebaut und ein Barrique im Keller stehen.

Zu dieser großen Vielfalt haben wir als kleines Abrundungsgewürz diesmal noch als Special die oberpfälzer Baierwein-Region ausgesucht, die (in Sachen Weinbau) von Unterfranken aus verwaltet wird und so klein ist, dass hier nur Tafelwein abgefüllt werden darf, selbst wenn die Qualität auch Prädikatsweine rechtfertigen würde.

Wir wünschen Ihnen nun viel Freude und enden mit der Fortsetzung der Überschrift aus dem Lied der Franken: „Der Winzer Schutzherr Kilian beschert uns etwas Feines!“

Wenn's in Franken kräftig blubbert

Sobald der Herbst die Blätter weinrot färbt, freuen sich die hiesigen Rebensaftfans auf ihre fünfte Jahreszeit: Es gibt Federweißen und Federroten, manchmal sogar gemischt. Zusammen mit dem passenden Gericht, dem Zwiebelkuchen, kann das eine ganz schöne Belastungsprobe für einen ungeübten Gastrointestinaltrakt werden, der Gaumen jedoch frohlockt in höchsten Tönen.

Der Traubenmost, der gerade mit der Gärung begonnen hat, ist unfiltriert und muss aus unverschlossenen Gefäßen ausgeschenkt werden, weil die Hefe immer neues Kohlendioxid produziert. Je nach Alter schmeckt dieser Jungwein entweder noch sehr süß oder dann eben immer mehr wie fertiger Wein und hat zwischen 4% Alkoholgehalt zu Beginn und 11% am Ende der Gärphase. Das bedeutet, Sie sollten vorsichtig sein mit dem süßen Saft, denn den Alkohol bemerkt man meistens erst, wenn es zu spät ist...

Der vitaminreiche Herbstklassiker hat sich mittlerweile derart etabliert, dass nicht mehr nur solche Trauben zu Federweißem verarbeitet werden, die nicht das Potential haben, zu einem hochwertigen und lagerfähigen Prädikatswein vergoren zu werden. Man schenkt inzwischen durchaus auch Most aus der hochwertigeren Produktion aus. Schließlich ist die Nachfrage groß, und der Verdienst für den Winzer ist ebenfalls nicht zu verachten.

AROMEN

Rot- und Weißweine können sehr unterschiedlich riechen. Hier eine kleine Auswahl an Aromen, die man auch in Frankenweinen findet: Apfel, Banane, Brennessel, Farn, Himbeere, Honig, Schiefer, Stachelbeere.

BARRIQUE

Klassisch bedeutet dieser Begriff den Ausbau in einem 225 Liter fassenden Eichenfass. Je neuer ein Fass, desto mehr runden Komponenten aus dem Holz das Aromaspektrum des Weines ab. Die Fässer werden bei der Herstellung unterschiedlich geröstet, wodurch die Aromen deutlich variieren. Im Gegensatz zum Ausbau im Barrique findet sich auch die Bezeichnung barriqué, was bedeutet, dass das Aromaprofil eines bereits ausgebauten Weines durch Lagerung in einem kleinen Eichenfass verändert wurde. Mittlerweile gibt es auch die Methode, Wein bei der Lagerung Eichenholzchips beizugeben, um einen ähnlichen Geschmackseffekt zu erzielen. Solche Weine dürfen aber nicht als Barriqueweine vermarktet werden (in Deutschland sind generell alle Prädikatsweine von dieser Behandlung ausgeschlossen).

BOCKSBEUTEL

Speziell für Franken typische Weinflasche, wahrscheinlich der Form eines Ziegenhodensackes nachempfunden. Füllmenge 0,75 Liter.

CUVÉE

In Deutschland Verschnitt mehrerer Rebsorten, die zusammen gekeltert werden, oder mehrerer fertiger Weine, also Wein aus verschiedenen Rebsorten oder Weinbergslagen.

ETIKETT

Auf dem Flaschenetikett finden Sie die Region (z.B. Franken), dazu in der Regel die Weinlage (z.B. Kammerforster Teufel), den Jahrgang der Traubenlese und die Rebsorte (z.B. Bacchus). Dazu kommen Qualitätsstufe, Abfüller, Volumen und Alkoholgehalt.

HECKENWIRTSCHAFT

(auch Besenwirtschaft oder Häckerwirtschaft). Hier schenkt ein Winzer selbsterzeugten Wein in seinen eigenen Räumen aus. Ein solcher Ausschank ist kein Gewerbe und daher erlaubnis- und abgabenfrei, wenn folgende Bedingungen erfüllt sind: maximal 40 Sitzplätze, nur einfache Speisen, außer Wein nur selbstgebrannte Spirituosen und zwingend Nichtalkoholisches im Ausschank, maximal vier Monate im Jahr geöffnet.

LAGERZEIT

Weine durchlaufen in der Regel eine Entwicklung. Einfache Weißweine sollten am besten jung getrunken werden, hochwertigere entwickeln im Alter von zwei bis drei Jahren fruchtige Aromen und Säuren, flachen dann wieder ab und blühen dann nochmal im Alter von ca. fünf Jahren für etwa fünf Jahre auf. Bei Rotweinen verschiebt sich die erste Phase um ca. ein bis zwei Jahre, gefolgt von einem Abtauchen, bis sie dann im Alter von neun bis zehn Jahren für etwa zehn Jahre auf ihrem Höhepunkt sind. Diese Angaben sind natürlich sehr grob und können bei Spitzenweinen variieren.

MEDAILLEN/PRÄMIERUNGEN

Nachdem die Teilnahme an Weinwettbewerben in der Regel mit einer Teilnahmegebühr verbunden ist, kann man nur relativ gesehen sagen, dass ein Wein mit einer Goldmedaille „besser" ist als einer mit einer Bronze- oder Silbermedaille desselben Wettbewerbs. Eine weitergehende Aussage kann meist nicht getroffen werden.

OECHSLE GRAD (°OE)

Die nach ihrem Erfinder, dem Pforzheimer Mechaniker Ferdinand Oechsle, benannte Maßeinheit für das Mostgewicht des Traubenmostes. Gemessen wird die Dichte des unvergorenen Fruchtsaftes (Most), was auf die Zuckerkonzentration schließen lässt. Ein deutscher Durchschnittsjahrgang kommt auf ca. 75°Oe. Von den °Oe kann man auf den zu erwartenden Alkoholgehalt schließen. Bei 80°Oe ergibt sich beispielsweise 10,6% Vol.

QUALITÄTSSTUFE

In Deutschland wird zwischen Tafelweinen und Qualitätsweinen unterschieden. Erste machen nur 0,5% der Gesamtmenge aus, etwas mehr als 40% sind Qualitätsweine bestimmter Anbaugebiete (QbA), die zur Alkoholerhöhung angereichert werden dürfen. Der Rest entfällt auf die höchste Klasse, den Qualitätswein mit Prädikat (oder auch Prädikatswein, staatlich geprüft mit Nummer auf dem Etikett). Innerhalb der Prädikatsweine werden dann noch Kabinett (mind. 73°Oe - Grad Oechsle), Spätlese (mind. 85°Oe), Auslese (mind. 95°Oe), Beerenauslese (mind. 125°Oe), Trockenbeerenauslese (mind. 150°Oe) und Eiswein (von der Lese bis zur Kelterung bei mindestens -7°C gefroren) unterschieden.

REBSORTE

Generell wird Wein aus der Edlen Weinrebe (Vitis vinifera) gewonnen, die allerdings in unterschiedlichen Sorten vorliegt, die als Rebsorten bezeichnet werden. Je nach Klima und Bodenbeschaffenheit gedeihen bestimmte Rebsorten besser als andere, außerdem gibt es Resistenzen gegen Krankheiten und Schädlinge. In den ca. 5.000 Jahren Weinkultur haben die Winzer durch Züchtung an die 10.000 verschiedene Rebsorten gewonnen, von denen etwa 2.500 heute auf der Welt für die Weinherstellung zugelassen sind. In Franken entfallen ca. 80% der Anbaufläche auf Weißwein und 20% auf Rotwein. Es dominieren immer noch die Rebsorten Müller-Thurgau (30%), Silvaner (20%) und Bacchus (10%). Allerdings befinden sich die Anbauflächen einerseits durch die Auswirkungen des Klimawandels und andererseits durch ein Umdenken in der neuen Winzergeneration momentan relativ stark im Wandel.

SÄURE/SÜSSE

In der Regel unterteilt man die Weine in trocken (herb), halbtrocken (dezente Süße) und lieblich (mild mit viel Restsüße). Die Restsüße meint den Gehalt an unvergorenem Frucht- und Traubenzucker im fertigen Wein. Liebliche Weine können auch durch nachträgliche Zugabe von Süßreserve (Most/Traubensaft) erzeugt werden.

TEMPERATUR

Generell gilt, dass die Weintemperatur in der Flasche eher zu kühl als zu warm gewählt werden sollte, weil der Wein im Glas sich sowieso schnell erwärmt. Als Faustregel gelten für Weißweine ca. 7°C, für Rose und gehaltvolle Weißweine ca. 10°C, für leichte Rotweine 13°C und für kräftige Rotweine 16°C.

WEINSCHORLE

Dieser erfrischende Durstlöscher besteht in der Regel zur Hälfte aus Wein und zur anderen Hälfte aus Wasser (saure Schorle) bzw. Limonade (süße Schorle). Achtung: Weine mit hohem Säuregehalt, wie es gerade die klassischen Frankenweine oft sind, schmecken mit stark sprudelndem Wasser noch saurer, wählen Sie lieber stilles Wasser.

An dieser Stelle möchten wir einige empfehlenswerte Highlight-Termine der Weinsaison vorstellen.
All diese Feste finden zumeist in bestimmten Wochen des Jahres statt. Wo es keine klare Fixierung des Termines gibt, haben wir die jeweils gültigen Internetseiten für Ihre Ausflugsplanung angegeben.

April

- **Stammheim, Weinbergswanderung**
www.volkach.de

- **Klingenberg, Historisches Weinfest auf der Clingenburg**
www.klingenberg-main.de

Mai

- **Bullenheim, Straßenweinfest**
Christi Himmelfahrt

- **Nordheim, Weinfest**
Christi Himmelfahrt

- **Würzburg, Weindorf am oberen und unteren Markt**
Letzter Freitag im Mai

Juni

- **Prichsenstadt, Weinfest**
www.prichsenstadt.de

- **Neuses, Glatzenweinfest**
www.dettelbach.de

- **Bamberg, Weinfest im Innenhof Schloss Geyerswörth**
www.bamberg-guide.de

- **Königheim, Weinblütenfest**
Letztes Juni-Wochenende

- **Wipfeld, Promenadenweinfest**
www.wipfeld.de

- **Klingenberg, Weinfest im Schlosshof**
www.klingenberg-main.de

Juli

- **Wertheim, Hofschoppenfest**
www.wertheim.de

- **Sommerhausen, Weinfest**
www.tsgsommerhausen.de

- **Bamberg, Weinfest am Michaelsberg**
www.weingut-bauerschmitt.de

- **Sommerach, Weinfest**
Zweites Juli-Wochenende

- **Würzburg, Hoffest am Stein**
www.weingut-am-stein.de

• **Sand, Altmain-Weinfest**
Zweites Juli-Wochenende

• **Großwallstadt, Weinbergshüttenfest**
www.fraenkischerrotwein-wanderweg.de

August

• **Klingenberg, Weinfest**
www.klingenberg-main.de

• **Sulzfeld, Weinfest**
www.weinfest-sulzfeld.de

• **Wertheim, Burgweinfest**
www.wertheim.de

• **Zeil, Altstadt-Weinfest**
Um den ersten Augustsonntag

• **Volkach, Weinfest**
Mariä Himmelfahrt

• **Weigenheim, Weinfest**
Vorletztes August-Wochenende

September

• **Würzburg, Weinparade**
www.weinparade.de

• **Erlabrunn, Weinbergswanderung**
www.gemeinde-erlabrunn.de

• **Bach, Baierweinfest**
www.baierwein-museum.de

• **Handthal, Bremserfest**
www.handthal.de

Oktober

• **Miltenberg, Weinherbst auf dem Engelplatz**
www.fraenkischerrotweinwanderweg.de

• **Abtswind, Weinfest**
www.abtswind.de

November

• **Bürgstadt, Weinmarkt im hist. Rathaus**
www.fraenkischerrotweinwanderweg.de

Streckenkarte Bayern (Auszug) | Kooperationspartner der DB Regio

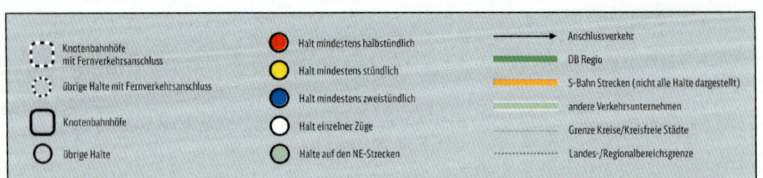

- Knotenbahnhöfe mit Fernverkehrsanschluss
- übrige Halte mit Fernverkehrsanschluss
- Knotenbahnhöfe
- übrige Halte
- Halt mindestens halbstündlich
- Halt mindestens stündlich
- Halt mindestens zweistündlich
- Halt einzelner Züge
- Halte auf den NE-Strecken
- Anschlussverkehr
- DB Regio
- S-Bahn Strecken (nicht alle Halte dargestellt)
- andere Verkehrsunternehmen
- Grenze Kreise/Kreisfreie Städte
- Landes-/Regionalbereichsgrenze

Auch in diesem Werk haben wir wieder an den öffentlichen Nahverkehr gedacht und mit der Deutschen Bahn einen altbewährten Partner an Bord. Um die Informationen über verfügbare Haltestellen übersichtlicher zu gestalten, haben wir die allgemein gültigen Symbole eingeführt, die jetzt jede **Haltestelle bei jeder Gastronomie im Balken unten neben der Seitenzahl** gleich mit dem zugehörigen Verkehrsmittel und der Linie ergänzen. Zusätzlich zeigt Ihnen hier ein Logo den oder die zuständigen Verkehrsdienstleister an.

Bus = Bus
R = Bahn
S = S-Bahn
Tram = Tram
U = U-Bahn

Bahnhöfe und Liniennetz siehe **Seite 20**, Haltestellen bei der jeweiligen Gastronomie!

Das Weinparadies im Südosten

Liegt der Landkreis Kitzingen noch in Unterfranken und damit im allgemein als Epizentrum des Frankenweines angesehenen Gebiet, findet sich im nordwestlichen Teil Mittelfrankens eine weitere Region mit großer Weintradition. Beispielsweise das selbsternannte „Weinparadies Franken". Gemeint sind die ca. 300 Hektar Anbaufläche rund um das Schloss Frankenberg im südlichen Steigerwald, das seit einigen Jahren wieder selbst ein Weingut ist. Obwohl Main und Tauber ein gutes Stück entfernt sind, gedeihen hier traumhafte Weine, die man in den verschiedenen Heckenwirtschaften teilweise sogar mitten in den Weinbergen genießen kann.

Doch zurück nach Kitzingen. Die über 1.000 Jahre alte Stadt verfügt über eine langjährige Tradition in Sachen Wein. Nicht nur, dass sich hier viele bedeutende Weinhändler etablierten, 1482 war der Ort auch Schauplatz einer Versammlung der fränkischen Fürsten, der Bischöfe von Würzburg und Bamberg, des Kurfürsten Albrecht Achilles von Brandenburg und der Freien Reichsstadt Nürnberg. Man wollte gemeinsam der damals üblichen Weinpanscherei einen Riegel vorschieben. Heraus kam eine Art Wein-Reinheitsgebot, das erste Fränkische Weingesetz, das vom Bodensee bis an die Elbe regelte, was im Wein enthalten sein durfte.

Ein spannendes Gebiet also mit großer Weintradition und auch historischer Bedeutung, das wir Ihnen auf den folgenden Seiten von der heute gelebten kulinarischen Seite näher bringen wollen.

Winzerhof Stahl

WWW.WINZERHOF-STAHL.DE **Plätze (außen/innen): 80/55**

WEINE

Rebsorten: Bacchus, Müller-Thurgau, Silvaner, Scheurebe, Spätburgunder, Domina. Weintipp/Empfehlung von Simone Stahl: 2009er Müller-Thurgau „Hasennest".

KÜCHE

Warme Küche: Kleine Karte mit 6-7 Gerichten. Kalte Küche: Kleine Karte mit 7-8 Gerichten. Spezialitäten: Selbstgemachte fränkische Bratwürste in Balsamico gebraten, selbstgemachte Bandnudeln in Zitronensahne mit gebratenem Zander, Käse vom Schmalzmüller mit selbstgemachten Rotweinzwetschgen und eingelegten Kürbissen.

ANSCHRIFT

Lange Dorfstraße 21
97215 Auernhofen
Tel.: 09848-96896

ÖFFNUNGSZEITEN

Ende Januar bis Ende März
Do bis Sa ab 18 Uhr
An den anderen Tagen nur nach Voranmeldung geöffnet
Ganzjährig Events und Veranstaltungen nach Voranmeldung möglich

DIE WEINGIESSEREI

Im Winzerhof Stahl geht es mit erfrischender Professionalität zu. So hat man zum Beispiel den eigenen Namen derart verinnerlicht, dass man ihn bei nahezu jedem Wein wiederfindet. Die Flaschen heißen dann zum Beispiel Edelstahl oder Damaszenerstahl usw. Es gibt aber auch anderes wie die leckere Sinfonie Tauberzell (20 Monate im Barrique gereift). Dazu passt perfekt die kreative Küche, die auch immer das Thema Wein mit einbezieht.

TIPP: Hutzelbrot und Apfelschnitz

Günther Dürr Gästehaus - Winzerstube

WWW.WEINBAU-DUERR.DE

Plätze (außen/innen): 60/65

SELBER WINZER WERDEN

Bei Dürrs in Bullenheim stimmt die Mischung – und das zu 150%! Feiner Wein, seit knapp 20 Jahren wieder selbst vermarktet, eine rustikale Stube mit traumhaft schönem Innenhof und gute selbstgemachte Hausmannkost von der Wurst bis zum Kuchen. Und wem das noch nicht genug ist, der kann für ca. 15-20 Euro Leasing-Pate eines Weinstockes werden. Den darf er dann auch auf Wunsch selbst hegen und pflegen (unter fachmännischer Anleitung, versteht sich) und den Ertrag dann stolz mit nach Hause nehmen. Sogar am Weinberg selbst sind die jeweiligen Rebstock-Leaser namentlich verewigt. Infos dazu auf der Website www.weinbau-duerr.de.

TIPP: Weinstock leasen!

WEINE

Rebsorten: Müller-Thurgau, Bacchus, Silvaner, Scheurebe, Dornfelder. Weintipp/Empfehlung von Christine Dürr: Rotling Julia und Lisa Cuvée (nach den beiden Töchtern benannt).

KÜCHE

Warme Küche: Kleine Karte mit 1-2 Gerichten. Kalte Küche: Kleine Karte mit ca. 10-15 Gerichten. Spezialitäten: Winzerplatte, selbstgemachter Obatzter.

ANSCHRIFT

Hauptstraße 16
97258 Bullenheim
Tel.: 09339-1436
Fax: 09339-1542

ÖFFNUNGSZEITEN

Ende Januar bis 3. Advent
Sa, So und Feiertage ab 15 Uhr
Montag bis Freitag geschlossen
Auf Voranmeldung für Gruppen, Reisebusse etc. auch außerhalb dieser Zeiten geöffnet

Heckenwirtschaft Jamm

WWW.WEIN.BY

Plätze (außen/innen): 18/42

WEINE

Rebsorten: Müller-Thurgau, Silvaner, Bacchus, Weißburgunder, Scheurebe, Dornfelder, Merlot.

KÜCHE

Warme Küche: Kleine Karte mit 1 warmen Gericht (wechselt jedes Wochenende). Kalte Küche: Mittelgroße Karte mit ca. 12 Gerichten. Spezialitäten: Hausmacher Wurst, selbstgebackene Kuchen und Torten, Winzerplatte spezial (Hausmacher Wurst und angemachter Käse).

ANSCHRIFT

Bullenheim 120
97258 Ippesheim
Tel.: 09339-989557 oder -1219
Fax: 09339-989005

ÖFFNUNGSZEITEN

Vom 1. WE im Aug. bis zum letzten WE im Sep. und vom 6. Jan. bis zum letzten WE im Feb. Sa und So ab 15 Uhr, Montag bis Freitag geschlossen Für Gruppen bis 40 Personen nach Anmeldung auch außerhalb dieser Zeiten geöffnet

BLÜTENMEER IN BULLENHEIM

Herbert Jamm arbeitet hauptsächlich auf einem anderen Weingut, findet aber nebenher noch genügend Zeit, sich auch um die eigenen Reben zu kümmern. Das große Highlight für die Gäste wie auch die Familie ist das Hofschoppenfest Ende August, wenn alle zusammen helfen und neben den guten Weinen auch große Schmankerl aus der Küche bzw. dem Backofen kommen.

TIPP: Winzerplatte spezial

Weinstall Reinhard Schmidt

WWW.WEIN.BY Plätze (außen/innen): 50/75

TERRAKOTTA-WEINSTUBE

Drinnen herrscht der Landhausstil, draußen Sommerlinde und Riesen-Nussbaum, seinen Namen hat der Weinstall von seiner ursprünglichen Bestimmung, als sich dort noch Rind und Schwein gute Nacht sagten. Seit 1991 schlürfen die Gäste nun Wein, nicht selten begleitet von spontanen Musikanten, besonders in Herbst (Mitte September) und Winter (Erster Advent), wenn die beiden jährlichen Karpfenfeste steigen. Neben den Rebsäften serviert Reinhard Schmidt auch noch edle Brände und Liköre aus der eigenen Brennerei.

TIPP: Grobe Bratwurst mit Kraut

WEINE

Rebsorten: Silvaner, Bacchus, Müller-Thurgau, Scheurebe, Dornfelder. Weintipp/Empfehlung von Reinhard Schmidt: Silvaner und Scheurebe.

KÜCHE

Warme Küche: Kleine Karte mit 10 Gerichten. Kalte Küche: Mittelgroße Karte mit 11 Gerichten. Spezialitäten: Winzervesper, grobe Bratwürste mit Kraut.

ANSCHRIFT

Bullenheim 113
97258 Bullenheim
Tel.: 09339-520
Fax: 09339-989131

ÖFFNUNGSZEITEN

1. WE im März bis letztes WE im Juni und 1. WE im Sep. bis letztes WE im Nov. Sa, So und Feiertage ab 15 Uhr
Montag bis Donnerstag geschlossen
Für Gruppen nach Anmeldung auch außerhalb dieser Zeiten geöffnet

Symbolerklärung s. vordere Klappe

Restaurant und Weinlaube Weinstall

WWW.WEINSTALL-CASTELL.DE **Plätze (außen/innen): 50/80**

JUNGER STIL IM ALTEN GEMÄUER

Im ehemaligen Pferdestall des Schlosses Castell richtete das Fürstlich-Castell'sche Domänenamt eine wunderschöne Weinstube ein, die auch vom Interieur her seine Geschichte aufgreift. So sind beispielsweise die Stühle mit Satteldecken bezogen. Sabine Koch begeistert hier seit mehr als acht Jahren mit ihrem jungen Team und eigenem Konzept, die es schaffen, auch den angestaubten fränkischen Traditionsgerichten ein neues Flair zu verleihen.

WEINE

Rebsorten: Silvaner, Riesling, Müller-Thurgau, Bacchus, Weißburgunder, Traminer, Rieslaner, Spätburgunder, Portugieser, Dornfelder. Weintipp/Empfehlung von Jürgen Koch: Silvaner 10. Apriles.

KÜCHE

Warme Küche: Kleine Karte mit 6 Gerichten. Kalte Küche: Kleine Karte mit 5 Gerichten. Spezialitäten: Fränkisches Zanderfilet auf Nudelrisotto mit Waldpilzen, Wild aus fürstlicher Jagd.

ANSCHRIFT

Schlossplatz 3
97355 Castell
Tel.: 09325-902561

ÖFFNUNGSZEITEN

Anfang März bis Ende Nov.
Täglich 10 bis 22 Uhr
Montag Ruhetag
Anfang Dez bis Ende Feb.
Fr bis So 10 Uhr bis 22 Uhr
Montag bis Donnerstag Ruhetag

TIPP: Wild aus fürstlicher Jagd

Bus 8111, 8115 Castell

Symbolerklärung s. vordere Klappe

ONLINE AUF WWW. Wein.BY

Gasthaus zur Mainaussicht „Gifthütte"

WWW.GASTHAUS-MAINAUSSICHT.DE **Plätze (außen/innen): 70/70**

DOSIS SOLA VENENUM FACIT

Lassen Sie sich nicht von dem Untertitel des Gasthauses abschrecken! Der Name rührt von der Verwünschung des damaligen Ortspfarrers aus dem 19. Jahrhundert. Der wollte den nächtlichen Eskapaden der Winzer ein Ende setzen und gab dem Gasthof in seiner Predikt den Titel „Gifthütte". Heute gibt es nicht nur gute Weine (Wie schon Paracelsus in unserer Überschrift sagte: Die Menge macht das Gift), sondern vor allem auch leckeren Fisch, unter anderem auch aus dem hauseigenen Räucherofen. Übrigens ist die Gegend eines der sonnenverwöhntesten Plätzchen in Weinfranken, weswegen man hier oft noch gemütlich draußen sitzen kann, wenn woanders bereits das Öfelchen brennt.

WEINE

Rebsorten: Müller-Thurgau, Silvaner, Riesling, Weißburgunder, Bacchus, Kerner, Traminer, Dornfelder, Regent. Weintipp/Empfehlung von Markus Stumpf: Silvaner „Escherndorfer Lump".

KÜCHE

Warme Küche: Mittelgroße Karte mit ca. 15 Gerichten. Kalte Küche: Mittelgroße Karte mit ca. 15 Gerichten. Spezialitäten: Lebend frische Fische, im Sommer Saibling und Forelle, im Winter Waller und Karpfen.

ANSCHRIFT

Astheimer Str. 51
97332 Volkach-Escherndorf
Tel.: 09381-1266
Fax: 09381-3921

ÖFFNUNGSZEITEN

Di bis Fr ab 17 uhr
Sa, So und Feiertage ab 11 Uhr
Montag Ruhetag

TIPP: Räucherfisch

Bus 8105, 8163 Escherndorf Gh. Mainaussicht, Volkach

DB

Weingarten Borst

WWW.WEINGARTEN-BORST.DE **Plätze (außen/innen): 60/90**

TANZ IM WEINGARTEN

Seit 2007 haben die Borsts eine ganz besondere Attraktion: Einen wunderschönen Weingarten, in dem einmal im Monat zu Live-Musik getanzt werden darf. Und dazu dann noch ein guter Schoppen Bacchus und die Welt schaut wieder rosig drein. Der Bacchus als alter Platzhirsch unter den Frankenweinen ist mittlerweile auf dem Rückzug und belegt nur noch Rang drei nach Müller-Thurgau und Silvaner. Die Kreuzung aus Silvaner, Riesling und Müller-Thurgau schmeckt vollfruchtig, hat oft relativ wenig Säure, steht aber immer noch für Frankenwein schlechthin, insbesondere im Bocksbeutel.

TIPP: Rotling

WEINE

Rebsorten: Müller-Thurgau, Bacchus, Silvaner, Scheurebe, Riesling, grauer Burgunder, Spätburgunder, Domina. Weintipp/Empfehlung von Wolfgang Borst: Rotling (aus Grau- und Spätburgunder).

KÜCHE

Warme Küche: Kleine Karte mit 4-5 Gerichten. Kalte Küche: Mittelgroße Karte mit 10-15 Gerichten. Spezialitäten: Selbstgemachter frischer Gerupfter, Wurstsalat.

ANSCHRIFT

Blütenstraße 28
97332 Volkach-Fahr
Tel.: 09381-9761
Fax: 09381-1750

ÖFFNUNGSZEITEN

Anfang Apr. bis Ende Okt.
Fr, Sa, Mo, Di ab 17 Uhr
So und Feiertage ab 15 Uhr
Mittwoch und Donnerstag Ruhetag
Anfang November bis Ende März geschlossen
Für Gruppen nach Anmeldung auch außerhalb dieser Zeiten geöffnet

Symbolerklärung s. vordere Klappe

ONLINE AUF WWW. Wein.BY

Weingut-Häckerstube-Pension **Thomas Braun**

WWW.WEINGUT-BRAUN.DE **Plätze (außen/innen): 60/95**

WEINE

Rebsorten: Müller-Thurgau, Silvaner, Riesling, gelber Muskateller, Kerner, Ortega, Traminer, Scheurebe, Grauburgunder, Weißburgunder, Chardonnay, Sauvignon Blanc, Bacchus, Schwarzriesling, Spätburgunder, Dornfelder, Domina, Merlot. Weintipp/Empfehlung von Heike Braun: Silvaner, Schwarzriesling.

KÜCHE

Warme Küche: Mittelgroße Karte mit ca. 10 Gerichten. Kalte Küche: Mittelgroße Karte mit ca. 15 Gerichten. Spezialitäten: Bratwürste, Leber- und Blutwürste, Gerupfter.

ANSCHRIFT

Blütenstraße 22
97332 Volkach-Fahr
Tel.: 09381-80730
Fax: 09381-807320

ÖFFNUNGSZEITEN

Anfang Apr. bis Ende Okt.
Di ab 17 Uhr
Mi bis So ab 11.30 Uhr
Montag Ruhetag
Anfang November bis Ende März geschlossen

BEIM ÖCHSLETIER

Mit über 17 Hektar Anbaufläche gehören die Brauns zu den großen im vorliegenden Buch. Auf so viel Platz findet man natürlich fast alle in Franken wachsenden Reben, darunter auch die Neuankömmlinge Merlot und Chardonnay. Letzter ist eine wenig anspruchsvolle, aber durchaus hochwertige Traube, aus der hier in Volkach eine mit Silber prämierte Spätlese entsteht. In der Häckerstube sitzt man übrigens quasi im Weinfass, zumindest sind die Decken aus echten Fassdauben gebaut. An den Wänden hängen die passenden Spundlöcher und viele Holzschnitzereien, unter anderem das Öchsletier, vergleichbar mit dem bayerischen Wolpertinger.

TIPP: Chardonnay Spätlese trocken

Bus 8110, 8137 Fahr, Volkach

DB

Der Patrizierhof Weingut, Hotel & Gasthof - Grebner

WWW.DER-PATRIZIERHOF.DE Plätze (außen/innen): 60/159

DAS GERETTETE KLEINOD

Lange Zeit fristete der 1738 erbaute Patrizierhof der Familie Cuntzmann ein karges Dasein. Erst 1993 kauften Rosi und Günter Grebner das baufällige Anwesen und ließen es nach einer umfangreichen Renovierung in alter Pracht erstrahlen. Sogar der historische Gewölbekeller aus dem 15. Jahrhundert kann heute wieder bewundert werden. Dort gibt es nun die hervorragenden Weine aus dem Familienweingut mit ebenfalls sehr langer Tradition und die regionalen Gerichte aus der guten Küche.

TIPP: Schweinebäckchen sanft geschmort

WEINE

Rebsorten: Riesling, Silvaner, Müller-Thurgau, Bacchus, Spätburgunder, Schwarzriesling, Domina, Blaufränkisch. Weintipp/Empfehlung von Rosi Grebner: Schwarzriesling Spätlese.

KÜCHE

Warme Küche: Mittelgroße Karte mit ca. 12-15 Gerichten. Kalte Küche: Kleine Karte mit 7 Gerichten. Spezialitäten: Saisonale Gerichte, Schweinebäckchen sanft geschmort in Kümmel-Bier-Soße mit Klößen und Salat, Bachsaibling-Filet mit Tomate, Kräutern und Knoblauch überbacken auf Silvanernudeln und Salat.

ANSCHRIFT

Hauptstraße 71
97320 Großlangheim
Tel.: 09325-262
Fax: 09325-6325

ÖFFNUNGSZEITEN

Ganzjährig geöffnet
Täglich 12 bis 14 Uhr u. ab 17.30 Uhr
Montag und Dienstag Ruhetag
Ende Aug. bis Anfang Sep. für 2 Wochen geschlossen

Symbolerklärung s. vordere Klappe

Heckenwirtschaft Weinbau Hillabrand

WWW.WEINBAU-HILLABRAND.DE

Plätze (außen/innen): 30/42

EIN STÜCK VOM HIMMEL AUF ERDEN

So bezeichnet sich die Gegend rund um das Schloss Frankenberg. Und tatsächlich haben wir einige Winzer hier richtig ins Herz geschlossen. Nicht nur, weil die vorhandenen Weinprinzessinnen Lisa, Carina, Christina, Evi, Eva und Katrin getreu dem Grundsatz „Wir selbst sind Teil von Wein und Reben, im Weine spiegelt sich das Leben" regieren. So viel Liebe zur Rebe spürt man natürlich auch bei den Hillabrands, am intensivsten am Kirchenburgweinfest, das immer am vorletzten Wochenende im August stattfindet.

WEINE

Rebsorten: Müller-Thurgau, Silvaner, Riesling, Scheurebe, Bacchus, Weißburgunder, Spätburgunder, Dornfelder, Domina, Regent. Weintipp/Empfehlung von Ute Hillabrand: Rotling.

KÜCHE

Warme Küche: Kleine Karte mit 4 Gerichten. Kalte Küche: Kleine Karte mit 5 Gerichten. Spezialitäten: Pressack mit Musik, Blaue Zipfel.

ANSCHRIFT

Haus 96
97348 Willanzheim-Hüttenheim
Tel.: 09326-1765
Fax: 09326-979008

ÖFFNUNGSZEITEN

Mitte März bis Anfang Mai und
Mitte Sep. bis Ende Okt.
So ab 15 Uhr
Sa nur nach Vereinbarung
Montag bis Freitag geschlossen

TIPP: Pressack mit Musik

Bus 8101, 8112 Hüttenheim Marktplatz, Willanzheim

Weinhaus Vinum Valentin

WWW.VINUM-VALENTIN.DE **Plätze (außen/innen): 18/55**

BURGUNDER-SELIGKEIT

Diese ursprünglich französische Rebsorte ist die (jetzt nicht mehr) heimliche Leidenschaft von Günter Valentin. Dementsprechend hat er auch viele der zugehörigen Reben bei sich versammelt. Mit den Reben wuchs auch der Weinberg – von zehn Ar zu Beginn in 1993 auf heute über sieben Hektar. Sein Wein-Knowhow hat der Hausherr unter anderem von zwölf Jahren in Bamberg, in denen er eine renommierte Weinhandlung führte. Wer möchte, kann hier auch frische Trauben zum Naschen kaufen oder Rotling-Traubensaft mit nach Hause nehmen.

TIPP: Rotling-Traubensaft

WEINE

Rebsorten: Müller-Thurgau, Silvaner, Rieslaner, Bacchus, Scheurebe, Kerner, Traminer, Weißburgunder, Grauburgunder, Frühburgunder, Spätburgunder, Cabernet Dorsa, Zweigelt. Weintipp/Empfehlung von Irina Valentin: Burgunder in allen Variationen (die Leidenschaft des Hausherren).

KÜCHE

Warme Küche: Kleine Karte mit 10 Gerichten. Kalte Küche: Kleine Karte mit 10 Gerichten. Spezialitäten: Gebackener Ziegenkäse, Hausmacher Bratwürste, blaue Zipfel, Nachtmahl (=Brotzeitteller), wechselnde Themen-Wochenenden.

ANSCHRIFT

Hüttenheim 55/Marktplatz
97348 Willanzheim
Tel.: 09326-8836
Fax: 09326-9799990

ÖFFNUNGSZEITEN

Mitte Jan. bis Pfingsten und
Mitte Sep. bis 1. Advent
Do, Fr und Sa ab 17 Uhr
So und Feiertage ab 15 Uhr
Im Juni: Sa ab 17 Uhr und So ab 15 Uhr, Montag bis Mittwoch geschlossen
Für Gruppen ab 10 Personen nach Voranmeldung auch außerhalb dieser Zeiten geöffnet

Symbolerklärung s. vordere Klappe

Freimann's Weinstuben

WWW.WEIN.BY

Plätze (außen/innen): 32/73

FEDERWEISSCHEN UND FEDERROT

Ein Mekka für den Federweißenfan. Schließlich kann man hier sowohl Rot als auch Weiß genießen und dazu den sensationellen Zwiebelkuchen kosten. Für noch mehr Flair sorgt das zauberhafte Ambiente – von der liebevoll gemalten Weinrankenbordüre, die den gesamten Gastraum umgibt, bis zu einer großen Sammlung handgetöpferter Gefäße. Geheizt wird ausschließlich mit einem großen Kachelofen. Wer statt Zwiebelgeschmack eher auf süß steht, sollte die selbstgebackenen Kuchen der Chefin versuchen – ebenfalls ein Hochgenuss!

WEINE

Rebsorten: Müller-Thurgau, Bacchus, Kerner, Silvaner, Scheurebe, Zweigelt, Dornfelder. Weintipp/Empfehlung von Walter Freimann: Zweigelt.

KÜCHE

Warme Küche: Nur Bratwürste mit Kraut, sonst kein warmes Essen. Kalte Küche: Kleine Karte mit 6-7 Gerichten. Spezialitäten: Hausmacher Brotzeit, selbstgebackener Zwiebelkuchen, Streuselkuchen.

ANSCHRIFT

Ingolstadt 11
91484 Sugenheim
Tel.: 09165-210
Fax: 09165-995640

ÖFFNUNGSZEITEN

3. So im Jan. bis Pfingsten und Mitte Sep. bis 3. Advent
Sa und So ab 15 Uhr
Montag bis Freitag geschlossen
Für Gruppen ab 10 Personen nach Anmeldung auch außerhalb dieser Zeiten geöffnet

TIPP: Bremserfest am ersten Oktoberwochenende

Bus 142 Ingolstadt

DB

Weinstube Bausewein

WWW.ALTSTADTHOTEL-BAUSEWEIN.DE Plätze (außen/innen): 8/45

BIO-WEINE – VON ÖKOTEST EMPFOHLEN

Mitten im über 1250jährigen Iphofen mit seinem wunderschönen barocken Altstadtensemble liegt die Weinstube der Bauseweins, in der sie natürlich den Wein aus dem eigenen Weingut anbieten. Natürlich – in jeder Hinsicht: Die Weinberge werden nach den Naturland-Richtlinien bewirtschaftet, was neben viel Handarbeit und Mengenbegrenzung u. a. auch den Verzicht auf Chemikalien bedeutet. Glücklicherweise kann man hier schon ab zwei Personen eine Weinprobe buchen, der Weg zu den sieben Rebsorten des Hauses ist also einfach ...

TIPP: Kulinarische Fackelwanderung

WEINE

Rebsorten: Müller-Thurgau, Silvaner, Scheurebe, Bacchus, Kerner, Spätburgunder, Regent. Weintipp/ Empfehlung von Sabrina Bausewein: Silvaner vom Julius Echter Berg.

KÜCHE

Warme Küche: Mittelgroße Karte mit ca. 15 Gerichten. Kalte Küche: Mittelgroße Karte mit ca. 15 Gerichten. Spezialitäten: Krautswurst, grobe fränkische Bratwürste, alte fränkische Küche.

ANSCHRIFT

Breite Gasse 1
97346 Iphofen
Tel.: 09323-876670
Fax: 09323-804090

ÖFFNUNGSZEITEN

Ganzjährig geöffnet
Mo, Di und Fr ab 18 Uhr
Sa ab 15 Uhr
So und Feiertage ab 17 Uhr
Mittwoch und Donnerstag Ruhetag
Im Juni für 3 Wochen geschlossen

Mehr zur Undine auf Seite 98

Häckerwirtschaft Emmerich

WWW.WEINGUT-EMMERICH.DE

Plätze (außen/innen): 40/120

SECHS WINZERGENERATIONEN

Werner und Irmgard Emmerich bilden die fünfte Generation auf dem Familienweingut und haben sich einer klaren Linie verschrieben. Fast alles wird selbst hergestellt, der Weinbau erfolgt naturnah und umweltschonend. Dementsprechend genießen Sie hier klassische Weine in typischem Ambiente, mit viel Liebe, aber ohne Schnickschnack, wie man so schön sagt. Neu im Weinberg steht seit 2003 der Merlot, doch bereits die ersten Ergebnisse dieser Neupflanzung können sich sehen lassen. Mit den drei Kindern steht die sechste Generation auch schon in den Startlöchern bzw. in der Winzerausbildung, um ihre Eltern in Zukunft zu unterstützen.

TIPP: Prickelnder Genuss pur im September

WEINE

Rebsorten: Silvaner, Müller-Thurgau, Scheurebe, Riesling, Bacchus, Gewürztraminer, Kerner, Merlot, Portugieser, Domina. Weintipp/Empfehlung von Werner Emmerich: 2009er Iphöfer Kalb Scheurebe trocken Spätlese.

KÜCHE

Warme Küche: Kleine Karte mit 3 Kleinigkeiten. Kalte Gerichte: Kleine Karte mit 6 Gerichten. Spezialitäten: Fränkische, hausgemachte Winzerbrotzeit, selbstgemachter Kochkäse, blaue Zipfel.

ANSCHRIFT

Obere Gräbengasse 4
97346 Iphofen
Tel.: 09323-875930
Fax: 09323-8759399

ÖFFNUNGSZEITEN

Anfang Aug. bis Ende Okt.
Fr ab 16 Uhr
Sa ab 15 Uhr
So ab 14 Uhr
Montag bis Donnerstag geschlossen
Anfang Nov. bis Ende Juli nur auf Voranmeldung für Gruppen geöffnet

Symbolerklärung s. vordere Klappe

ONLINE AUF WWW. Wein.BY

Gästehaus Fröhlich

WWW.GAESTEHAUS-FROEHLICH.DE Plätze (außen/innen): 21/38

DAS WEINCAFÉ

In dem malerischen Fachwerkhaus mitten in Iphofen werkelt seit mehr als 15 Jahren Eva Körner, die es vom Erbauer Werner Fröhlich übernahm. Als Gast fühlt man sich drinnen wie draußen pudelwohl und kann auch einfach mal nur auf Kaffee und Kuchen vorbeischauen. Zum Wein empfehlen wir dann aber doch die Spezialität des Hauses: Auf Stein gebackene Flammkuchen.

WEINE

Rebsorten: Müller-Thurgau, Bacchus, Silvaner, Riesling, Domina, Dornfelder und weitere. Weintipp/Empfehlung von Eva Körner: Silvaner.

KÜCHE

Warme Küche: Kleine Karte mit 10 Gerichten. Kalte Küche: Kleine Karte mit 8-10 Gerichten. Spezialitäten: Hausgemachte Flammkuchen.

ANSCHRIFT

Geräthengasse 13
97346 Iphofen
Tel.: 09323-3030
Fax: 09323-3030

ÖFFNUNGSZEITEN

Täglich 14 bis 20 Uhr
Montag und Donnerstag Ruhetag
Nach Anmeldung auch außerhalb dieser Zeiten geöffnet
Anfang Januar bis Ende März komplett geschlossen

TIPP: Hausgemachte Flammkuchen

Bus 8101 Iphofen Feuerwehrhaus

Gasthof Goldene Krone, Hotel & Weingut

WWW.GASTHOF-KRONE-IPHOFEN.DE **Plätze (außen/innen): 70/170**

DEM IPHÖFER JÄGER AUF DER SPUR

Die Goldene Krone hat sich in den letzten 60 Jahren kaum verändert. Das soll aber nicht bedeuten, dass Angebot oder Geschmack irgendwie altbacken sind, im Gegenteil. Innerhalb der Gemäuer ist man durchaus mit der Zeit gegangen. So hat sich der Schwerpunkt der Küche auf Wild- und Fischgerichte verlegt, für die die Fans des Hauses auch mal mehr als 100 Kilometer zurücklegen – wohlgemerkt, nur zum Essen! In Sachen Wein kann man auf eine breite Palette verschiedener Rebsorten und auch auf edle Brände wie den Weintresterbrand zurückgreifen.

TIPP: Hausbrände aus eigener Brennerei

WEINE

Rebsorten: Silvaner, Müller-Thurgau, Scheurebe, Bacchus, weißer Burgunder, Riesling, Schwarzriesling, Acolon und weitere.

KÜCHE

Warme Küche: Große Karte mit ca. 25 Gerichten. Kalte Küche: Kleine Karte mit ca. 8 Gerichten. Spezialitäten: Saisonale und regionale Gerichte, Wildgerichte, Fischgerichte.

ANSCHRIFT

Marktplatz 2
97346 Iphofen
Tel.: 09323-87240
Fax: 09323-872424

ÖFFNUNGSZEITEN

Täglich ab 10 Uhr
Dienstag Ruhetag
Februar wegen Urlaub geschlossen
Weihnachtsfeiertage geschlossen

Symbolerklärung s. vordere Klappe

ONLINE AUF WWW. Wein.BY

Vinothek Iphofen

WWW.VINOTHEKIPHOFEN.DE

Plätze (außen/innen): 30/35

WEINE

Rebsorten: Scheurebe, Silvaner, Müller-Thurgau, Riesling, Rieslaner, Kerner, weißer Burgunder, Faberrebe, Bacchus, Gewürztraminer, Regent, grauer Burgunder, Acolon, Portugieser, Spätburgunder, Domina, Schwarzriesling, Dornfelder, Chardonnay, Blaufränkisch. Weintipp/Empfehlung von Heidrun Kaufmann: 2009er Scheurebe QbA, trocken (Weingut Mend, Iphofen) und 2009er Iphöfer Julius Echter Berg, Silvaner Kabinett trocken (Weingut Popp, Iphofen).

KÜCHE

Kalte Küche: Kleine Karte mit 6 Gerichten. Spezialitäten: Eichelschweinvesper im Glas, Bauernrebell.

ANSCHRIFT

Ganzjährig geöffnet
Di bis Fr 11 bis 18 Uhr
Mai bis Okt. Fr 11 bis 19 Uhr
Sa, So und Feiertage 11 bis 17 Uhr
Montag Ruhetag
Erste und zweite Woche im Jan. geschlossen

ÖFFNUNGSZEITEN

Kirchplatz 7
97346 Iphofen
Tel.: 09323-870317
Fax: 09323.870319

EICHELSCHWEIN UND EDELTROPFEN

Die von der Stadt Iphofen geschaffene Vinothek steht seit über zehn Jahren unter der Ägide von Heidrun Kaufmann, die neben dem Weingenuss vor allem auch auf Kunstgenuss setzt. So finden sich in Galerie und Glaspavillon regelmäßig Ausstellungen regionaler Künstler und Galeristen. Weitere Spezialitäten finden Sie im hauseigenen Bauernladen und auf der Speisekarte, denn die bietet unter anderem Eichelschwein, also Fleisch aus der einzigen Eichelmasthaltung Deutschlands.

TIPP: Wein- und Kunstgenuss unter einem Dach

Bus 8101 Rödelseer Tor, Iphofen

DB

Weinbistro (Winzerkeller Iphofen)

WWW.WINZERKELLER-IPHOFEN.DE Plätze (außen/innen): 20/30

BEIM KELLERMEISTER

Georg Grün wacht über viele edle Tropfen, die Evelyn Herbolzheimer seit der Gründung des Weinbistros im Oktober 2007 den Gästen mitten im Iphöfer Zentrum anbietet. Besonders schön sitzt es sich an der „Langen Tafel", einem riesigen Tisch, an dem die verschiedensten Gäste bei weinseligen Stunden ins Gespräch kommen. Aus der Küche kommt unter anderem das Wildgriebenschmalz, ein seltener Leckerbissen.

TIPP: Wildgriebenschmalz auf frischem Bauernbrot

WEINE

Rebsorten: Silvaner, Müller-Thurgau, Bacchus, Riesling, Scheurebe, Traminer, Weißer Burgunder, Domina, Spätburgunder, Schwarzriesling, Acolon, Regent. Weintipp/Empfehlung von Evelyn Herbolzheimer: 09er Silvaner Julius Echter Berg Spätlese trocken.

KÜCHE

Warme Küche: Kleine Karte mit 3 Gerichten. Kalte Küche: Kleine Karte mit 7 Gerichten. Spezialitäten: „Allerhand Käs´", Wildgriebenschmalz auf frischem Bauernbrot, geräucherte Bratwürste mit Sahnemeerrettich und Bauernbrot.

ANSCHRIFT

Pfarrgasse 24
97346 Iphofen
Tel.: 09323-875227
Fax: 09323-875233

ÖFFNUNGSZEITEN

Mo bis Do 13 bis 20 Uhr
Fr 13 bis 22 Uhr
Sa 11 bis 22 Uhr
So 11 bis 20 Uhr
Kein Ruhetag
Im Januar und Februar Montag bis Donnerstag geschlossen

Symbolerklärung s. vordere Klappe

Romantikhotel und Weingut Zehntkeller

WWW.ZEHNTKELLER.DE Plätze (außen/innen): 70/120

BIO-ROMANTIK IM KRÄUTERGARTEN

Ab 2012 können sich die Gäste auf Bioweine freuen (bis dahin gibt es natürlich die bisherige Palette weiter), die dann im dem über drei Stockwerke verteilten Weinkeller gelagert werden. Dort unten können sich die Weinfreunde zur Weinprobe mit Brotzeit treffen, wer es lieber sonnig mag, kann die tolle Atmosphäre im Kräutergarten genießen, der entlang der historischen Stadtmauer Iphofens angelegt ist.

WEINE

Rebsorten: Müller-Thurgau, Bacchus, Kerner, Silvaner, Riesling, Rieslaner, Scheurebe, Sauvignon blanc, weißer Burgunder, Chardonnay, grauer Burgunder, Blanc de Noir, Rivaner, Dornfelder, Spätburgunder, Blaufränkisch, Saint Laurent, Merlot, Cabernet Sauvignon. Weintipp/Empfehlung von Sigrid Erhard: Iphöfer Julius-Echter-Berg Silvaner Spätlese, Iphöfer Kronsberg Cabernet Sauvignon.

KÜCHE

Warme Küche: Mittelgroße Karte mit 10-12 Gerichten. Kalte Küche: Kleine Karte mit ca. 6 Gerichten. Spezialitäten: Fränkischer Zwiebelrostbraten, Bauernente (Sep. bis Jan.), fränkische Brotzeitplatte.

ANSCHRIFT

Bahnhofstraße 12
97346 Iphofen
Tel.: 09323-8440
Fax: 09323-844123

ÖFFNUNGSZEITEN

Ganzjährig geöffnet
Täglich ab 7 Uhr
Kein Ruhetag
23. bis 25. Dezember geschlossen

TIPP: Alkoholfreier Traubensecco rot und weiß

Bus 8101 Am Stadtgraben Ost, Iphofen

Weinbau und Weinstube Ott

WWW.WEIN.BY **Plätze (außen/innen): 0/50**

WEIN IM SCHWEINESTALL

Dort sitzen heute die Gäste der Heckenwirtschaft, allerdings ist von der ehemaligen Nutzung nichts mehr festzustellen. Stattdessen lohnt es sich, einen der guten Tropfen des Weingutes zu probieren. Unbedingt vorbeischauen sollten Sie im Mai, wenn das alljährliche Straßenfest der Otts die gesamte Brunnengasse bevölkert! Die Schweine gibt es übrigens immer noch, nur an anderer Stelle. Zweimal im Jahr schlachten Erhard und Margot Ott noch selbst, und es gibt Nachschub für die Weinstubenbesucher.

TIPP: Blaue Zipfel

WEINE

Rebsorten: Müller-Thurgau, Silvaner, Bacchus, Domina, Regent. Weintipp/Empfehlung von Margot Ott: Regent.

KÜCHE

Warme Küche: Kleine Karte mit 2 Gerichten. Kalte Küche: Kleine Karte mit 4-5 Gerichten. Spezialitäten: Winzerteller, Obatzter, blaue Zipfel.

ANSCHRIFT

Brunnengasse 3
97258 Ippesheim
Tel.: 09339-1007
Fax: 09339-989894

ÖFFNUNGSZEITEN

Feb./März und Sep./Okt.
Sa, So und Feiertage ab 15 Uhr
Montag bis Freitag geschlossen
Für Gruppen ab 10 Personen nach Absprache auch außerhalb dieser Zeiten geöffnet

Symbolerklärung s. vordere Klappe

ONLINE AUF WWW. Wein.BY

Weinstube Schmidt

WWW.WEINGUT-SCHMIDT.DE

Plätze (außen/innen): 30/55

AM BRUNNENTISCH

Die Heckenwirtschaft der Schmidts hat eine lange Tradition. Schon 1836 kannte man hier eine Schenke. Aus dieser Zeit stammt wohl auch der neun Meter tiefe Brunnen, der heute als Tisch in der Wirtschaft dient. Eine gute Idee ist die Weinprobe für jedermann, bei der man sechs verschiedene Weine zu einem großen Vesperteller verkosten kann. Hierzu und zu den Weinwanderungen sollte man sich allerdings vorher anmelden.

WEINE

Rebsorten: Silvaner, Bacchus, Müller-Thurgau, Kerner, Riesling, Scheurebe, Portugieser, Domina. Weintipp/ Empfehlung von Karl Schmidt: Trockener Bacchus und hauseigener Frankensekt.

KÜCHE

Warme Küche: Kleine Karten mit 3 Gerichten. Kalte Küche: Kleine Karte mit ca. 10 Gerichten. Spezialitäten: Krautwurstbrot (im Herbst), angemachter Camembert.

ANSCHRIFT

Hauptstraße 29
97258 Ippesheim
Tel.: 09339-99006
Fax: 09339-99007

ÖFFNUNGSZEITEN

Anfang März bis Anfang Mai und Mitte Sep. bis Ende Nov.
Sa, So und Feiertage ab 14 Uhr
Montag bis Freitag geschlossen
Für Busgruppen auf Anmeldung ganzjährig geöffnet

TIPP: Krautwurstbrot

Bus 837 Dorfbrücke, Ippesheim

DB

Symbolerklärung s. vordere Klappe

Weinstube Wellmann

WWW.WEINBAU-WELLMANN.DE **Plätze (außen/innen): 0/60**

BIANCA MONA UND MUSIKALISCHE WEINPROBE

Der sympathische Karl-Heinz Wellmann hat es geschafft, mit der Franken-Rarität Faberrebe eine Goldmedaille zu erringen. Aber auch die anderen Weine haben Ihre Beachtung absolut verdient. Besonders kreativ fanden wir das Domina-Spätburgunder Cuvée namens Bianca mona, das ein Jahr im Holzfass gelagert wird. Die Tradition der Verbindung von Musik und Wein hat wohl auch der Vater von Karl-Heinz Wellmann mit nach Franken gebracht, denn vor dem Zweiten Weltkrieg war er Winzer in Siebenbürgen.

TIPP: Faberrebe Spätlese

WEINE

Rebsorten: Müller-Thurgau, Silvaner, Bacchus, Traminer, Riesling, Kerner, Faberrebe, Dornfelder, Domina, Spätburgunder. Weintipp/Empfehlung von Irma Wellmann: 08er Faberrebe und 09er Riesling.

KÜCHE

Warme Küche: Es werden keine warmen Gerichte angeboten.
Kalte Küche: Kleine Karte mit 8-9 Gerichten. Spezialitäten: Angemachter Camembert (= Gerupfter), Winzerplatte.

ANSCHRIFT

Weinlaubengasse 11
97258 Ippesheim
Tel.: 09339-1014
Fax: 09339-1041

ÖFFNUNGSZEITEN

Feb. bis Mai und
Sep. bis Nov. jeweils jeden 3. und 4. So im Monat ab 15 Uhr
und 2. So im Mai und 2. So im Sep. ab 14 Uhr
Außerhalb dieser Zeiten nach Anmeldung für Gruppen ab 20 Personen geöffnet

Symbolerklärung s. vordere Klappe

ONLINE AUF WWW. Wein.BY

Engels Häckerstube

WWW.WINZERHOF-ENGEL.DE

Plätze (außen/innen): 60/70

WEINE

Rebsorten: Müller-Thurgau, Silvaner, Bacchus, Riesling, Grauburgunder, Dornfelder, Regent. Weintipp/Empfehlung von Thomas Schönleben: Riesling.

KÜCHE

Warme Küche: Es werden außer Flammkuchen keine warmen Gerichte angeboten. Kalte Küche: Kleine Karte mit ca. 10 Gerichten. Spezialitäten: Flammkuchen, selbstgemachter Obatzter.

ANSCHRIFT

Bahnhofstraße 4
91472 Ipsheim
Tel.: 09846-257
Fax: 09846-977263

ÖFFNUNGSZEITEN

Ganzjährig geöffnet
Sa, So und Feiertage ab 14 Uhr
Montag bis Freitag geschlossen
Von Weihnachten bis Mitte Januar wegen Urlaub geschlossen

WEINSELIG UNTER DER LAUBE

Nur 150 Meter vom nächsten Bahnhof entfernt, ist dieser Winzerhof ein echter Tipp für alle, die nicht Auto fahren und dann auch nicht weit laufen wollen. Ist man angekommen, vergisst man unter der schönen Laube auch sofort alle eventuellen Alltagssorgen und kann es sich bei Flammkuchen und Obatztem gut gehen lassen. Für Freunde der Musik sind Akordeon und Gitarre vorhanden und dürfen auch jederzeit benutzt werden.

TIPP: Flammkuchen

Winzerstube Michael Heindel

WWW.WEINGUT-HEINDEL.DE **Plätze (außen/innen): 10/40**

DER SPÄTBERUFENE WINZER

Es kann also nicht nur den Theologen so gehen, auch Winzer können ihre Berufung erst in der zweiten Lebenshälfte entdecken. Michael Heindel hat in seinem Vor-Winzer-Leben die halbe Welt mit Musikinstrumenten versorgt und sitzt heute lieber gemütlich in seinem Weinberg. Manchmal packt es ihn aber doch. Dann steigen die jährlichen Kultur- und Kabarett-Tage an Christi Himmelfahrt und am 2. Wochenende im Juli „Wein und Musik". Zudem ist Heindel Mitinitiator des Vielfalter-Projektes, bei dem er mit 14 anderen Winzern jährlich ein ganz besonderes Cuvée generiert, bei dem auch die Philosphie AUF dem Etikett eine Rolle spielt (www.dervielfalter.de).

TIPP: Weißwein Cuveé „Vielfalter"

WEINE

Rebsorten: Müller-Thurgau, Bacchus, Silvaner, Kerner, Regent, Dornfelder. Weintipp/Empfehlung von Michael Heindel: Weißwein Cuveé „Vielfalter" (Profilwein einer Bewegung von 15 Winzern -> siehe auch www.dervielfalter.de).

KÜCHE

Warme Küche: Keine warmen Gerichte auf der Karte. Kalte Küche: Kleine Karte mit 9 Gerichten. Spezialitäten: Ipsheimer Winzerteller, hausgemachter Obatzter.

ANSCHRIFT

Hauptstraße 9
91472 Ipsheim
Tel.: 09846-1323
Fax: 09846-978610

ÖFFNUNGSZEITEN

Mitte Sep. bis Ende Okt.
Sa, So und Feiertage ab 15 Uhr
oder nach Vereinbarung
Montag bis Freitag geschlossen

Symbolerklärung s. vordere Klappe

ONLINE AUF WWW. Wein.BY

Fränkische Besenwirtschaft Wilh. Meuschel jr.

WWW.WEINGUT-MEUSCHEL.DE **Plätze (außen/innen): 100/50**

CANDLELIGHT-SCHÖPPELN

Besonders romantisch geht es in der Bocksbeutel-Scheune bei Wilhelm Meuschel jr. zu. Im Kerzenschein kommen leckere Rot- und Weißweine auf den Tisch. Wer es etwas prickelnder mag, sollte zum Fransecco greifen – ebenfalls weiß oder rot. Nach den Insider-Erzählungen wurde so schon manches Herz erobert ... Wer statt Liebe lieber isst, der kann getrost zu den hausgemachten Schmankerln greifen, gerade der lauwarme Bratwurstsalat oder auch der Kochkäs laden zum Schwelgen ein.

TIPP: Fransecco

WEINE

Rebsorten: Müller-Thurgau, Silvaner, Riesling, Rivaner, Traminer, Dornfelder, Domina. Weintipp/Empfehlung von Wilhelm Meuschel jr.: Fransecco weiß oder rot (ein sehr fruchtiger Perlwein, ein gerade in den Frühjahrs- oder Sommermonaten beliebtes erfrischendes Getränk).

KÜCHE

Warme Küche: Kleine Karte mit 4-5 Gerichten. Kalte Küche: Mittelgroße Karte mit 11 Gerichten. Spezialitäten: Lauwarmer Bratwurstsalat, fränkisches Fladenbrot mit Schinken oder Shrimps, Bratwurst mit Kraut.

ANSCHRIFT

Innere Sulzfelder Straße 14
97318 Kitzingen
Tel.: 09321-4378
Fax: 09321-6436

ÖFFNUNGSZEITEN

Ab Christi Himmelfahrt bis zum WE nach Fronleichnam
Jeden Sa, So und Feiertage (Himmelfahrt, Pfingstmontag und Fronleichnam) ab 15 Uhr
Montag bis Freitag geschlossen

Heckenwirtschaft Familie Hans Düll

WWW.HECKENWIRTSCHAFT-DUELL.DE

Plätze (außen/innen): 30/40

WO DER KERNER WOHNT

Rentnerwinzer Hans Düll widmet sich voll der Traube, die nach dem schwäbischen Dichter Justinus Kerner benannt wurde. Die fruchtige Kreuzung aus rotem Trollinger und weißem Riesling ist eine der Lieblingssorten der Redaktion, doch nicht nur wegen dieses Weines hat es uns bei Hans Düll richtig gut gefallen. Fast immer sind Musikanten hier, besonders zu den beiden Festen (Mondscheinweinfest Anfang August und Bremserfest Anfang Oktober) finden sich viele Stammgäste ein. Selbst Günter Strack zog es für einen Teil der Dreharbeiten am „König" zu Hans Düll.

TIPP: Käsfüß

WEINE

Rebsorten: Kerner, Bacchus, Silvaner.

KÜCHE

Warme Küche: Kleine Karte mit 2 wechselnden Gerichten. Kalte Küche: Kleine Karte mit 6-7 Gerichten. Spezialitäten: Brotzeitplatte, Schäuferle (nur auf Bestellung), Käsfüß.

ANSCHRIFT

Krassolzheim 38
91484 Sugenheim
Tel.: 09165-863

ÖFFNUNGSZEITEN

Ende März bis Ende Okt.
Sa, So und Feiertage ab 12 Uhr
Montag bis Freitag geschlossen
Für Gruppen ab 10 Personen nach Anmeldung auch außerhalb dieser Zeiten geöffnet

Symbolerklärung s. vordere Klappe

ONLINE AUF WWW. Wein.BY

Weinhof Grosch

WWW.WEINHOF-GROSCH.DE

Plätze (außen/innen): 40/50

VIEL SONNE GIBT KRAFT

Lange Vegetationszeit und die vielen Mineralstoffe des heimischen Keuperbodens geben den Weinen vom Weinhof Grosch einen besonders intensiven Geschmack. Noch dazu wird hier von Hand gelesen und naturnah ausgebaut. Der Keuper ist übrigens der jüngste Trias-Boden. Der sonst in Franken weit verbreitete Muschelkalk hat noch ein paar Millionen Jahre mehr auf dem Buckel. Zudem ist Keuper reicher an wesentlichen Mineralien wie Magnesium, weswegen da auch nicht nachgedüngt werden muss.

WEINE

Rebsorten: Müller-Thurgau, Bacchus, Silvaner, blauer Zweigelt, Weißburgunder, Grauburgunder, Domina. Weintipp/Empfehlung von Anke Gümpelein: Vielfalter Cuvée aus Müller-Thurgau und Bacchus.

KÜCHE

Warme Küche: Kleine Karte mit 5 Gerichten. Kalte Küche: Kleine Karte mit 5-10 Gerichten. Spezialitäten: Hausteller nach Weinhof-Art, selbstgeräucherter Schinken, fränkische grobe Bratwürste.

ANSCHRIFT

Krassolzheim 64
91484 Sugenheim
Tel.: 09165-995621 oder -995620
Fax: 09165-995622

ÖFFNUNGSZEITEN

Im Frühjahr für 3 Monate und
im Herbst für 3 Monate
So und Feiertage ab 15 Uhr
Für Gruppen und Familienfeiern
nach Anmeldung jederzeit geöffnet

TIPP: Vielfalter Cuvée

Bus 142 Krassolzheim, Sugenheim

DB

Häckerstube Marcus Hegwein

WWW.WEINBAU-HEGWEIN.DE

Plätze (außen/innen): 20/35

ALLES ZUM MITNEHMEN

Im über 200 Jahre alten Fachwerkhof der Hegweins ist es urgemütlich und wir haben mit ihnen unheimlich liebenswerte Menschen kennen gelernt. Das sollten Sie übrigens auch tun und dann auch die Spezialitäten aus Hausschlachtung versuchen, darunter ein sehr feines gebratenes Bauchfleisch! Hier kann man übrigens nicht nur den Wein mit nach Hause nehmen, sondern auch die Wurst – zumindest, wenn sie noch nicht aufgegessen ist.

TIPP: Gebratenes Bauchfleisch mit Kraut

WEINE

Rebsorten: Müller-Thurgau, Bacchus, Silvaner, Ortega, blauer Silvaner, Dornfelder, Schwarzriesling, blauer Portugieser, Regent. Weintipp/ Empfehlung von Marcus Hegwein: Blauer Portugieser (fruchtig leichter Rotwein).

KÜCHE

Warme Küche: Kleine Karte mit 5 Gerichten + einem Tagesgericht. Kalte Küche: Kleine Karte mit 8 Gerichten. Spezialitäten: Gebratenes Bauchfleisch mit Kraut, zarte Knöchle mit Kraut, zünftiges Häckerbrettla.

ANSCHRIFT

Frankenbergstraße 11
97348 Markt Einersheim
Tel.: 09326-597
Fax: 09326-597

ÖFFNUNGSZEITEN

Erstes WE nach Ostern (für 5 Wochen) und letztes WE im August bis zum 3. WE im Sep. Sa ab 17 Uhr
So und Feiertage ab 15 Uhr
Montag bis Freitag geschlossen

Symbolerklärung s. vordere Klappe

Weingut Probst

WWW.WEINGUT-PROBST.DE

Plätze (außen/innen): 45

WEINE

Rebsorten: Müller-Thurgau, Silvaner, Riesling, Weißburgunder, Chardonnay, Kerner, Bacchus, Portugieser, Schwarzriesling, blauer Zweigelt, Regent, Merlot, Spätburgunder, Dornfelder, Domina. Weintipp/ Empfehlung von Werner Probst: Chardonnay.

KÜCHE

Warme Küche: Kleine Karte mit 2 Gerichten. Kalte Küche: Kleine Karte mit ca. 10 Gerichten. Spezialitäten: Fränkische Bratwürste.

ANSCHRIFT

Hauptstraße 35
91478 Markt Nordheim
Tel.: 09165-1231 oder -995144
Fax: 09165-9959743

ÖFFNUNGSZEITEN

Juni bis August (außer am letzten WE im Juli wegen Weinfest im Dorf)
Sa ab 17 Uhr
So ab 13 Uhr
Montag bis Freitag geschlossen

DAS SCHÖNSTE GENUSSMITTEL DER WELT

So bezeichnet Inhaber Werner Probst den Frankenwein und schiebt auch noch den Leitspruch des Weingutes hinterher: „Tu Deinem Leib etwas Gutes, damit die Seele Lust hat, darin zu wohnen!" Dem Anspruch werden die Probsts auch mehr als gerecht und produzieren Weine auf internationalem Niveau. Darunter ragt vor allem die breite Palette hervorragender Silvaner heraus, das Haus ist mehrfacher Preisträger des internationalen Silvanerforums. Gruppen ab acht Personen sollten sich die Weinbergsführung nicht entgehen lassen!

TIPP: Chardonnay

Restaurant Weinstube Biergarten Drachenburg

WWW.DRACHENBURG.EU

Plätze (außen/innen): 45/90

WO DRACHEN UND GARGOYLES WACHEN

Nein, es handelt sich hier nicht um ein wirklich historisches Gemäuer. Die Drachenburg, wie die Einwohner das Haus nennen, wurde vielmehr 1926 vom Weinhändler Carl Pelzer erbaut, der sie mit vielen Figuren dekorierte. Dessen Enkel Alexander entwickelte mit seiner Frau Doris die 1968 eröffnete Weinstube fort, in der heute die vierte Generation mit Julia und Carlos Pelzer bereits eigene Akzente setzt. Sie sind also von jeder Menge hochqualifizierten Köchen umgeben, was bereits nach dem ersten Blick in die Speisekarte völlig klar wird.

TIPP: Surf und Turf

WEINE

Rebsorten: Silvaner, Müller-Thurgau, Riesling, Scheurebe, Bacchus, Domina, Dornfelder, Schwarzriesling, Spätburgunder. Weintipp/Empfehlung von Alexander Pelzer: Scheurebe und Riesling.

KÜCHE

Warme Küche: Mittelgroße Karte mit 15-20 Gerichten. Kalte Küche: Kleine Karte mit 5 Gerichten. Spezialitäten: Geschmorte Schweinebäckchen in Spätburgunder, geschnetzelte Kalbsleber, Sommersalat mit Riesengarnelen, Kalbszüngle in Silvanersoße, Entenbrust in Orangen-Pfeffer-Soße.

ANSCHRIFT

Enheimer Straße 1
97340 Marktbreit
Tel.: 09332-1430
Fax: 09332-9114

ÖFFNUNGSZEITEN

Täglich 11 bis 14.30 Uhr u. ab 17 Uhr
Mo ab 17 Uhr
Dienstag Ruhetag

Symbolerklärung s. vordere Klappe

ONLINE AUF WWW. Wein.BY

Zum Häckerwirt Karl-Heinz Düll

WWW.WEINBAU-DUELL.DE Plätze (außen/innen): 50/80

GELEBTE GASTLICHKEIT

Bei Dülls kann man sich eigentlich nur wohlfühlen. Liebevoll umsorgen Karl-Heinz Düll und seine Familie die Gäste, die aus aller Herren Länder bis nach Neuses finden. Kein Wunder: Der Weg lohnt! Nicht nur, dass es hervorragende Weine (Bacchus Spätlese!) gibt, auch der hungrige Magen wird verwöhnt. Die besonders Mutigen oder Ausflugsfreudigen können auch den Planwagen besteigen und auf einer individuellen Tour mit Pferden in die Weinberge fahren, dort picknicken und die tolle Aussicht genießen.

WEINE

Rebsorten: Silvaner, Müller-Thurgau, Bacchus, Domina, Dornfelder, Kerner, weißer Burgunder, Scheurebe. Weintipp/Empfehlung von Silvia Düll: Bacchus Spätlese im Bocksbeutel (mit Goldmedaille).

KÜCHE

Warme Küche: Kleine Karte mit 4-5 Gerichten. Kalte Küche: Kleine Karte mit 6 Gerichten. Spezialitäten: Fränkische Bratwürste, Sülze mit Bratkartoffeln, Hausmacherwurst.

ANSCHRIFT

Köhlerstraße 5
97337 Dettelbach-Neuses am Berg
Tel.: 09324-840
Fax: 09324-979223

ÖFFNUNGSZEITEN

Ostersonntag bis Ende Okt.
Sa, So und Feiertage ab 13 Uhr
Montag bis Freitag geschlossen
Letztes WE im August geschlossen
Außerhalb dieser Zeiten auf Vorbestellung jederzeit geöffnet

TIPP: Sülze mit Bratkartoffeln

Wörners Schloßweingut, Hotel und Restaurant - „Schloßstüberl"

WWW.WOERNERS-SCHLOSS.DE Plätze (außen/innen): 60/40

MIT BIOENERGETIK

Harald Wörner und sein Schloss sind echte Unikate in Franken. Von der einst viereckigen Anlage ist heute noch ein zweigeschossiger Wohntrakt mit einem Treppenturm erhalten, in dem Weingut, Hotel und Restaurant stecken. Das ganze Ensemble zeigt er gerne, auch wenn man alleine kommt! Winzer Wörner selbst outet sich als Barrique-Fan und baut sehr feine Weißweincuvées auf diese Weise aus. Sein neuestes Kind sind die Cosmoweine mit Bioenergetik in der Flasche (www.cosmowein.de).

TIPP: Mediterrane Küche

WEINE

Rebsorten: Müller-Thurgau, Bacchus, Silvaner, Kerner, Domina, Spätburgunder. Weintipp/Empfehlung von Harald Wörner: Weißweincuvées aus dem Barriquefass.

KÜCHE

Warme Küche: Große Karte mit 30 Gerichten. Kalte Küche: Kleine Karte mit 10 Gerichten. Spezialitäten: Selbstgemachter Gerupfter, Fischvariationen, Hochzeitsessen, mediterrane Küche, Menü-Küche.

ANSCHRIFT

97357 Neuses am Sand
Tel.: 09383-7179
Fax: 09383-2513

ÖFFNUNGSZEITEN

Mi bis Sa ab 17.30 Uhr
So und Feiertage ab 11.30 Uhr
Montag und Dienstag Ruhetag
Mitte Dezember bis Mitte Januar geschlossen

Symbolerklärung s. vordere Klappe

ONLINE AUF WWW. Wein.BY

Häckerwirtschaft „Zum Hasennestle“

WWW.WEIN.BY

Plätze (außen/innen): 0/50

HECKENWIRTSCHAFT MIT MUSEUM

Bei Blumenstocks findet sich im hinteren Teil der urigen Gasträume ein besonderes Kleinod: Ein buntes Sammelsurium allerlei landwirtschaftlicher Gerätschaften, vom Dreschflegel bis zum Pferdegeschirr, das stolz als Museum bezeichnet wird und immerhin auch acht Personen Platz bietet. Zum Wein gibt es Schneeballen und weiteres Gebäck aus eigener Herstellung und auch Wurst aus eigener Erzeugung. Wer möchte, kann sich auch den örtlichen Quetschenspieler kommen lassen, der gegen Trinkgeld das Weinseligkeitsbarometer bis zum Siedepunkt bringt.

WEINE

Rebsorten: Bacchus, Müller-Thurgau, Spätburgunder, Domina. Weinempfehlung von Gabriele Blumenstock: Bacchus (beliebtester Wein, weil fruchtig).

KÜCHE

Warme Küche: Keine warmen Gerichte auf der Karte. Kalte Küche: Mittelgroße Karte mit 12 - 15 Gerichten. Spezialitäten: Platte für Zwei, Winzerplatte, grobe geräucherte fränkische Bratwürste. Zu jeder Vesper wird hausgemachter scharfer Meerrettich gereicht.

ANSCHRIFT

Haus Nr. 25
91587 Adelshofen-Neustett
Tel.: 09865-337

ÖFFNUNGSZEITEN

6. Jan. bis Ende März (längstens bis Palmsonntag) und im Okt. für 4-5 Wochenenden
Fr ab 18 Uhr
Sa, So und Feiertage ab 15 Uhr
Montag bis Donnerstag geschlossen
Für Gruppen ab 10 Personen auf Anfrage geöffnet

TIPP: Gerichte mit selbstgemachtem Meerrettich

Bus Neustett, Adelshofen (Mittelfranken)

DB

Weinstube im Barockhof

WWW.WEINGUT-HELMUT-CHRIST.DE **Plätze (außen/innen): 30/80**

MENSCH UND ERDE NÄHREN KÖRPER, GEIST UND SEELE

Dieses Prinzip steckt hinter dem bio-dynamischen Konzept, das das bis 2006 angewandte bio-organische weiterentwickelt. Will sagen, hier handelt es sich um ein Bio-Weingut, das hervorragende Weine, Brände und Liköre nach Demeter-Richtlinien zu bieten hat. Das setzt sich auch in der Weinstube fort, in der auch ausschließlich Bio-Produkte auf den Gäste-Tellern landen. Vorbildlich, wie nicht nur wir finden. 2010 gab es beim internationalen Bioweinpreis unter anderem die höchste Auszeichnung, das Große Gold, für den Silvaner Kabinett, und Gold für die Silvaner Spätlese.

TIPP: Ofenkartoffel mit Leberwurst

WEINE

Rebsorten: Silvaner, Müller-Thurgau, Bacchus, Kerner, Johanniter, weißer Burgunder, Riesling, Rieslaner, Grauburgunder, Spätburgunder, Dornfelder, Blaufränkisch, Domina. Weintipp/Empfehlung von Herrn Christ: Müller-Thurgau, Silvaner und Spätburgunder.

KÜCHE

Warme Küche: Kleine Karte mit 3-4 Gerichten. Kalte Küche: Kleine Karte mit ca. 10 Gerichten. Spezialitäten: Spargelgerichte (im Frühjahr), Ofenkartoffel mit Leberwurst, Bratwürste, Häckerbrotzeit, Käseteller.

ANSCHRIFT

Volkacher Straße 6
97334 Nordheim am Main
Tel.: 09381-2806
Fax: 09381-6640

ÖFFNUNGSZEITEN

Mitte April bis Anfang Juni (für 6 Wochen) und ab Mitte Sep. (für 6 Wochen)
Sa, So und Feiertage ab 15 Uhr
Montag bis Freitag geschlossen
Für Gruppen ab 25 Personen auch außerhalb dieser Zeiten geöffnet (ganzjährig)

DIVINO Nordheim – Wein-Erlebniswelt

WWW.DIVINO-NORDHEIM.DE

Die faszinierend neue fränkische Weinwelt lässt sich bei der Winzergenossenschaft Nordheim (seit Februar 2008: DIVINO Nordheim eG) erleben. DIVINO heißt auch die neue Vinothek, die seit ihrer Eröffnung im Jahr 2003 die moderne fränkische Weinkultur repräsentiert und mit beeindruckender Innenarchitektur, Café-Bistro und Winzerhof unter freiem Himmel den Aufenthalt zum Erlebnis macht.

Die drei Weinmarken des Hauses (DIVINO, JUVENTA und FRANCONIA) sind wichtiger Bestandteil der klaren Profilierung als Top-Adresse für fränkischen Wein. Moderner Lebensstil in Verbindung mit bodenständiger, fränkischer Lebensart definiert das Selbstverständnis der Nordheimer.

Die Winzergenossenschaft, 1951 gegründet, bewirtschaftet heute mit 215 Mitgliedern rund 262 ha Rebfläche. Das Traditionsunternehmen mit Sitz in Franken verbindet die bewährten Methoden der traditionellen Weinbaukunst verantwortungsbewusst mit modernen An- und Ausbaumaßnahmen, ohne auf Handarbeit und die Liebe zum Detail zu verzichten. Mit der konsequenten Überwachung und Bonitierung aller Parzellen und einer deutlichen Begrenzung der Erntemenge erzeugt die Winzergenossenschaft DIVINO anerkannt hohe Weinqualitäten. Die Weine werden bei nationalen und internationalen Wettbewerben ausgezeichnet und DIVINO Nordheim eG zählt heute mit zu den besten Weinerzeugern in Franken.

AUSGEWÄHLTE AUSZEICHNUNGEN DER WINZERGENOSSENSCHAFT:

WINZERGENOSSENSCHAFT DES JAHRES 2010
Wettbewerb des Weinführers www.wein-plus.de, dem führenden Wein-Netzwerk im Internet.

BEST OF GOLD 2009
Premium-Weinwettbewerb des Fränkischen Weinbauverbandes Würzburg

PREMIO SPECIALE 2009
Bester deutscher Wein-Produzent der Vinitaly, Verona

GRAN VINITALY 2008
Sonderauszeichnung für den besten Weinproduzenten bei der Vinitaly, Verona

BESTE WINZERGENOSSENSCHAFT DEUTSCHLAND 2007
Ausgezeichnet von den Fachmagazinen WEINWELT/WEINWIRTSCHAFT

BEST GERMAN WINE PRODUCER OF THE YEAR 2006
Ausgezeichnet von der International Wine & Spirit Competition in London

Die DIVINO Bioweine

Für die DIVINO Biowinzer steht ein ganzheitliches Anbausystem im Mittelpunkt, das das sensible biologische Gleichgewicht bewahrt. Gezielt wählen Sie Rebsorten, die besonders widerstandsfähig sind und zum jeweiligen Standort passen. Sie stärken die Widerstandskraft der Reben durch einen biologisch aktiven Boden. Die Einsaat von Gründüngern, die Düngung mit Komposten und organischem Material sowie der Verzicht auf übermäßig hohe Erträge bewahren langfristig eine gesunde, fruchtbare Erde.

Die Reben werden von den Biowinzern Schädlingen und Krankheiten geschützt, indem sie bewusst die Verbreitung von Nützlingen als Teil eines lebendigen Ökosystems fördern. Als Geschäftsführer ist es für Markus Schoebel nicht nur eine Verpflichtung das Unternehmen ertragsorientiert zu führen, sondern es auch nachhaltig weiter zu entwickeln um auch für zukünftige Winzergenerationen eine Lebensgrundlage zu sichern. „Winzer sind auf's engste mit Natur und Umwelt verbunden – der Umweltschutz ist für uns Daseinsvorsorge!"

Auch im Geschmack besonders

Die Vielfalt natürlicher Aromen eines blühenden Weinberges prägt den Wein. Grundsätzlich schmecken Ökoweine zwar nicht anders als qualitativ gleichwertige Weine aus konventionellem Anbau. Oftmals zeichnen sich die Weine allerdings durch ihre besondere Vitalität aus, in der sich ihre Herkunft, der Boden und die Lage widerspiegeln. Der Wein wird mit einem ganzheitlichen Verständnis für die Prozesse in Boden, Pflanze, Klima und Fass kultiviert. So reifen Top-Qualitäten heran, die sich aromareich und langlebig präsentieren.

Anschrift & Kontakt

DIVINO Nordheim eG
Langgasse 33
97334 Nordheim/ Main
Telefon: 09381 8099-0
Telefax: 09381 8099-32
E-Mail: info@divino-nordheim.de

Öffnungszeiten

Montag bis Samstag 9-18 Uhr
Sonn- und Feiertag 10-18 Uhr
Die Vinothek ist geschlossen: Heilig Abend, Silvester, an den Sonn- und Feiertagen vom 25.12. bis einschließlich 06.01. und am Faschingsdienstag.

Symbolerklärung s. vordere Klappe

Weingut und Weinstube Richard Glaser

WWW.WEINGUT-GLASER.COM

Plätze (außen/innen): 40/75

WEINE

Rebsorten: Müller-Thurgau, Silvaner, Bacchus, Kerner, Scheurebe, weißer Burgunder, grauer Burgunder, Riesling, Dornfelder, Spätburgunder, Regent, Frühburgunder. Weintipp/ Empfehlung von Melanie Glaser: die verschiedenen roten und weißen Burgundersorten und Sommerweine.

KÜCHE

Warme Küche: Mittelgroße Karte mit 11 Gerichten + 1 Wochengericht. Kalte Küche: Mittelgroße Karte mit 17-18 Gerichten. Spezialitäten: Hausgemachte Bratwürste (= Richards blaue Schwänz), Flammkuchen, Kochkäse, Gerupfter, Schinken.

ANSCHRIFT

Langgasse 4
97334 Nordheim
Tel.: 09381-9464
Fax: 09381-6810

ÖFFNUNGSZEITEN

Ende Apr. bis Mitte Juni und
Ende Aug. bis Mitte Okt.
Sa, So und Feiertage ab Mittag
Montag bis Freitag geschlossen
Für Gruppen ab 20 Personen nach Anmeldung auch außerhalb dieser Zeiten geöffnet

IN DER WEINZENTRALE

Nordheim, Langgasse. Das ist in etwa so, wie für Filmfans der Hollywood Boulevard in Los Angeles. Hier reihen sich die Winzer aneinander und jedes Haus ist ein Erlebnis. So wie eben auch die Weinstube der Glasers, deren Tradition bis ins 15. Jahrhundert zurückreicht. Neben den sortenreinen Weine setzt die Familie auf verschiedene weiße und rote Cuvées mit Namen wie „Langgasse 4" oder „Sinfonie in rot". Dazu schmecken dann „Richards blaue Schwänz" – nein, nicht, was Sie denken, es handelt sich um Bratwürste ...

TIPP: Richards blaue Schwänz

Bus 8108, 8110 Raiffeisenstraße, Nordheim a. Main

Winzerstube Karl Braun und Marco Kestler

WWW.WEINGUT-BRAUN.COM

Plätze (außen/innen): 40/50

AUS DER SCHATZKAMMER ...

... Kommen hier keine Juwelen, zumindest nicht aus Gold und Silber, sondern erlesene Medaillengewinner wie eine Rieslaner Auslese, eine Silvaner Beerenauslese oder ein Rieslaner Eiswein. Hier kann man einfach nur schwach werden. Für alle Frankensektfreunde: Versuchen Sie den den Drei Mädl Secco. Am schönsten sitzt man bei guten Wetter unter dem großen Apfelbaum im Hof, um den sich auch fünf alte Weinstöcke gruppieren.

TIPP: Winzerkaffee

WEINE

Rebsorten: Müller-Thurgau, Silvaner, Bacchus, Scheurebe, Riesling, Rieslaner, Spätburgunder, Domina, Portugieser, Dornfelder, Acolon, Cabernet Dorsa. Weintipp/Empfehlung von Karl Braun: Trockener Silvaner, Scheurebe, Domina.

KÜCHE

Warme Küche: Kleine Karte mit ca. 5 Gerichten. Kalte Küche: Kleine Karte mit ca. 8 Gerichten. Spezialitäten: Blaue Zipfel, Bratwürste, Häckerbrotzeit.

ANSCHRIFT

Weinbergstraße 42
97334 Nordheim
Tel.: 09381-1230
Fax: 09381-847060

ÖFFNUNGSZEITEN

Anfang März bis Anfang Mai und Ende Sep. bis Ende Nov.
Fr ab 18 Uhr
Sa, So und Feiertage ab 15 Uhr
Montag bis Donnerstag geschlossen

Symbolerklärung s. vordere Klappe

ONLINE AUF WWW. Wein.BY

Häckerwirtschaft Paul Leicht

WWW.LEICHT-NORDHEIM.DE Plätze (außen/innen): 40/60

CLEVERE BÜRGER

Das war das Ziel nach einer Bürgerbefragung im Jahr 2000. Heraus kam, dass so viele Nordheimer wie möglich ein umfangreiches Wein-Fachwissen anhäuften und den Besuchern bei einem Rundgang im Weinsortenlehrpfad kompetente Auskunft geben können. Da sind natürlich auch Marianne und Paul Leicht mit von der Partie. Empfehlenswert ist hier unter anderem die Scheurebe, eigentlich eine Neuzüchtung, aber ähnlich wie der Kerner gerade in Franken sehr erfolgreich, wenn auch mittlerweile wieder auf dem Rückzug. Die Mutter ist Riesling, Vater unbekannt ...

WEINE

Rebsorten: Müller-Thurgau, Silvaner, Scheurebe, Riesling, Ortega, Kerner, Bacchus, Domina, Schwarzriesling. Weintipp/Empfehlung von Paul Leicht: Scheurebe „Escherndorfer Lump" und Domina „Escherndorfer Festenberg".

KÜCHE

Warme Küche: Mittelgroße Karte mit 10 Gerichten. Kalte Küche: Mittelgroße Karte mit 12 Gerichten. Spezialitäten: Knöchle mit Kraut, Bratwurst mit Kraut, Häckerschmaus mit gemischtem Salat.

ANSCHRIFT

Hallburger Weg 4
97334 Nordheim
Tel.: 09381-2706
Fax: 09381-718932

ÖFFNUNGSZEITEN

Mitte Jan. bis Mitte März und vom 3. WE im Sep. bis Ende Okt.
Sa, So und Feiertage ab 15 Uhr
Montag bis Freitag geschlossen

TIPP: Häckerschmaus

Bus 8110 Am Altenberg, Nordheim a. Main

DB

Winzerstüble im Weingut am Vögelein

WWW.HAECKERSTUBE.DE **Plätze (außen/innen): 30/75**

RARER TROPFEN

Das Weingut am Vögelein hat eine ganz besondere Spezialität zu bieten: Den Albalonga. Diese Rebe ist eine relativ neue ertragsreiche Kreuzung aus Rieslaner und Silvaner, allerdings anfällig für Fäule. Gerade einmal zwei Hektar in Franken und 14 in Deutschland sind mit Albalonga bestockt. Die Rebe ist bekannt für gute Auslesen. Natürlich lohnt da auch eine Weingutführung, Weinbergswanderung oder Weinprobe, die jeweils ab sieben Personen möglich sind.

TIPP: Albalonga Auslese

WEINE

Rebsorten: Müller-Thurgau, Silvaner, Riesling, Bacchus, Kerner, Scheurebe, Chardonnay, weißer Burgunder, blauer Blanc de Noir, Spätburgunder, Schwarzriesling, Dornfelder, Regent, Albalonga. Weintipp/Empfehlung von Marianne Schneider: Albalonga Beerenauslese.

KÜCHE

Warme Küche: Kleine Karte mit 7 Gerichten. Kalte Küche: Kleine Karte mit 7 Gerichten. Spezialitäten: Hähnchenbrust an Blattsalaten, blaue Zipfel, Weinsuppe.

ANSCHRIFT

Raiffeisenstraße 34
97334 Nordheim
Tel.: 09381-3000
Fax: 09381-3009

ÖFFNUNGSZEITEN

Nach Fasching bis einschließlich Ostermontag und
Mitte Sep. bis 1. Nov.
Sa, So und Feiertage ab 15 Uhr
Montag bis Freitag geschlossen

Zehnthof Weinstuben

WWW.ZEHNTHOF-NORDHEIM.DE

Plätze (außen/innen): 100/120

HINTER KLÖSTERLICHEN MAUERN

Der Zehnthof, ehedem Schwarzacher Klosterhof, diente früher den Äbten von Münsterschwarzach zur Erhebung des Zehnten. In unserer Zeit entwickelte sich aus einer Weinprobierstube schnell eine echte Weinstube, die auch mit hervorragenden Speisen aufwarten kann. Im Verbindungszimmer finden sich Mützen und Schärpen aller Würzburger Studentenverbindungen, die sich öfters im Jahr zum Walleressen hier einfinden.

WEINE

Rebsorten: Müller-Thurgau, Silvaner, Bacchus, weißer Burgunder, grauer Burgunder, Scheurebe, Kerner, Traminer, Domina, Schwarzriesling. Weintipp/Empfehlung von Klaus Schrottenbaum: Silvaner trocken und Bacchus halbtrocken.

KÜCHE

Warme Küche: Sehr große Karte mit 50 Gerichten. Kalte Küche: Mittelgroße Karte mit 20 Gerichten. Spezialitäten: Fränkische und regionale Gerichte, saisonale Gerichte, lebend frische Fische (im Herbst).

ANSCHRIFT

Hauptstraße 2
97334 Nordheim am Main
Tel.: 09381-1702
Fax: 09381-4379

ÖFFNUNGSZEITEN

Ganzjährig geöffnet
Täglich ab 11 Uhr
Montag Ruhetag

TIPP: Nordheimer Winzersüppchen

Bus 8108, 8110 Raiffeisenstraße, Nordheim a. Main

Die Nummer eins im VGN

WWW.VGN.DE

Man mag es kaum glauben, aber die Nürnberger fahren am liebsten in die Weingegend. Hingebracht werden sie seit mehr als zehn Jahren vom **Bocksbeutel-Express**, der Vorzeige-Freizeitlinie des VGN, die zwischen Mai und November am Wochenende die Metropole mit dem Weinland verbindet.

Weinfeste, Hecken- und Besenwirtschaften und natürlich all die urigen Typen, die auch wir Ihnen hier im Buch vorstellen, sind das Ziel der Burgstädter, von denen schon über 75.000 diese Reise unternommen haben. Die Linie mit der Nummer 109 führt in Orte wie Markt Bibart, Herbolzheim, Ippesheim, Uffenheim, Weigenheim, also ins Weinparadies Franken. Aber was reden wir lange herum, laden Sie sich einfach kostenlos die Broschüre zum Bocksbeutel-Express herunter und genießen Sie Weinfranken ganz stress- und autofrei. Am besten packen Sie sich auch gleich die passenden VGN-Wandertipps namens „Auf den Spuren alter Kulturlandschaften", „Frühherbsttour", „In die Weinwanderwelt" und „Auf den Spuren des Bocksbeutel-Expresses" dazu in den Warenkorb.

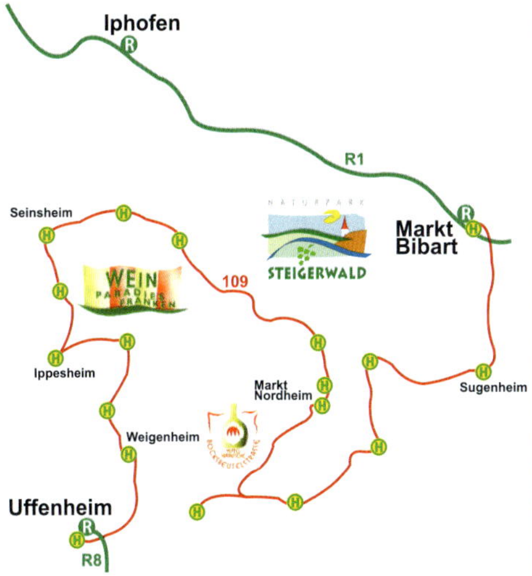

Infos: www.vgn.de/shop

Landhotel Alte Schmiede

WWW.LANDHOTEL-ALTE-SCHMIEDE.DE **Plätze (außen/innen): 50/90**

IMMER AUF

So etwas gibt es selten: Bei Gerhard Dusel ist immer geöffnet, zumindest ab 7 Uhr morgens bis die letzten Gäste gehen – jeden Tag, jede Woche, jeden Monat, jedes Jahr. Und damit es nicht langweilig wird, läßt sich der Wirt auch immer wieder etwas neues einfallen, von der Nachtwächterführung über Wirtshaussingen (mit den alten Liederbüchern der Schmiede) bis zum Liebesmenü am Valentinstag. Die Einrichtung der alten Schmiede ist übrigens teilweise noch erhalten, inklusive Esse und Amboss.

WEINE

Rebsorten: Müller-Thurgau, Silvaner, Riesling, Scheurebe, Kerner, Portugieser, Domina, Dornfelder, Schwarzriesling. Weintipp/Empfehlung von Gerhard Dusel: Silvaner trocken (typisch fränkisch), Dornfelder.

KÜCHE

Warme Küche: Große Karte mit ca. 20-25 Gerichten. Kalte Küche: Mittelgroße Karte mit 15 Gerichten. Spezialitäten: Rehschäuferla, Schweineschäuferla, Bratwürste, Nachtwächters Lieblingsspeise, Topfenknödel gefüllt mit Zwetschgen.

ANSCHRIFT

Karlsplatz 7
97357 Prichsenstadt
Tel.: 09383-97220
Fax: 09383-972249

ÖFFNUNGSZEITEN

Täglich ab 7 Uhr
Kein Ruhetag

TIPP: Nachtwächters Lieblingsspeise

Fossiliensammlung Hans Klein

WWW.WEIN.BY

Wenn man hier vorbeikommt, fragt man sich erstmal: „Was ist das eigentlich? Shop, Museum, Trödelladen?" Irgendwie ist es alles. Schließlich sammelt Hans Klein Exponate aus aller Welt, vom Saurierschädel bis zum Riesenstraußenei. Sogar Mondmeteoritengestein findet sich hier.

Der Rundgang durch das bunte Sammelsurium, das sich über mehrere Räume verteilt, macht auf jeden Fall viel Spaß und bringt einen immer wieder zum Staunen.

Ist man wieder am Eingang angekommen, lohnt es sich durchaus, auch mal die Verkaufsstände zu durchforsten. Schließlich gibt es viele schöne Dinge, die sich auch als Mitbringsel eignen, zum kleinen Preis, und man kann dafür sorgen, dass der Eintritt für das Museum an sich weiterhin kostenfrei bleibt. Wir sagen: Danke, Hans Klein!

Adresse:
Schulinstraße 28
97357 Prichsenstadt
Tel.: 09383-7008
eMail: privatmuseum-hk@gmx.de

Öffnungszeiten:
Täglich 9 bis 18 Uhr

Symbolerklärung s. vordere Klappe

ONLINE AUF WWW. Wein.BY

Gasthaus Grüner Baum

WWW.GASTHAUS-GRUENER-BAUM.COM **Plätze (außen/innen): 30/100**

EVOLUTION IN PRICHSENSTADT

War das Anwesen des Grünen Baumes im 17. Jahrhundert noch Bäckerei, mutierte es 100 Jahre später zur Brauerei und beherbergt seit den 1960er Jahren einen Weinbaubetrieb. Zuständig für den Ausbau der Ernte ist heute das Weingut Stich in Bürgstatt, deren Inhaber auch Teil der Familie sind. Besonders gut schmeckt der Traubensaft in der Nachtwächterstube oder an den drei Tischen vor dem Haus, von denen aus man das Treiben in dem historischen Städtchen gut beobachten kann. Nicht verpassen sollte man die selbstgemachten Bratwürste – ein echter Leckerbissen!

WEINE

Rebsorten: Müller-Thurgau, Silvaner, Kerner, Bacchus, Weißburgunder, Gewürztraminer, Spätburgunder, Frühburgunder, Dornfelder. Weintipp/Empfehlung von Uwe Thiele: Weißburgunder.

KÜCHE

Warme Küche: Mittelgroße Karte mit ca. 20 Gerichten. Kalte Küche: Kleine Karte mit ca. 10 Gerichten. Spezialitäten: Karpfen im Bierteig (Herbst), Winzerrippchen, Kammrippchen mit Käse überbacken, Bauerngänse und -enten auf Vorbestellung.

ANSCHRIFT

Schulinstraße 14
97357 Prichsenstadt
Tel.: 09383-1572
Fax: 09383-2672

ÖFFNUNGSZEITEN

Ganzjährig geöffnet
Täglich ab 10 Uhr
Montag Ruhetag
Im Februar und im August für jeweils 2 Wochen geschlossen

TIPP: Bratwürste aus eigener Herstellung

Bus 8111, 8150 Abzw Bahnhof, Prichsenstadt

DB

Weingut Wagner und Gasthof „Zur Prichsenstädter Krone"

WWW.WEINGUTWAGNER.DE

Plätze (außen/innen): 40/55

HÖRT IHR GÄST' UND LASST EUCH SAGEN ...

... auch hier sollt Ihr ein Schlückchen wagen! So oder so ähnlich könnte der Nachtwächter auch singen, der jeden Abend durch das mittelalterliche Prichsenstadt zieht. Denn in der Krone, mitten im Ort, finden sich wiederum leckere Weine, vom Bacchus bis zum Franken Kuss. Dies ist ein Cuvée nach dem Motto: Kerner Und Silvaner Schmeckt! Dazu lohnt sich zum Beispiel der hausgemachte Flammkuchen.

TIPP: Franken Kuss

WEINE

Rebsorten: Silvaner, Müller-Thurgau, Bacchus, Kerner, weißer Burgunder, Traminer, Domina, Regent, Acolon. Weintipp/Empfehlung von Martin Wagner: Silvaner, weißer Burgunder.

KÜCHE

Warme Küche: Mittelgroße Karte mit ca. 11 Gerichten. Kalte Küche: Kleine Karte mit 10 Gerichten. Spezialitäten: Sauerbraten, Flammkuchen, Winzerplatte.

ANSCHRIFT

Karlsplatz 11
97357 Prichsenstadt
Tel.: 09383-6549
Fax: 09383-994169

ÖFFNUNGSZEITEN

Anfang März bis Ende Dez.
Fr ab 18 Uhr
Sa, So und Feiertage ab 11 Uhr
Montag bis Donnerstag geschlossen
Für Gruppen ab 20 Personen nach Anmeldung jederzeit geöffnet
Anfang Januar bis Ende Februar geschlossen

Symbolerklärung s. vordere Klappe

ONLINE AUF WWW. Wein.BY

Gasthof und Weingut zum Storch

WWW.GASTHOF-STORCH.DE Plätze (außen/innen): 120/116

WEINE

Rebsorten: Müller-Thurgau, Silvaner, Riesling, Rieslaner, Bacchus, Grauburgunder, Weißburgunder, Spätburgunder, Regent, Domina. Weintipp/Empfehlung von Susanne Wanya: 2009er Silvaner Kabinett trocken.

KÜCHE

Warme Küche: Große Karte mit ca. 30 Gerichten. Kalte Küche: Mittelgroße Karte mit ca. 15 Gerichten. Spezialitäten: Karpfen Steigerwälder Art (im Winter), Bachsaibling in der Folie gegart, auf Vorbestellung Zander, Hecht und Waller, Bärlauchpfannkuchen gefüllt mit Stangenspargel.

ANSCHRIFT

Luitpoldstraße 5-7
97357 Prichsenstadt
Tel.: 09383-6587
Fax: 09383-6717

ÖFFNUNGSZEITEN

Täglich ab 9 Uhr
Anfang Apr. bis Ende Okt. Dienstag Ruhetag
Anfang Nov. bis Ende März Montag und Dienstag Ruhetag

MOSTSÜPPCHEN UND SCHWEINFURTER SCHLACHTSCHÜSSEL

Der Storch von Familie Wanya ist ein echter Vollblutbetrieb. Hier wird fränkische Gastlichkeit zu 150% gelebt – das sieht man übrigens auch an der sehr gut gemachten Website des Gasthofes. Mit viel Engagement und Begeisterung haben die vielen Generationen jeweils ihre eigene Note hinzugefügt, wodurch sich das heutige Ensemble mit Kutschenremise, Prinzregentenstube und gemütlichem Innenhof erklärt. Die besondere Gastlichkeit zeigt sich auch daran, dass Weingutführungen, Weinbergsführungen und Weinproben bereits ab zwei Personen möglich sind (bitte vorher Bescheid geben).

TIPP: Schweinfurter Schlachtschüssel

Bus 8111, 8150 Abzw Bahnhof, Prichsenstadt

DB

Häckerstube Erwin Vollhals

WWW.WEINBAU-VOLLHALS.DE **Plätze (außen/innen): 40/120**

KNOWHOW OHNE ENDE

Das haben Vater und Sohn Vollhals in Rödelsee. Winzer sind sie beide, Vater Erwin dazu gelernter Weinküfer und sein Sohn Weinbautechniker. Der Küfer kümmert sich vor allem um den Ausbau des Weines und den perfekten Füllzeitpunkt, wenn der Wein seinen Reifehöhepunkt erreicht hat. Dieses Wissen hat in Franken eine neue Renaissance, seitdem auch hier Barrique-Weine ausgebaut werden. Dies schmeckt man hier dann auch besonders bei den Spezialitäten Riesling-, Grauburgunder- und Domina-Spätlese, jeweils Barrique.

TIPP: Barrique-Spätlesen

WEINE

Rebsorten: Müller-Thurgau, Silvaner, Bacchus, Scheurebe, Riesling, Grauburgunder, Regent, Domina, Dornfelder. Weintipp/Empfehlung von Sigrid Vollhals: Grauburgunder und Silvaner.

KÜCHE

Warme Küche: Kleine Karte mit 4-5 Gerichten. Kalte Küche: Mittelgroße Karte mit 10-12 Gerichten. Spezialitäten: Hausmacher Bratwürste mit Kraut und Brot, Käseplatte, gemischte Platte, selbstgemachter Kochkäse.

ANSCHRIFT

Crailsheimstraße 3
97348 Rödelsee
Tel.: 09323-3738
Fax: 09323-3736

ÖFFNUNGSZEITEN

Mitte März bis Anfang Mai
Fr ab 19 Uhr, Sa ab 17 Uhr, So und Feiertage ab 15 Uhr, Mo bis Do geschlossen
Mitte Mai bis Ende Juli
So und Feiertage ab 15 Uhr, Mo bis Sa geschlossen
Mitte Sept. bis Anfang Nov.
Fr ab 19 Uhr, Sa ab 17 Uhr, So und Feiertage ab 15 Uhr, Mo bis Do geschlossen
Auf Anfrage für Gruppen und Busse auch außerhalb der Heckenzeiten geöffnet

Symbolerklärung s. vordere Klappe

ONLINE AUF WWW. Wein.BY

Blaue Sau - Kochen frei Schnauze

WWW.BLAUESAU.EU

Plätze (außen/innen): 30/45

WEINE

Rebsorten: Riesling, Silvaner, weißer Burgunder, grauer Burgunder, roter Burgunder, Chiraz, Cabernet Sauvignon und viele weitere. Weintipp/Empfehlung von Christian Mittermeier: Tauberschwarz.

KÜCHE

Kleine, aber feine Auswahl an warmen und auch kalten Gerichten. Spezialitäten: Gewürzschmorbraten, Hirtenspieß.

ANSCHRIFT

Vorm Würzburger Tor 7
91541 Rothenburg ob der Tauber
Tel.: 09861-94540
Fax: 09861-945494

ÖFFNUNGSZEITEN

Täglich ab 18 Uhr
Sonntag Ruhetag
2 Wochen im Januar und 2 Wochen im August geschlossen

DURCH UND DURCH MIT STIL

Über die Anmut einer riesigen gemalten blauen Sau an der Wand mag man streiten, das gesamte Interieur und Ambiente der ehemaligen Enoteca jedenfalls überzeugen auf der vollen Linie. Seit neuestem steht nun die regionale Wein- und Genusskultur im Mittelpunkt, wenn auch nicht ausschließlich, so können Sie sich immer auch auf eine positive Überraschung freuen – kochen frei Schnauze eben! Der Name der Blauen Sau nimmt übrigens die in Zeiten verbreiteten Analphabetismusses übliche Praxis der Wirtshäuser aufs Korn, den wichtigsten Teil der Speisekarte gleich im Namen unterzubringen. Den Rest dürfen Sie sich dazu denken...

TIPP: Hirtenspieß

Bus 732, 807 Rothenburg ob der Tauber Bahnhof

DB

Weingut Glocke

WWW.GLOCKE-ROTHENBURG.DE

Plätze (außen/innen): 0/130

DIE SÜDLICHSTEN WEINBERGE FRANKENS

In der Touristenhochburg dachten wir nicht, ein solches Juwel zu finden. Doch Albert Thürauf und seine Glocke haben uns absolut begeistert. Nicht nur, dass es hervorragende Weine und einen wunderschönen kleinen Laden zu erkunden gibt. Auf den südlichsten Weinbergen Frankens wachsen hier über 120 historische, teils ausgestorben geglaubte Reben mit Namen wie Lämmerschwanz, Gänsfüßer oder Geißdutte. Deswegen lohnt sich nicht nur eine Verkostung (z.B. im Holzfasskeller), sondern vor allem auch eine Führung durch das Refugium von 1.200 Jahren Weinkultur.

TIPP: Johanniter

WEINE

Rebsorten: Silvaner, Müller-Thurgau, Bacchus, Johanniter, Perle, weißer Burgunder, Rieslaner, Riesling, Muskateller, grauer Burgunder, Faberrebe, Scheurebe, Alba Longa, Ortega, weißer Gutedel, weißer Elbling, grüner Veltliner, Regent, Tauberschwarz, Frühburgunder, Spätburgunder, Domina, Cabernet Dorsa, Samtrot, Muskattrollinger. Weintipp/Empfehlung von Albert Thürauf: Johanniter und Regent (von den südlichsten Weinbergen Frankens).

KÜCHE

Warme Küche: Große Karte mit über 20 Gerichten. Kalte Küche: Kleine Karte mit ca. 10 Gerichten. Spezialitäten: Blaue Zipfel, Rouladen, Sauerbraten, Krautwickel.

ANSCHRIFT

Plönlein 1
91541 Rothenburg ob der Tauber
Tel.: 09861-958990
Fax: 09861-9579922

ÖFFNUNGSZEITEN

Täglich ab 11 Uhr
So 11 bis 14 Uhr
Sonntag abend geschlossen

Symbolerklärung s. vordere Klappe

ONLINE AUF WWW. Wein.BY

BIO Gasthaus zum Benediktiner

WWW.GASTHAUSZUMBENEDIKTINER.DE Plätze (außen/innen): 70/90

WEINE

Rebsorten: Müller-Thurgau, Bacchus, Silvaner, Riesling, grauer Burgunder, weißer Burgunder, Helios, Spätburgunder, Dornfelder, blauer Zeigelt, Schwarzriesling und weitere.

KÜCHE

Warme Küche: Kleine Karte mit 8-10 Gerichten. Kalte Küche: Kleine Karte mit 4-5 Gerichten. Spezialitäten: Hausgemachte Bio-Bratwürste, hausgemachter Knochenschinken, Schoppenwurst, Forellen aus eigenem Becken, Wild.

ANSCHRIFT

Schweinfurter Straße 31
97359 Münsterschwarzach
Tel.: 09324-99798
Fax: 09324-99799

ÖFFNUNGSZEITEN

Mo bis Fr 10 bis 14 Uhr u. ab 18 Uhr
Sa, So und Feiertage ab 10 Uhr
Mittwoch Ruhetag

BIO-SENSATION BEI ANSELM GRÜN

Als ob die Abtei Münsterschwarzach nicht an sich schon eine Reise wert wäre, lockt auch noch das uralte Gasthaus Zum Benediktiner mit seinem schönen Garten. Ein ausführlicher Zwischenstopp sollte auf jeden Fall auf Ihrem Programm stehen, schließlich tun Sie nach der Inspiration für Geist und Seele auch gleich was für Ihren Körper. Denn das Bio-Zertifikat verspricht seit Anfang 2009 gesunde Kost von höchster Qualität. Dafür, dass dieses Versprechen auch eingehalten wird, steht Inhaber Klaus Kieser, der das Traditionshaus vor über 20 Jahren von seinen Eltern übernahm.

TIPP: Hausgemachte Bio-Bratwürste

Bus 8108 Abtei, Schwarzach a. Main-Münsterschwarzach

DB

Schwab's Landgasthof

WWW.LANDGASTHOF-SCHWAB.DE

Plätze (außen/innen): 25/70

UNTER DEN TOP 600 IN DEUTSCHLAND

Das 1835 gebaute Haus befindet sich bereits in der vierten Generation im Familienbesitz der Schwabs, deren Landgasthof in Gault Millau, Michelin und Feinschmecker verewigt ist und damit wohl zu den besten 600 Restaurants des Landes zählt. Für die Qualität beispielsweise der Wildgerichte sorgt Joachim Schwab sogar noch selbst: Er geht als Jäger auf die Pirsch.

TIPP: Wildgerichte aus eigener Jagd

WEINE

Rebsorten: Silvaner, Müller-Thurgau, Weißburgunder, Grauburgunder, Riesling, Bacchus, Kerner, Scheurebe, Spätburgunder, Domina, Regent, Dornfelder, Traminer, Chardonnay, Frühburgunder.

KÜCHE

Warme Küche: Mittelgroße Karte mit 14 Gerichten. Kalte Küche: Kleine Karte mit 10 Gerichten. Spezialitäten: Wildgerichte (aus eigener Jagd), Karthäuser Klöße mit Weinschaumsoße, Mostsüpple mit Zimtkrusteln, Zander unter der Kartoffelkruste mit Blaukrautschaum, Wildschweinpfeffer mit fränkischen Klößen und Sauerkraut.

ANSCHRIFT

Bamberger Straße 4
97359 Schwarzach am Main
Tel.: 09324-1251
Fax: 09324-5291

ÖFFNUNGSZEITEN

Mi bis So ab 11.30 Uhr
Montag und Dienstag Ruhetag
Im Februar und im August jeweils für 14 Tage geschlossen

Kernwein-Stube

WWW.WEINBAU-KERNWEIN.DE

Plätze (außen/innen): 100/120

VATER, SOHN UND BLAUER HIMMEL

Wir haben ja wirklich vieles erlebt, bei Kernweins allerdings waren wir sprachlos: Der Sohn greift zum Akkordeon, der Vater zur Klarinette und dann geht die Post ab. Und das zu allerlei Feierlichkeiten, unter anderem der Kirchweih und Fasching. Dazu passend ist die Stube gestaltet, oben mit einem blauen Himmel und unten mit einer Glasplatte, durch die man in den Weinkeller schauen kann. Doch auch draußen sitzt es sich in den Weinlauben wunderprächtig, am besten vor einem Gläschen Kernwein.

WEINE

Rebsorten: Müller-Thurgau, Silvaner, Bacchus, Traminer, Scheurebe, Regent, Domina, Dornfelder. Weintipp/Empfehlung von Birgit Kernwein: Traminer.

KÜCHE

Warme Küche: Kleine Karte mit 4 Gerichten. Kalte Küche: Kleine Karte mit ca. 10 Gerichten. Spezialitäten: Kartoffelsuppe, blaue Zipfel, Schweinebraten, Wengertsbriedla.

ANSCHRIFT

Oberes Tor 3
97342 Seinsheim
Tel.: 09332-4296
Fax: 09332-592092

ÖFFNUNGSZEITEN

Ganzjährig geöffnet
Sa und So ab 15 Uhr
Montag bis Freitag geschlossen
(Pension und Weinverkauf täglich geöffnet!)

TIPP: Wengertsbriedla

Winzerstube Schilling

WWW.WINZERSTUBESCHILLING.DE

Plätze (außen/innen): 24/100

DA RAUCHT DER KARPFEN

Evi und Klaus Schilling haben im Herzen ihrer Gäste einen festen Platz. Liebenswürdig ohne Ende schaffen sie es immer wieder, auch hartgesottene Dauerbesucher mit neuen Kreationen zu überraschen. Neben den hervorragenden Weinen bieten sie vor allem auch richtig gute fränkische Edelbrände und Liköre an, auch aus kaum mehr bekanntem Obst wie den Renekloden (grüne Edel-Pflaume). Empfehlenswert ist auch das Hoffest Ende August.

TIPP: Geräucherte Karpfen

WEINE

Rebsorten: Silvaner, Müller-Thurgau, Bacchus, Traminer, Weißburgunder, Domina, Dornfelder. Weintipp/Empfehlung von Klaus Schilling: Traminer.

KÜCHE

Warme Küche: Kleine Karte mit 5-6 Gerichten. Kalte Küche: Kleine Karte mit 8-10 Gerichten. Spezialitäten: Geräucherte Karpfen (im Herbst), Spinatknödel (im Frühling), saisonale Gerichte, Hausmacher Wurst.

ANSCHRIFT

Frankenstraße 7
97342 Seinsheim
Tel.: 09332-4515
Fax: 09332-5879

ÖFFNUNGSZEITEN

Ab dem WE nach Fasching bis zum 2. WE im Juni und vom letzten WE im Aug. bis zum 2. Advent
Sa und So ab 15 Uhr
Montag bis Freitag geschlossen
Für Gesellschaften ab 15 Personen auf Anfrage jederzeit geöffnet

DB

8112, 8061 Seinsheim Bus

Bocksbeutelherberge

WWW.BOCKSBEUTELHERBERGE.DE Plätze (außen/innen): 20/35

WEINE

Rebsorten: Müller-Thurgau, Silvaner, Bacchus, Weißburgunder, Riesling, Spätburgunder. Weintipp/Empfehlung von Waltraud Henke: Silvaner und Weißburgunder.

KÜCHE

Warme Küche: Mittelgroße Karte mit 10-15 Gerichten. Kalte Küche: Kleine Karte mit ca. 8-10 Gerichten. Spezialitäten: Blaue Zipfel, hausgemachte Bratwürste, Spargelgerichte, Hausmacher Wurst.

ANSCHRIFT

Weinstraße 22
97334 Sommerach
Tel.: 09381-84850
Fax: 09381-848522

ÖFFNUNGSZEITEN

Ganzjährig geöffnet
Mo bis Fr ab 18 Uhr
Sa, So und Feiertage ab 17 Uhr
Kein Ruhetag
Die Weinstube ist den kompletten Dezember über geschlossen

WO DER BOCKSBEUTEL ÜBERNACHTET

Natürlich schlafen hier nicht nur die Weinflaschen, sondern vor allem die Gäste. Aber letztere greifen gerne auf das umfangreiche Wein-Arsenal von Waltraud Henke zurück. Auch der Garten ist ein absoluter Hit – von allen Seiten ist man hier von Reben umrankt und freut sich auf die hauseigenen Weine und die selbstgebrannten Edelobstbrände. Für das hervorragende Komplettangebot gab es übrigens auch schon einige Michelin-Auszeichnungen. Zudem hat man sich besonders auf die Bewirtung von Fahrradtouristen eingestellt. Bei denen darf es ja dann auch mal ein Schöppchen mehr sein ...

TIPP: Blaue Zipfel

Weingut Freihof Hubert und Manuela Kram

WWW.WEINGUT-FREIHOF.DE

Plätze (außen/innen): 20/40

WEINGUT MIT MUSIK

In den historischen Mauern aus dem 14. Jahrhundert müssen zwar mittlerweile Steuern gezahlt werden, eine außergewöhnliche Tradition wurde dafür neu geschaffen. Winzer Hubert Kram stellt jedes Jahr seine Wein-Neuankömmlinge mit einem Sommerkonzert der Öffentlichkeit vor, bei dem sein Bruder und Komponist wie Pianist Christian F.P. Kram Regie führt. Das bedeutet dann gelebte Kultur für Gaumen und Ohren – welcher Wein kann schon von sich behaupten, derartig begrüßt worden zu sein? Übrigens: Mit dem Cabernet Cubin wächst hier eine seltene Neuzüchtung, die aus Blaufränkisch und Cabernet Sauvignon entstand und in der Verbreitung in etwa dem Acolon entspricht.

TIPP: Selbstgeräucherte Forelle (im Herbst)

WEINE

Rebsorten: Silvaner, Müller-Thurgau, Bacchus, weißer Burgunder, Scheurebe, Traminer, Spätburgunder, Cabernet Cubin, Domina. Weintipp/ Empfehlung von Hubert Kram: Divertimento (leichter, frischer Müller-Thurgau), Vino Elegante (weißer Burgunder, kräftiger Weißwein mit Nachhalt), Composizione Elegante (Rotwein Cuvée).

KÜCHE

Warme Küche: Kleine Karte mit 3-4 Gerichten. Kalte Küche: Kleine Karte mit 3-4 Gerichten. Spezialitäten: Selbstgeräucherte Forelle (im Herbst), blaue Zipfel, angemachter Camembert.

ANSCHRIFT

Maintorstraße 4
97332 Sommerach am Main
Tel.: 09381-6791
Fax: 09381- 6080

ÖFFNUNGSZEITEN

Mitte Apr. bis Mitte Juni und Mitte/Ende Sep. bis Ende Okt.
Fr ab 17 Uhr
Sa, So und Feiertage ab 14 Uhr
Montag bis Donnerstag geschlossen

Symbolerklärung s. vordere Klappe

ONLINE AUF WWW. Wein.BY

Gasthof zum Schwan

WWW.SCHWAN-SOMMERACH.DE Plätze (außen/innen): 150/160

WEINE

Rebsorten: Silvaner, Müller-Thurgau, Scheurebe, Bacchus, Schwarzriesling, weißer Burgunder, Domina, Spätburgunder. Weintipp/Empfehlung von Klaus Münch: Trockener Silvaner, Seccos, Rotling.

KÜCHE

Warme Küche: Kleine Karte mit ca. 10 Gerichten. Kalte Küche: Kleine Karte mit ca. 10 Gerichten. Spezialitäten: Spargelgerichte, fränkische Schäuferle, Hochzeitsessen.

ANSCHRIFT

Hauptstraße 10
97334 Sommerach
Tel.: 09381-847684
Fax: 09381-847685

ÖFFNUNGSZEITEN

Ganzjährig geöffnet
Täglich ab 11 Uhr
Von Anfang März bis Ende Okt. kein Ruhetag

MIT DER RIKSCHA IN DEN WEINBERG

Ja, auch das ist möglich, zumindest hier bei der Winzerfamilie Münch, bei der die Rikscha jederzeit geliehen werden kann – den Fahrer muss man allerdings selber geben ... Das 300 Jahre alte Barockhaus zählt zu den schönsten historischen Gasthäusern in ganz Bayern (dekoriert mit dem bayerischen Staatsehrenpreis) und ist unter anderem wegen des Vierjahreszeitenstucks und des Gewölbesaals mit seinen Gemälden absolut sehenswert. In der Tradition der ehemaligen Besitzer, deren viele Töchter dem Haus den Spitznamen „Schmittsmädchen" einbrachten, haben auch die Münchs drei Kinder, die allesamt schon in Richtung Fortsetzung des Familienbetriebes streben. Da kann man nur gratulieren!

TIPP: Spargelgerichte aus eigenem Anbau

Bus 8110 Nordheimer Straße, Sommerach

DB

Zwischen Zehnthof, Dorfbrunnen und Winzerkeller

WWW.SOMMERACHER-WEINFEST.DE

In diesem einmaligen Ambiente treffen sich die Weinfreunde jedes Jahr im Juli zum Sommeracher Weinfest. Es trägt den Untertitel „Stil & Faszination", was bedeutet, dass es eben nicht nur um den schnellen Weinkonsum in großer Gruppe, sondern auch um echte Weinerlebnisse geht.

Deswegen öffnen die teilnehmenden Weingüter ihre Pforten und bieten Weinproben und Kellerführungen an. Am Samstag besteht außerdem die Gelegenheit, an einer geführten Weinbergswanderung teilzunehmen, die traditionell am Sommeracher Aussichtsturm endet.

Eine Neuigkeit 2010 war der Genuss-Tour-Pass, der für 15 Euro ein Probierglas Wein an allen Ständen sicherte, sowie persönliche Infos der Winzer zu ihren jeweiligen Weinen – unter dem Motto „Made in Summeri". Wir hoffen, dass diese Innovation auch in den kommenden Jahren erhalten bleibt, der Auftakt war jedenfalls ein großer Erfolg.

Termin 2011:
08. bis 11. Juli

Symbolerklärung s. vordere Klappe

ONLINE AUF WWW. Wein.BY

Gasthof Winzerhof

WWW.WINZERHOF-SOMMERACH.DE **Plätze (außen/innen): 50/105**

WEINE

Rebsorten: Müller-Thurgau, Bacchus, Silvaner, Scheurebe, Riesling, Faberrebe, Spätburgunder, Domina.

KÜCHE

Warme Küche: Mittelgroße Karte mit 20 Gerichten. Kalte Küche: Kleine Karte mit 10 Gerichten. Spezialitäten: Schäuferle, Sauerbraten, saisonale Gerichte.

ANSCHRIFT

Volkacher Straße 11
97334 Sommerach
Tel.: 09381-9560
Fax: 09381-6102

ÖFFNUNGSZEITEN

Ganzjährig geöffnet
Tägl. 11.30 bis 14.30 Uhr & ab 17 Uhr
Mo ab 17 Uhr
Donnerstag Ruhetag

MITTEN IN DER MAINSCHLEIFE

Gerade Wanderer und Radtouristen finden hier den perfekten Ausgangspunkt oder zumindest Zwischenhalt für ihre Ausflüge. Am Horizont finden sich überall Weinberge, aber auch direkt über dem Kopf, wenn man in der gemütlichen Weinlaube des Winzerhofes sitzt. Auf den Teller kommen auch deftige Klassiker wie Schäuferla und Steaks. Dass es dazu dann die feinen Sommeracher Weine und im Herbst auch Federweißen gibt, versteht sich von selbst.

TIPP: Wurst vom Hausmetzger

Streng's Weinstube Restaurant und Pension beim Zöpfleswirt

WWW.STRENGS-WEINSTUBE.DE

Plätze (außen/innen): 30/68

SAUGUTE SCHÄUFELE

Auch wenn wir hier einen Weinführer vorlegen, darf das Essen nicht zu kurz kommen. Deswegen muss man hier vor allem das von allen Gästen höchstgelobte Schäufele bemühen, das wir Ihnen hiermit ans hungrige Herz legen. Allerdings haben wir auch einen guten Weintipp auf Lager: Hier erhalten Sie einen der ersten fränkischen Merlots. Diese Rebsorte befindet sich noch in der Einführung, das heißt, es gibt zwar schon ca. acht Hektar Anbaufläche, aber es sind fast alles noch junge Rebstöcke, die noch nicht ihre volle Kraft entfalten. Also bitte umgehend eine Flasche Merlot Spätlese bestellen!

TIPP: Schäufele

WEINE

Rebsorten: Müller-Thurgau, Silvaner, Bacchus, Riesling, Scheurebe, Dornfelder, Merlot und weitere. Weintipp/ Empfehlung von Klaus Böcher: Scheurebe Bocksbeutel halbtrocken und Riesling trocken.

KÜCHE

Warme Küche: Mittelgroße Karte mit 20 Gerichten. Kalte Gerichte: Kleine Karte mit 10 Gerichten. Spezialitäten: Schäufele, Hochzeitsessen, blaue Zipfel, typisch fränkische Küche.

ANSCHRIFT

Kirchplatz 1
97334 Sommerach
Tel.: 09381-710808

ÖFFNUNGSZEITEN

1. Apr. bis 31. Okt.
Täglich ab 11 Uhr
Montag Ruhetag
1. Nov. bis 31. März:
Täglich ab 17 Uhr
Montag und Donnerstag Ruhetag

Symbolerklärung s. vordere Klappe

Weingut und Heckenwirtschaft Luckert

WWW.WEINGUT-WINFRIED-LUCKERT.DE **Plätze (außen/innen): 0/40**

WEINE

Rebsorten: Müller-Thurgau, Silvaner, Grauburgunder, Gewürztraminer, Scheurebe, Riesling, Kerner, Bacchus, Domina, Spätburgunder, Dornfelder. Weintipp/Empfehlung von Ingrid Henning-Luckert: Silvaner Spätlese 2009.

KÜCHE

Warme Küche: Kleine Karte mit 4 Gerichten + 1 Wochenendgericht. Kalte Küche: Mittelgroße Karte mit 10-12 Gerichten. Spezialitäten: Blaue Zipfel, geräucherte Bratwürste, Mostsuppe mit Zimtkrusteln, gebackene Leberwurst mit Dämpfkraut.

ANSCHRIFT

Maingasse 22
97320 Sulzfeld
Tel.: 09321-8916
Fax: 09321-8914

ÖFFNUNGSZEITEN

Ende März bis Anfang Mai (immer über Ostern und 1. Mai) und
Ende Sep. bis Mitte Nov.
(insgesamt 16 Wochen im Jahr)
Fr ab 18 Uhr
Sa ab 15 Uhr
So und Feiertage ab 10 Uhr (mit Frühstücksbuffet)
Montag bis Donnerstag geschlossen

IM HAUSE IHRER MAJESTÄT

Hier gastieren Sie bei den ehemaligen Sulzfelder Weinprinzessinnen Sanne, die 1. und Nina, die 1., deren Weingut innerhalb der historischen Mauern Sulzfelds zu finden ist. Das Dorf an sich hat schon viele Wettbewerbe gewonnen, nicht zuletzt, weil es noch über eine komplette Mauer mit 21 Toren und Türmen verfügt. In einem der Türme veranstalten die Luckerts ihre Weinproben – das ist dann ein ganz besonders schönes Erlebnis. In der Heckenwirtschaft treffen Sie auch Inhaber Winfried Luckert des öfteren an.

TIPP: Mostsuppe mit Zimtkrusteln

Bus 8101, 8112, 8288 Sulzfeld, Sulzfeld a. Main

Vier Tage großes Kino am Maindreieck

WWW.WEINFEST-SULZFELD.DE

Weinfeste kennt man ja in Franken, aber ein richtiges Straßenweinfest gibt es nur hier in Sulzfeld. Dann ist der ganze Ort eine einzige Partymeile, drumrum steigt 2011 der fünfte Weinhallalauf, bei dem die ambitionierten Hobbysportler über 7 Kilometer und 200 Höhenmeter ihre Fitness unter Beweis stellen müssen, bevor auch sie zum Weinglas greifen.

Das Sulzfelder Straßenweinfest geht über vier Tage. Den Startschuss gibt die Weinprinzessin persönlich am Freitag Abend, zusammen mit dem Kitzinger Hofrat nebst Hofstaat. Am Samstag drängen sich dann die weinseligen Massen schon ab Mittag durch den Weinort und feiern bis in die frühen Morgenstunden. Der Sonntag bringt den schon erwähnten Weinhallalauf, gefolgt von einer großen Open-Air-Party bei freiem Eintritt. Der Ausklang am letzten Tag gehört vor allem den Einheimischen, die dann noch einmal richtig „abrocken" bis die Bocksbeutelbar schließt.

Ein junges Weinfest also, bei dem der gesamte Ort mitfeiert, und bei dem es keine alkoholischen Getränke außer Wein, Sekt und Secco gibt. Selbst Bier gibt es nur innerhalb der Gaststätten.

Termin: Anfang August (z.B. 2011: 5.-8. August)

Infos: Weinfest Sulzfeld am Main
Matthias Bielek
Tel.: 0171-7851215
eMail: info@mb-entertainment.de
Web: www.weinfest-sulzfeld.de

Symbolerklärung s. vordere Klappe

ONLINE AUF WWW. Wein.BY

Weinlokal Michelskeller

WWW.MICHELSKELLER.DE

Plätze (außen/innen): 35/75

WEINE

Rebsorten: Silvaner, Bacchus, Scheurebe, Müller-Thurgau, Kerner, Riesling, Dornfelder, Domina. Weintipp/Empfehlung von Anni Scheckenbach: Müller-Thurgau trocken und halbtrocken und Silvaner trocken.

KÜCHE

Warme Küche: Kleine Karte mit 4 Gerichten. Kalte Küche: Kleine Karte mit 3 Gerichten. Spezialitäten: Meterbratwurst, Schweinesteak, Garnelen mit pikanter Soße (alles serviert auf heißen Grillplatten).

ANSCHRIFT

Zehntgasse 2
97320 Sulzfeld
Tel.: 09321-7545

ÖFFNUNGSZEITEN

1. Apr. bis 10. Nov.
Täglich 11 bis 15 Uhr und ab 18 Uhr
Kein Ruhetag
11. Nov. bis 31. März komplett geschlossen

IM TIEFEN KELLER

Über 700 Jahre hat der Keller direkt vor dem Sulzbacher Rathaus schon auf dem Buckel. Wo ehedem die großen Holzfässer standen, sitzen nun die Gäste und genießen neben den Weinen des Weingutes Streng vor allem auch die Köstlichkeiten aus der Küche. Die bietet neben der berühmten Meterbratwurst auch Steaks und Garnelen mit feinen pikanten Soßen, was wir sicherlich auch der Tatsache verdanken, dass Anni Scheckenbach den weiten Weg von Borneo nach Franken gewagt hat, um ihren Mann Wolfgang zu unterstützen.

TIPP: Gerichte auf heißer Grillplatte serviert

Bus 8101, 8112, 8288 Sulzfeld, Sulzfeld a. Main

DB

Heckenwirtschaft Schneider-Giensch

WWW.WEIN.BY

Plätze (außen/innen): 0/40

KLEIN ABER FEIN

Die Anbaufläche von Familie Schneider-Giensch beträgt zwar nur etwa zehn Ar, aber auf denen kommt sehr Löbliches zutage. Und weil es zudem ganz traditionell zu geht, gibt es den Wein auch nur aus dem Fass und dazu hausgemachte kalte Speisen. Die Lieblingssorte von Martina Schneider ist ihr Domina, eine Kreuzung von blauem Portugieser und Spätburgunder, der fast ausschließlich in Franken angebaut wird (zu 85%). Wie viele andere Frankenrotweine ist auch der Domina ursprünglich als Deckwein gedacht gewesen, hat sich aber nun sein eigenes Refugium geschaffen.

TIPP: Vesperplatte

WEINE

Rebsorten: Müller-Thurgau, Domina, Dornfelder. Weintipp/Empfehlung von Martina Schneider: Domina.

KÜCHE

Warme Küche: Kleine Karte mit warmen Kleinigkeiten. Kalte Küche: Kleine Karte mit 7 Gerichten. Spezialitäten: Hausmacher Vesperplatte, Rauchplatte, selbstgebackenes Holzofenbrot.

ANSCHRIFT

Tauberzell 24
91587 Adelshofen-Tauberzell
Tel.: 09865-759 oder -861

ÖFFNUNGSZEITEN

Anfang bis Mitte Jan.
Alle Sonntage im Jan. und Feb.
Täglich ab 15 Uhr
Kein Ruhetag
Für Gruppen nach Voranmeldung jederzeit im Januar und Februar geöffnet

DB 819 Am Brunnen, Adelshofen (Mittelfranken) Bus

Symbolerklärung s. vordere Klappe

ONLINE AUF WWW. Wein.BY

Meiers Winzerstube

WWW.WEINGUTMEIER.DE **Plätze (außen/innen): 60/40**

WEINE

Rebsorten: Riesling, Silvaner, Weißburgunder, Müller-Thurgau, Rieslaner, Kerner, Bacchus, Dornfelder, Domina, Blauer Zweigelt, Spätburgunder, Cabernet Dorsa. Weintipp/Empfehlung von Marcus Meier: Vielfalter Cuvée trocken oder die edlen Gewächse vom Riesling trocken und Rieslaner edelsüß oder junger Müller-Thurgau und junger Riesling.

KÜCHE

Warme Küche: Kleine Karte mit 5 Gerichten. Kalte Küche: Kleine Karte mit 10 Gerichten. Spezialitäten: Winzerbrotzeit, überbackener Camembert, fränkische Bratwürste mit Kraut.

ANSCHRIFT

Ulsenheim 13
91478 Markt Nordheim
Tel.: 09842-2479
Fax: 09842-952241

ÖFFNUNGSZEITEN

Januar, Februar, Mitte bis Ende Mai, Juni, Oktober und November
Sa, So und Feiertage ab 14 Uhr
Montag bis Freitag geschlossen
Für Gruppen nach Voranmeldung jederzeit geöffnet

Neben der Winzerstube gibt es die Panoramahütte inmitten der eigenen Weinberge
Jeden 1. und 3. So im Juli, Aug. und Sep. (bis 50 Pers.): Jeweils ab 14 Uhr

VINIFIZIERTE EMOTIONEN

So nennen die Meiers stolz ihre Weinkreationen. Und die haben es in sich – immerhin hat Gault Millau eine 1er Traube über die gesamte Palette verliehen und das Weingut zum besten in Mittelfranken gekürt. Dementsprechend heißt Weinprobe hier ein Fünfgänge-Menü mit zehn fränkischen Spitzenweinen zur Verkostung. Eine Besonderheit ist auch der hier erhältliche Rieslaner, eine Kreuzung zwischen Riesling und Silvaner, die es fast nur in Franken gibt (ca. 40 Hektar Anbaufläche). Besonders nach sonnenreichen Jahren ein echter Leckertropfen!

TIPP: Rieslaner edelsüß

Bus 142, 838 Ulsenheim, Markt Nordheim

DB

Schoppenhäusle Walter und Sabine Erhard

WWW.WEINGUT-ERHARD.DE **Plätze (außen/innen): 20/60**

PROBIERFREUNDLICH OHNE ENDE

Im Schoppenhäusle erhalten Sie alle Weine auf Wunsch im 0,1l -Ausschank, so dass Sie sich auch durch die gesamte Palette probieren und sich trotzdem noch auf Ihre Geschmacksnerven verlassen können. Immerhin kommen Sie bei den mehr als 10 Sorten trotzdem auf einen guten Liter Rebensaft. Dem muss man eine gute Grundlage schaffen, wofür die gute Küche des Hauses die ideale Voraussetzung bietet.

TIPP: Rotweinschinken mit Kräuterwalnussbrot

WEINE

Rebsorten: Silvaner, Müller-Thurgau, Riesling, Bacchus, Scheurebe, Kerner, Weißburgunder, Spätburgunder, Domina, Regent, Schwarzriesling. Weintipp/Empfehlung von Sabine Erhard: Silvaner.

KÜCHE

Warme Küche: Mittelgroße Karte mit ca. 10 Gerichten. Kalte Küche: große Karte mit ca. 20 Gerichten. Spezialitäten: Ziegenkäseprodukte, Forelle und Saibling, selbstgemachter Rotweinschinken (alle Speisen und Produkte stammen ausschließlich von Selbstvermarktern aus der Region).

ANSCHRIFT

Weinstraße 21
97332 Volkach
Tel.: 09381-2623
Fax: 09381-71116

ÖFFNUNGSZEITEN

Anfang Apr. bis Mitte Mai und Mitte Sep. bis Ende Okt.
Fr und Sa ab 17 Uhr
Montag bis Donnerstag und an Sonn- und Feiertagen geschlossen
Für Gruppen ab 10 Personen für Weinproben und ab 25 Personen für geschlossene Gesellschaften nach Anmeldung jederzeit geöffnet

Symbolerklärung s. vordere Klappe

Weinrestaurant und Romantikgarten Schloß Hallburg

WWW.WEINRESTAURANT-SCHLOSSHALLBURG.DE Plätze (außen/innen): 500/120

WEINE

Rebsorten: Müller-Thurgau, Silvaner, Bacchus, Riesling, grauer Burgunder. Weintipp/Empfehlung von Karin Molitor-Hartmann: Grauer Burgunder.

KÜCHE

Warme Küche: Mittelgroße Karte mit 15 Gerichten. Kalte Küche: Mittelgroße Karte mit 15 Gerichten. Spezialitäten: Hochzeitsessen (Gekochte Ochsenbrust mit Meerrettich), Schäufele, blaue Zipfel im Essigsud, Fränkische Bratwürste mit Kraut, lauwarme Ochsenburst mit Pfifferlingen in Vinaigrette.

ANSCHRIFT

Schloss Hallburg Nr. 5
97332 Volkach
Tel.: 09381-2340
Fax: 09381-2568

ÖFFNUNGSZEITEN

Von Apr. bis Okt.
Mo bis Sa ab 11 Uhr
So und Feiertage ab 10.30 Uhr
Kein Ruhetag
Feb., März, Nov. und Dez.
Mi bis Fr ab 15 Uhr
Sa, So und Feiertage ab 11 Uhr
Montag und Dienstag Ruhetag

BEI DER WEINKÖNIGIN

Prinzessinnen hatten wir ja schon viele, hier auf Schloss Hallburg sind Sie aber bei einer echten Deutschen Weinkönigin zu Gast: Karin Molitor-Hartmann trug die Krone 1983 und hatte einen entscheidenden Anteil am Aufstieg des Restaurants, das sich wie das Schloss im Besitz der Grafen von Schönborn befindet. Neben guten Weinen und gepflegten Speisen bietet sich hier auch noch ein umfangreiches Rahmenprogramm vom Jazz-Frühschoppen über Open-Air-Konzerte bis zur Ü30-Party.

TIPP: Jazz-Frühschoppen an Sonn- und Feiertagen

Bus 8105, 8137 Bahnhof, Volkach

Hinterhöfle

WWW.HINTERHOEFLE.DE **Plätze (außen/innen): 80/80**

EIN ECHTER GLÜCKSFALL

So sieht Klaus Behringer nach eigener Aussage die Aufgabe, das Hinterhöfle übernommen zu haben. Mittlerweile tüftelt er seit über 20 Jahren an dem wunderschönen Wein- und Biergarten, der zu einem echten Klassiker der Gegend geworden ist. Unter den zehn angebotenen offenen Weinen ist natürlich auch die fränkische Rebe schlechthin, der Silvaner. Er gehört zu den ältesten heute noch kultivierten Reben und wurde schon von Plinius dem Älteren erwähnt. 2009 feierte man übrigens 350 Jahre Silvanerrebe in Franken – jeder Schluck ist also auch ein bisschen Geschichte ...

TIPP: Saibling

WEINE

Rebsorten: Müller-Thurgau, Silvaner, Bacchus, Riesling, Regent, Scheurebe, weißer Burgunder, Chardonnay, Cabernet Dorsa, Domina, Spätburgunder. Weintipp/Empfehlung von Klaus Behringer: Silvaner.

KÜCHE

Warme Küche: Mittelgroße Karte mit 20 Gerichten. Kalte Küche: Mittelgroße Karte mit 20 Gerichten. Spezialitäten: Frischer Saibling aus dem Bassin, ofenfrische Schäuferle.

ANSCHRIFT

Hauptstraße 30
97332 Volkach
Tel.: 09381-814200
Fax: 09381-814299

ÖFFNUNGSZEITEN

Ganzjährig geöffnet
Täglich ab 10 Uhr
Kein Ruhetag

Volkacher Weinfest

WWW.VOLKACH.DE

Volkach mit seinen elf Ortsteilen hat sich zu einer richtigen deutschen Weinmetropole entwickelt. Einen kräftigen Schub gab zudem die Wahl von Marlies Dumbsky zur deutschen Weinkönigin 2008/2009.

Mittlerweile hat sie die Krone zwar wieder abgegeben, die deutsche Weinszene weiß nun aber genau, wo Volkach liegt und kommt gerne zum bekannten Weinfest an den Main.

Zahlreiche Weinstände, Bocksbeutel- und Sektbars, mehr als 8.000 Sitzplätze unter den alten Lindenbäumen im großen Weinfestpark... Los geht's traditionell am Freitag Abend mit allen Weinprinzessinnen der Volkacher Mainschleife und einem nächtlichen Feuerwerk. Und spätestens zu den „Aaahs" und „Ooohs" zu den prachtvollen Lichtern sind die Stimmung auf dem Siedepunkt, die Hände zum Himmel gerichtet und die Füße auf den Bierbänken. Zum Hin- und Wegkommen lohnt sich das Mainschleifenshuttle, das extra Sondertouren zum Weinfest einlegt (siehe Skizze).

Termin

Wochenende um den 15. August
(Mariä Himmelfahrt)

Metzgerei
Kiesel
Volkach

Symbolerklärung s. vordere Klappe

Weingut und Gasthof „Zum Storchen“

WWW.GASTHOFZUMSTORCHEN.DE

Plätze (außen/innen): 35/65

RUNDUM SORGLOS

So fühlt sich jeder Gast bei Stephan Heilmann. Zehn verschiedene Reben, darunter der fast ausschließlich in Franken und der Pfalz vorkommende Rieslaner (hier sollten Sie vor allem die Trockenbeerauslese versuchen), fünf Hausobstbrände (Mirabellen, Zwetschgen, Williams-Christ-Birnen, Kirschen und Trauben) und eine mit Wildgerichten angereicherte Speisekarte – Gästeherz, was willst Du mehr?

WEINE

Rebsorten: Müller-Thurgau, Silvaner, Riesling, Rieslaner, weißer Burgunder, Kerner, Bacchus, Domina, Dornfelder, blauer Zweigelt. Weintipp/Empfehlung von Stephan Heilmann: Der Sommertrend an warmen lauschigen Sommertagen – ein schöner, kühler Volkacher Rotling.

KÜCHE

Warme Küche: Große Karte mit 25 Gerichten. Kalte Küche: Mittelgroße Karte mit 15 Gerichten. Spezialitäten: Schweinshaxe, Schäufele (auf Bestellung), Tafelspitz mit fränkischem Meerrettich.

ANSCHRIFT

Hauptstraße 54
97332 Volkach
Tel.: 09381-2355

ÖFFNUNGSZEITEN

Ganzjährig geöffnet
Täglich von 10 Uhr bis 14.30 Uhr und ab 17.30 Uhr
Mittwoch Ruhetag
Anfang bis Ende Januar geschlossen

TIPP: Tafelspitz mit fränkischem Meerrettich

Bus 8105, 8137 Gaibacher Straße, Volkach

Weinstube Torbäck

WWW.TORBAECK.DE

Plätze (außen/innen): 50/125

BAMBERGER EXPORTSCHLAGER

Dietmar Schloßmacher und seine Lebenspartnerin kommen beide aus der Biermetropole und haben die Beziehungen zu guten Quellen für kulinarische Highlights mit nach Volkach genommen. Deswegen sehen sie den Torbäck auch eher als Restaurant denn als Weinstube, obwohl die sehr guten Weine des örtlichen Weingutes Bienert ausgeschenkt werden. Einen Torbäckschoppen sollten Sie sich auf jeden Fall zum Essen bestellen!

TIPP: Torbäckschnitzel

WEINE

Rebsorten: Müller-Thurgau, Silvaner, Bacchus, Riesling, Kerner, Weißburgunder, Scheurebe, Grauburgunder, Dornfelder, Domina, Spätburgunder. Weintipp/Empfehlung von Sigrid Adam: Torbäckschoppen (Cuveé aus Silvaner und Bacchus).

KÜCHE

Warme Küche: Sehr große Karte mit ca. 50 Gerichten. Kalte Küche: Kleine Karte mit ca. 10 Gerichten. Spezialitäten: Torbäckschnitzel, verschiedene Salate (z. B. orientalischer Salat), verschiedene Steaks, saisonale Gerichte.

ANSCHRIFT

Hauptstraße 35
97332 Volkach
Tel.: 09381-716171
Fax: 09381-716191

ÖFFNUNGSZEITEN

Anfang Apr. bis Ende Okt.
Täglich ab 11 Uhr
Anfang Nov. bis Ende März
Mo bis Do ab 17 Uhr
Fr, Sa, So und Feiertage ab 11 Uhr
Kein Ruhetag

DB 8137 Gaibacher Straße, Volkach Bus

Mit der Undine auf großer Fahrt

WWW.MAINSCHIFFFAHRT.INFO

Was liegt zwischen der Nordsee und dem Schwarzen Meer? Richtig: Das Fränkische Weinland und an der Mainschleife der Vorzeige-Weinort Volkach mit seiner weinumrankten Umgebung. Was liegt näher, als dieses Paradies vom Wasser aus zu erkunden? Die Reederei FPS (Fränkische PersonenSchifffahrt) bietet hierfür seit 15 Jahren mit seinem Schiff Undine die Möglichkeit zu einer romantischen Rundfahrt „Rund um die Volkacher Mainschleife".

An Wochenenden und Feiertagen startet die Tour alle zwei Stunden ab 10 Uhr bis 16 Uhr, unter der Woche täglich um 14 Uhr. In etwa eineinhalb Stunden geht es die nördliche Mainschleife hinauf, vorbei an Astheim, der Vogelsburg (S. 100) und Untereisenheim mit dem Hundertwasserweingut Hirn (S. 167) bis zur Wipfelder Schleuse und wieder zurück. An Bord ist natürlich für Wein und leckere Speisen gesorgt – lassen Sie sich dieses Erlebnis also nicht entgehen. Übrigens: In den Pfingst- und Sommerferien gibt es zusätzliche Angebote!

Info im Internet: www.mainschifffahrt.info
Info-Telefon: 09381-710880

10 12 Rundfahrt 14 16
Undine

FPS

Symbolerklärung s. vordere Klappe

ONLINE AUF WWW. Wein.BY

Vogelsburg - Wirtshaus mit Aussicht

WWW.VOGELSBURG-VOLKACH.DE **Plätze (außen/innen): 200/120**

FRÜHER SCHOPPEN UND FEINER KUCHEN

Die Vogelsburg mit ihrer mehr als 1.000jährigen Tradition ist das älteste Weingut Frankens (bis 1803 Karmeliterkloster) und seit 1957 Heimat für Augustinus-Schwestern, die sich neben Beten und Seelsorge auch bis Ende 2010 den hauseigenen Weinbergen widmeten. Heute sind Gastronomie und Weinberge in der Hand des Juliusspitals aus Würzburg, Personal und biologisch-ökologischer Anbau wurden allerdings übernommen. Die Vogelsburg ist ganzjährig geöffnet und bietet sogar Übernachtungsgelegenheiten. Zu dem Areal gehört auch ein wundervoller Kastaniengarten mit Aussicht auf Main und Steigerwald, in dem sich jeden Sonntag die Gottesdienstbesucher zu Frühschoppen & Co. treffen.

WEINE

Rebsorten: Müller-Thurgau, Silvaner, Riesling, grauer Burgunder, weißer Burgunder, Traminer, Spätburgunder, Schwarzriesling. Weintipp/Empfehlung von Frank Kulinna: Vogelsburger Silvaner.

KÜCHE

Warme Küche: Große Karte mit 25 Gerichten. Kalte Küche: Mittelgroße Karte mit 15 Gerichten. Spezialitäten: Wild aus heimischen Wäldern, lebend frische Fische aus eigenem Bassin (saisonal), fränkische Küche.

ANSCHRIFT

97332 Volkach
Tel.: 09381-3020
Fax: 09381-3105

ÖFFNUNGSZEITEN

Täglich ab 10 Uhr
Kein Ruhetag

TIPP: Regional-saisonale fränkische Küche

Bus 8105, 8163 Abzw. Vogelsburg, Volkach

DB

Weinkrug

WWW.WEINKRUG-VOLKACH.DE

Plätze (außen/innen): 25/0

SO LANGE MAN STEHEN KANN

Im Weinkrug gibt es über 35 Weine im offenen Ausschank, darunter vor allem die edlen Tropfen des Weinguts Borst, das dem Bruder von Gründerin und Inhaberin Karin Wagner-Gastrich gehört. Von Anfang an (1988) bringt sie Weine von kleineren und mittleren Weinbetrieben an die Gäste, allerdings müssen die hauptsächlich mit Stehplätzen Vorlieb nehmen. Dafür dürfen sie sich ihre Brotzeit gerne selbst mitbringen, wenngleich die Küche auch einiges an Kleingebäck zu bieten hat.

TIPP: Federweißer und Zwiebelplootz (Herbst)

WEINE

Rebsorten: Müller-Thurgau, Silvaner, Kerner, Bacchus, Riesling, Grauburgunder, Weißburgunder, Chardonnay, Blanc de Noir, Gewürztraminer, Traminer, Domina, Spätburgunder, Schwarzriesling, Dornfelder, Portugieser, Regent. Weintipp/Empfehlung von Karin Wagner-Gastrich: Rotling (aus Spätburgunder und Grauburgunder) und ein Cuvée aus Domina und Spätburgunder.

KÜCHE

Kalte Küche: Verschiedene Kleinigkeiten, eigene Brotzeit darf mitgebracht werden. Spezialitäten: Knusperstangen und Weinplootz, sebstgebackener Zwiebelplootz (im Herbst zum Federweißen).

ANSCHRIFT

Schulgasse 1
97332 Volkach
Tel.: 09381-4505
Fax: 09381-802810

ÖFFNUNGSZEITEN

Anfang Apr. bis Ende Okt.
Täglich ab 11 Uhr
Montag Ruhetag
Ab Nov. bis Ende März reduzierte Öffnungszeiten (bitte nachfragen)
Mitte Jan. bis Ende Feb. und Weihnachten bis Silvester geschlossen

Weinstall

WWW.WEINSTALL-VOLKACH.DE

Plätze (außen/innen): 30/35

WO SCHWALBE UND FLEDERMAUS WOHNEN

Da sitzt man ebenfalls gerne im efeuumrankten Innenhof, sofern man den Geheimtipp der Volkacher gefunden hat. Schließlich liegt der Weinstall etwas außerhalb und wird von den vielen Stammgästen auch nur an gute Freunde weiterempfohlen. Inhaberin Sieglinde Röhlinger setzt dabei alles auf eine Karte: Ihre. Schließlich gibt es nur Weine, die ihr selbst schmecken, und auch nur Gerichte, die ihrer Philosophie, angelehnt an Slow Food entsprechen. Glutamat und Mikrowelle sucht man hier sicherlich vergebens.

WEINE

Rebsorten: Müller-Thurgau, Silvaner, Riesling, Scheurebe, Bacchus, Chardonnay, blauer Silvaner, weißer Burgunder, Domina, Spätburgunder, Blaufränkisch, blauer Portugieser, Schwarzriesling. Weintipp/Empfehlung von Sieglinde Röhlinger: Silvaner.

KÜCHE

Warme Küche: Kleine Karte mit 4 Gerichten. Kalte Küche: Kleine Karte mit ca. 10 Gerichten. Spezialitäten: Gegrillter Ziegenkäse mit Honig und Thymian auf Salat, Bratwürste nach eigenem Rezept, blaue Zipfel.

ANSCHRIFT

Gaibacherstraße 5
97332 Volkach
Tel.: 09381-846763
Fax: 09381-780800

ÖFFNUNGSZEITEN

1. Apr. bis 31. Okt.
Täglich ab 17 Uhr
Kein Ruhetag
1. Nov. bis 31. März
Mi bis So ab 17 Uhr
Montag und Dienstag Ruhetag

TIPP: Gegrillter Ziegenkäse mit Honig und Thymian

Gref's und Kistner's Weinbergshütte

WWW.WEIN.BY **Plätze (außen/innen): 140/30**

SENSATION IN WEIGENHEIM

Hier haben wir ein echtes Weinfreunde-Mekka gefunden. Mitten in den Weinbergen findet man (nach leicht turbulenter Anfahrt) eine kleine Hütte mit liebevoll gehegtem Gärtchen. In und um dieses Kleinod herum stehen Tische und Bänke zwischen den Rebstöcken, teils um- oder sogar überrankt. Die Brotzeiten kommen vom Hausmetzger aus der Verwandtschaft, der nicht nur den Geschmack von Urgestein Walter Gref 100%ig trifft. Besonders günstig kommt hier weg, wer Gitarre oder Akkordeon spielen kann. Die Instrumente sind vorhanden, und so lange man Musik macht, gibt es Essen und Trinken gratis! Die Hütte von Vater und (Schwieger-) Sohn Gref ist ein Pflichtbesuch für jeden, der dieses Buch in Händen hält!

TIPP: Geräucherte Vesper

WEINE

Rebsorten: Müller-Thurgau, Silvaner, Bacchus, Spätburgunder, Kerner, Acolon.

KÜCHE

Warme Küche: Es gibt kein warmes Essen. Kalte Küche: Kleine Karte mit 5 Gerichten. Spezialitäten: Geräucherte Vesper, geräucherte Bratwürste.

ANSCHRIFT

Rotenberg (direkt im Weinberg, ausgeschildert ab Weigenheim)
97215 Weigenheim
Tel.: 09842-2492

ÖFFNUNGSZEITEN

Vom 1. Mai bis Ende Okt.
Sa ab 15.30 Uhr
So und Feiertage ab 11 Uhr
Montag bis Freitag geschlossen
Für Gruppen ab 10 Personen auf Anfrage auch außerhalb dieser Zeiten geöffnet

Symbolerklärung s. vordere Klappe

ONLINE AUF WWW. Wein.BY

Heckenwirtschaft zum Felsenkeller Eduard Hopfner

WWW.WEIN.BY

Plätze (außen/innen): 120/60

WEINE

Rebsorten: Müller-Thurgau, Bacchus, Silvaner, Riesling, Domina, Monarch. Weintipp/Empfehlung von Elvira Hopfner: Monarch (neue Weinsorte, einzige in der näheren Umgebung, die diese Rebsorte anbauen), Rieslingsekt und Dominasekt, beide handgerüttelt.

KÜCHE

Warme Küche: Kleine Karte mit 3-4 Gericht. Kalte Küche: Kleine Karte mit 6-7 Gerichten. Spezialitäten: Karpfen ohne Gräten, Pizzen und Flammkuchen aus dem Holzbackofen, geräucherte Forellen auf Bestellung (aus eigenem Gewässer).

ANSCHRIFT

Hauptstraße 17
97215 Weigenheim
Tel.: 09842-1787
Fax: 09842-953699

ÖFFNUNGSZEITEN

Mitte März bis Ende Apr. und Mitte Sep. bis Mitte Nov.
Sa, So und Feiertage ab 15 Uhr (wenn So Mittagstisch, dann ab 11 Uhr) Montag bis Freitag geschlossen
Für Gruppen nach Anmeldung jederzeit geöffnet

MONARCH UNTER DER WEINLAUBE

Bei Hopfners ist selbermachen angesagt. Neben – logisch – dem Wein, gilt das aber auch für Likör, Wurst, Brot und Kuchen. Besonders lustig und stimmungsvoll wird es, wenn man sich einer Weinbergführung anschließt, bei der die gesamte Gesellschaft irgendwie auf einem Bulldog Platz findet und in die Reben fährt. An dieser tollen Form der Gastlichkeit arbeiteten schon drei Generationen, die vierte hatte in etwa zeitgleich mit der Erstauflage des vorliegenden Buches das Licht der Welt erblickt. Wir wünschen weiterhin alles Gute!

TIPP: Geräucherte Forellen

Winzerhof und Bacchusstube Familie Markert

WWW.WEINBAU-MARKERT.DE

Plätze (außen/innen): 40/60

WO DER HERBST-ZAUBER WOHNT

Weigenheim war für uns eines der absoluten Highlights während der Recherche. Dazu gehört auch die Bacchusstube der Markerts, die 2005 im ehemaligen Stall des Hofes das Licht der Welt erblickte. Besonders reizvoll sind die Tage am Herbstanfang, wenn am Wochenende zum Herbstzauber-Weinfest Forelle, Zwiebelplotz und Federweißer locken. Die Weine – darunter auch liebliche – können Sie bei einer Weinprobe vorkosten und dann entscheiden, was gleich den Gaumen herunterlaufen und was im Kofferraum mit nach Hause fahren darf...

TIPP: Selbstgemachter Obatzter

WEINE

Rebsorten: Bacchus, Müller-Thurgau, Silvaner, Domina, blauer Zweigelt, Spätburgunder, Dornfelder. Weintipp/Empfehlung von Silvia Markert: Weißer Secco und Rotling-Secco, Paradies-Wein.

KÜCHE

Warme Gerichte: Bratwürste mit Kraut, So Mittagstisch mit wechselnden Gerichten. Kalte Gerichte: Kleine Karte mit 7 Gerichten. Spezialitäten: Vesperplatte, selbstgemachter Obatzter.

ANSCHRIFT

Hauptstraße 12
97215 Weigenheim
Tel.: 09842-1622
Fax: 09842-953583

ÖFFNUNGSZEITEN

Ende Jan. bis Ende Feb.,
Anfang Mai bis Anfang Juni und
Mitte Sep. bis Mitte Nov.
Sa ab 15 Uhr
So ab 11 Uhr
Montag bis Freitag und Feiertage geschlossen
Für Gruppen nach Anmeldung auch außerhalb dieser Zeiten geöffnet

Symbolerklärung s. vordere Klappe

ONLINE AUF WWW. Wein.BY

Gasthaus Schwarzer Adler

WWW.WEIN.BY

Plätze (außen/innen): 30/60

WEINE

Rebsorten: Müller-Thurgau, Bacchus, Domina, Silvaner. Weintipp/Empfehlung von Armin Schmidt: Domina.

KÜCHE

Warme Küche: Bratwürste mit Kraut, ansonsten warmes Essen nur auf Bestellung. Kalte Küche: Kleine Karte mit ca. 10 Gerichten. Spezialität: Spanferkel (auf Bestellung), hausgemachte Bratwürste.

ANSCHRIFT

Hauptstraße 26
97215 Weigenheim
Tel.: 09842-601
Fax: 09842-9369655

ÖFFNUNGSZEITEN

Täglich ab 12 Uhr
Montag Ruhetag

ALLES SCHÖN DANK GERDA SCHMIDT

Sie sorgt für den reibungslosen Ablauf und das gute Ergebnis der Küche und kümmert sich um die überreiche Blumendekoration am Haus und im Garten. Das begeistert vor allem die Einheimischen, die hier eine zweite Heimat in der Heimat gefunden haben. In den Weinbergen werkelt Armin Schmidt, unterstützt von seinem Sohn. Nebenbei brennen die beiden noch verschiedene Obstbrände.

TIPP: Spanferkel (auf Bestellung)

Landhotel & Weingasthof „Schwarzer Adler"

WWW.SCHWARZER-ADLER-WIESENBRONN.DE **Plätze (außen/innen): 60/180**

IM URALTEN GEWÖLBEKELLER

Über 500 Jahre haben die alten Kellergemäuer des Schwarzen Adler schon erlebt. Heute lagern dort immer noch die Weine aus dem eigenen Anbau. Darunter befindet sich auch ein spannender Franken-Exot: Mario Muskat. Die Kreuzung aus Silvaner und Gelbem Muskateller entwickelt eine feine Muskat-Note, haben aber auch eine deutliche Säure erhalten. Am besten genießen Sie dieses flüssige Schmankerl zu einem der vielen Fischgerichte aus der Küche von Marion Neubauer.

TIPP: Morio Muskat

WEINE

Rebsorten: Silvaner, Müller-Thurgau, Bacchus, Morio Muskat, Portugieser, Domina, Spätburgunder, Regent und weitere. Weintipp/Empfehlung von Marion Neubauer: Morio Muskat.

KÜCHE

Warme Küche: Große Karte mit über 20 Gerichten. Kalte Küche: Große Karte mit über 20 Gerichten. Spezialitäten: Saisonale und regionale Gerichte, Fischgerichte (aus der Region), Wildgerichte (aus heimischer Jagd).

ANSCHRIFT

Hauptstraße 21
97355 Wiesenbronn
Tel.: 09325-232
Fax: 09325-489

ÖFFNUNGSZEITEN

Ganzjährig geöffnet
Täglich ab 7 Uhr
Montag Ruhetag
Im Januar für 3 Wochen geschlossen

Symbolerklärung s. vordere Klappe

ONLINE AUF WWW. Wein.BY

Winzerbauernhof Willi und Ute Felbinger

WWW.WINZERBAUERNHOF.DE.VU

Plätze (außen/innen): 20/40

DER WINZERBAUERNHOF

Hier ist Erlebnis pur angesagt. Indianerzelt, Lagerfeuer, die Ziegen Häberle und Bäberle, die Ponys Ballack, Princess und Beauty, Trampolin, Tischtennis, Kicker usw... All das wartet auf spielfreudige Kinder, deren Eltern sich dann gemütlich ihrem Schoppen und mehr hingeben können, ganz getreu dem Hausmotto: Glückliche Kinder + Erholte Eltern = Begeisterte Urlauber! Passend dazu gibt es dann auch das große Traubennaschen ab September und feinen Traubensaft, bei dem auch die Kleinen was von den Reben haben.

WEINE

Rebsorten: Bacchus, Müller-Thurgau, Faberrebe, Kerner, Silvaner, Domina, Regent, Portugieser.

KÜCHE

Warme Küche: Kleine Karte mit 4 Gerichten. Kalte Küche: Mittelgroße Karte mit ca. 10 Gerichten. Spezialitäten: Fränkische sauere Zipfel, Limburger mit Musik, Sülze mit Musik.

ANSCHRIFT

Siedlung 3
91478 Markt Nordheim-Wüstphül
Tel.: 09842-951929
Fax: 09842-951939

ÖFFNUNGSZEITEN

Anfang März bis Ende Apr.
Sa ab 17 Uhr
So ab 15 Uhr
Montag bis Freitag geschlossen
Anfang Sep. bis Ende Okt.
So ab 15 Uhr
Montag bis Samstag geschlossen

TIPP: Sülze mit Musik

Bus 838 Wüstphül Ort, Markt Nordheim

Mit der Kutsche durch den Weinberg

WWW.WEIN.BY

Noch viel mehr Weinromantik geht eigentlich nicht. Karl-Heinz Düll und sein Team spannen gerne die Pferde an, um mit Ihnen die Weinberge auf diese urige Weise zu erkunden. Sie fahren durch die Lage Neuseser Glatzen und schauen auf das prächtige Mainschleifenpanorama, quasi 360 Grad Weinberge.

Irgendwo auf dem Weg macht man dann einen (oder mehrere) Zwischenhalte, die je nach Wunsch informativer oder eben alkoholhaltiger sein können. Auf jeden Fall haben wir keine bessere Methode der Weinprobe und Weinerkundung gefunden.

Infos bei Karl-Heinz Düll unter: 09324-840.

Weinprobe einmal ganz anders

WWW.FLOSSERLEBNIS.DE

Unter den vielen Möglichkeiten, sich innovativ in Weinfranken zu bewegen, ist die romantische Floßfahrt auf dem Altmain sicherlich eine der spektakulärsten. Wie einst Tom Sawyer und Huckleberry Finn besteigen Sie ein Flussfloß, allerdings nicht auf dem Mississippi, sondern auf dem Altmain, etwa von Volkach bis Sommerach.

Das überdachte Holzgefährt misst 21 Meter in der Länge und siebeneinhalb in der Breite und bietet Platz für maximal 75 Personen. Sie können entweder als komplette Gruppe oder auch als Einzelgast mitkommen und optional auch eine fachlich geführte Weinprobe nebst Häckerplatte oder Spanferkel genießen. Sogar Live-Musik und Bustransfer sind möglich.

Wenn es also mal was ganz besonderes sein soll, dann melden Sie sich bei dem sympathischen Familienbetrieb, hier sind Sie in jeder Hinsicht bestens aufgehoben!

Infos:

Sauer-Barthel GmbH & Co.KG
Ritterstraße 22
97337 Bibergau
Tel.: 09324-980 350
Fax.: 09324-3454
eMail: info@flosserlebnis.de
Website: www.flosserlebnis.de

Wenn ein Zug sich verselbständigt

WWW.MAINSCHLEIFENBAHN.DE

Seit 1909 fuhr ein Zug von Seligenstadt nach Volkach. Allerdings kam mit der Sprengung der Volkacher Mainbrücke am 7. April 1945 ein schwerer Rückschlag. Das vier Jahre später gebaute Provisorium wurde danach nicht – wie geplant – durch eine neue Brücke ersetzt, und so kam am 28. September 1968 das Aus für den fahrplanmäßigen Personenverkehr. Bis 1994 fuhren noch regelmäßig Sonderzüge zu Weinfesten nach Volkach, anschließend sollten die Gleise rückgebaut werden.

Engagierte Bürger gründeten allerdings sofort eine „Interessengemeinschaft Mainschleifenbahn". Sie konnte zwar nicht die Trennung der Strecke vom Netz der Deutschen Bahn verhindern, schaffte es aber, dass am 13. September 2003 die private Mainschleifenbahn auf der von der Bahn für weitere 24 Jahre gepachteten Strecke ihren Betrieb aufnehmen konnte. Nun fährt die Bahn an den Sommerwochenenden ab 10.45 Uhr regelmäßig alle zwei Stunden von Seligenstadt nach Volkach-Astheim und jeweils zur vollen Stunde zurück. Nach vier Fahrten kommt der Zug um 18.10 Uhr zum letzten Mal in Seligenstadt an. Dort gibt es übrigens Anschluss an die Deutsche Bahn, der Fußweg zum Bahnhof dauert nur wenige Minuten.

Ein wunderbares Erlebnis, das Sie nicht verpassen sollten, und ein eindrucksvolles Zeichen für das Potential bürgerlichen Engagements!

Infos im Internet: www.mainschleifenbahn.de
Telefon: 09381-40112 bzw. 0152-02482125

Volkacher Mainschleifenbahn

Mainfranken
Hauptsicherung
125 Amp

DB
Richtung
Schweinfurt
Main
Volkacher
Mainschleifenbahn
Prossels-
heim
Eisen-
heim
Volkach/
Astheim
Escherndorf/
Vogelsburg
Seligenstadt
DB
Richtung
Würzburg
Main

Bahnhöfe und Liniennetz siehe **Seite 20**, Haltestellen bei der jeweiligen Gastronomie!

DB

Rund um die große Bischofsstadt

Würzburg ist nach wie vor die zentrale Metropole in Unterfranken und fünftgrößte Stadt in Bayern, auch wenn nach den großen Bombardements im Zweiten Weltkrieg weniger als die Hälfte an Einwohnern und nur noch 10 Prozent der Bausubstanz blieb. Heute leben wieder über 130.000 Bürger in der Stadt, die einst Schauplatz des ersten deutschen Ritterturniers war. Es versteht sich von selbst, dass auch der Frankenwein hier sein Zentrum hat. In den 1970er Jahren warb man sogar mit dem Slogan „Würzburg – Das Weinfass an der Autobahn". Was heute ein bisschen zum Schmunzeln anregt, rührt unter anderem daher, dass sich drei große, traditionsreiche Weingüter innerhalb der Stadtgrenzen befinden, darunter das zweitgrößte (Fürstbischöfliches Juliusspital, S.192) und das drittgrößte (Staatlicher Hofkeller) Deutschlands. Mit dem Bürgerspital fußt das dritte Weingut auf bürgerlichen Stiftungen und betreibt unter anderem auch mehrere Altenheime.

Im Südwesten Würzburgs liegt Tauberfranken, das früher zum Fürstbistum gehörte, heute aber in Baden-Württemberg liegt. Von Wertheim bis Creglingen finden sich viele meist eher kleine Winzer, die ihre „Besen" genannten Heckenwirtschaften oft nur wenige Tage im Jahr öffnen. Wir wollten Ihnen den besonderen Charme dieser Region nicht vorenthalten und haben deswegen in ungezählten Touren die tauberfränkische Weinkultur unter die Lupe genommen. Dabei haben wir auch einen Abstecher in den Hohenlohekreis gemacht, um Ihnen den „Bout" und das „Mammutstüble" vorstellen zu können. Der Name Besen leitet sich übrigens vom Reisigbesen an der Tür ab, der anzeigt, dass geöffnet ist. Häufig wird als zusätzliches Signal eine rote Glühlampe verwendet.

Symbolerklärung s. vordere Klappe

ONLINE AUF WWW. Wein.BY

Heckenwirtschaft Ernst Blechschmidt

WWW.HAUSROMY.DE

Plätze (außen/innen): 60/40

DA WO DAS TAUBERTAL NOCH WIRKLICH LIEBLICH IST

Bei den Blechschmidts wird Gastlichkeit noch ganz groß geschrieben – geht nicht, gibt's nicht! Für besonders Neugierige gibt es sogar Backkurse, bei denen man lernen kann, wie die berühmten Schneeballen entstehen (und zwar nicht die Rothenburger Touristenversion, sondern das Original). Aber auch alle anderen Wünsche werden erfüllt, vom Übernachten bis zu den Ferien auf dem Lande – alles ist möglich. Chef und Winzer Ernst Blechschmidt hält übrigens als einer der wenigen noch die Tradition des maschinenfreien Weinbaus aufrecht. Seine Reben stehen quer zum Hang. Besser für Pflanze, Wasserhaushalt und Hang, aber eben unpassierbar für die modernen Winzergerätschaften.

WEINE

Rebsorten: Müller-Thurgau, Schwarzriesling.

KÜCHE

Warme Küche: Nicht auf der Karte. Kalte Küche: Kleine Karte mit ca. 10 Gerichten. Spezialitäten: Hausmacher Vesper, geräucherte Bratwürste, gekochte Ripple, selbstgebackenes Walnussbrot, Flammkuchen, selbstgemachter süßsauerer Meerrettich.

ANSCHRIFT

Archshofen 85
97993 Creglingen-Archshofen
Tel.: 07933-7891
Fax: 07933-203352

ÖFFNUNGSZEITEN

4 Wochenenden im Januar
Do bis So und Feiertage ganztägig geöffnet
Montag bis Mittwoch geschlossen
(Hofschoppenfest von Christi Himmelfahrt bis zum darauf folgenden Sonntag, an diesen Tagen ist durchgehend geöffnet)

TIPP: Selbstgebackene Schneeballen

Bus 819 Archshofen, Creglingen

DB

Gasthaus Holdermühle

WWW.GASTHAUS-HOLDERMUEHLE.DE **Plätze (außen/innen): 100/36**

WERDEN SIE GRENZGÄNGER

Als die Mühle im 16. Jahrhundert errichtet wurde, reichte Württemberg noch nicht bis hierher, heute verläuft die Grenze zwischen Bayern und Baden-Württemberg allerdings genau durch das Gasthaus. So können sie selbst entscheiden, auf welcher Seite Sie sitzen möchten. Zur Holdermühle gelangen Sie übrigens entlang der Romantischen Straße und über eine Brücke. Das Gasthaus von Beate Körner ist ein perfekter Ausgangspunkt für allerlei Wanderungen, beispielsweise nach Rothenburg oder Weikersheim.

TIPP: Spätburgunder (Achtung schnell ausgetrunken)

WEINE

Rebsorten: Müller-Thurgau, Silvaner, Bacchus, Riesling, Traminer, Schwarzriesling, Tauberschwarz, Trollinger, Lemberger, Spätburgunder. Weintipp/Empfehlung von Beate Körner: Tauberschwarz.

KÜCHE

Warme Küche: Kleine Karte mit 8-10 Gerichten. Kalte Küche: Kleine Karte mit 10 Gerichten. Spezialitäten: Käsespätzle, Schnitzel, Hausmacher Wurstplatte.

ANSCHRIFT

Holdermühle
97993 Creglingen-Archshofen
Tel.: 07933-912317
Fax: 07933-912326

ÖFFNUNGSZEITEN

Palmsonntag bis Ende Okt.
Täglich ab 11 Uhr
Kein Ruhetag
Anfang Nov. bis Palmsonntag geschlossen

Symbolerklärung s. vordere Klappe

ONLINE AUF WWW. Wein.BY

Heckenwirtschaft Helmut und Heidi Vogel

WWW.WEIN.BY

Plätze (außen/innen): 0/40

IM TIEFEN KELLER...

...Sitzt man bei Familie Vogel (wenn man hingefunden hat, fahren Sie die Straße bis zum Ende durch!) und erlebt Heckenwirtschaft ganz traditionell. Wenn der Besen draußen hängt, schenkt die supersympathische Heidi Vogel die beiden Hausweine Bacchus und Dornfelder aus, dazu gibt es Selbstgemachtes aus der Küche und Leckereien vom Metzger um die Ecke. Das imposante Kellergewölbe hat Helmut Vogel mit Weinstöcken und Reben bemalt, sodass auch die Atmosphäre nicht zu kurz kommt. Ein Grund für diese künstlerische Aktivität ist sicher auch Dankbarkeit, schließlich hat er nun sein Schlafzimmer wieder – das wurde nämlich früher immer zur Heckenwirtschaft umfunktioniert!

WEINE

Rebsorten: Bacchus, Dornfelder.

KÜCHE

Warme Küche: Keine warmen Gerichte im Angebot. Kalte Küche: Kleine Karte mit 8 Gerichten. Spezialitäten: Rauchplatte, Hausmacher Vesperteller, selbstgebackene Zimtrolle zum Kaffee.

ANSCHRIFT

Finsterlohrstraße 91
97993 Creglingen-Archshofen
Tel.: 07933-203620
Fax: 07933-203620

ÖFFNUNGSZEITEN

Ab dem 1. Jan. (für 6 bis 8 Tage) und an 4 WE im Feb.
Fr und Sa ab 16.30 Uhr
So und Feiertage ab 14.00 Uhr
Montag bis Donnerstag geschlossen

TIPP: Rauchplatte

Bus 970 Finsterlohr Ort, Creglingen

DB

Gasthof Goldenes Lamm

WWW.GOLDENES-LAMM.DE

Plätze (außen/innen): 20/40

DIE SCHENKSTATT

Schon 1493 entstand auf Geheiß von Philip von Weinsberg die brauerei- und taferngerechtsame Schenkstatt zum Lamm in dem gerade zur Stadt gewordenen Aub. Die Heerstraße zwischen Frankfurt und Nürnberg führte durch den kleinen Ort und bescherte so regelmäßig Gäste und Arbeit für die Kutschenstation, die in der Schenkstatt untergebracht war. Somit haben Sie mit dem denkmalgeschützten Gebäude eines der ältesten Gasthäuser des Landes vor sich, für das seit 1990 Christa und Bernd Gottschlich erfolgreich verantwortlich zeichnen.

TIPP: Saisonale Küche

WEINE

Rebsorten: Müller-Thurgau, Silvaner, Kerner, Bacchus, Schwarzriesling, Spätburgunder, Domina und weitere.

KÜCHE

Warme Küche: Mittelgroße Karte mit ca. 15 Gerichten. Kalte Küche: Kleine Karte mit ca. 8 Gerichten. Spezialitäten: Vegetarische Gerichte, saisonale Gerichte (Pfifferlinge, Kürbis, Spargel, Wild, ...), blaue Zipfel, fränkische Bratwürste.

ANSCHRIFT

Marktplatz 6
97239 Aub
Tel.: 09335-90106
Fax: 09335-90107

ÖFFNUNGSZEITEN

Täglich 11 bis 14 Uhr und ab 18 Uhr
Anfang Mai bis Ende Okt. kein Ruhetag
Für Gruppen nach Anmeldung auch ausserhalb dieser Zeiten geöffnet
Gruppen ab 10 Personen bitte vorher anmelden

Symbolerklärung s. vordere Klappe

ONLINE AUF WWW. Wein.BY

Hotel Edelfinger Hof

WWW.EDELFINGER-HOF.DE

Plätze (außen/innen): 130/250

IM DUNKELN TAPPEN

Das können Sie bei Familie Motz gleich mehrfach. Entweder bei einem der regelmäßigen Krimi-Dinner, wenn man zu Wein und guten Spezialitäten aus der Küche einen Mord aufklären muss, oder aber beim „Schlemmen im Dunkeln". Dieses besondere Erlebnis bietet ein Dreigängemenü in absoluter Dunkelheit – gefolgt von Kerzenschein und einem gemütlichen Ausklang.

WEINE

Rebsorten: Silvaner, Riesling, Müller-Thurgau, Bacchus, Kerner, Mali, Flint, Zweigelt, Cabernet Sauvignon, Grauburgunder, weißer Burgunder, Schwarzriesling, Dornfelder, Acolon, Lemberger, Spätburgunder, Tauberschwarz, Trollinger, Regent und weitere.

KÜCHE

Warme Küche: Große Karte mit ca. 30 Gerichten. Kalte Küche: Kleine Karte mit ca. 9 Gerichten. Spezialitäten: Schwäbischer Zwiebelrostbraten, Wildtöpfle von Hirsch und Reh (saisonal), regionale und saisonale Gerichte.

ANSCHRIFT

Landstraße 12
97980 Bad Mergentheim
Tel.: 07931-9580
Fax: 07931-958222

ÖFFNUNGSZEITEN

Ganzjährig geöffnet
Täglich ab 11.30 Uhr
Kein Ruhetag

TIPP: Schwäbischer Zwiebelrostbraten

Bus 945 Edelfingen Süd, Bad Mergentheim

DB

„Die Zirbelstube“ im Hotel Victoria

WWW.VICTORIA-HOTEL.DE

Plätze (außen/innen): 80/200

DER OBER-MOTZ

Geht es im Edelfinger Hof schon besonders zu, hat Tobias Motz hier in der Zirbelstube noch einen draufgesetzt. 250 edle Weine, ein sechsstellig dotierter Weinkeller (kann besichtigt werden) und ein waschechter Michelin-Stern. Küchenchef Hubert Retzbach zaubert basierend auf den besten Zutaten aus der Region seine aromatischen Kompositionen wie beispielsweise den Mäusdorfer Landgockel.

TIPP: Für ganz besondere Anlässe

WEINE

Rebsorten: Müller-Thurgau, Riesling, Acolon, Regent, Weißburgunder, Schwarzriesling, Domina und viele, viele weitere.

KÜCHE

Warme Küche: Mittelgroße Karte mit 8 bis 20 Gerichten. Kalte Küche: Kleine Karte mit ca. 8 Gerichten. Spezialtiäten: Mäusdorfer Landgockel, Reh aus Lillstadter Jagd, frischer Fisch aus taubertäler Wasser.

ANSCHRIFT

Poststraße 2-4
97980 Bad Mergentheim
Tel.: 07931-593607
Fax: 07931-593500

ÖFFNUNGSZEITEN

Täglich ab 11.30 Uhr
Kein Ruhetag
Mitte Juli bis Ende Aug. geschlossen

Symbolerklärung s. vordere Klappe

ONLINE AUF WWW. Wein.BY

Hotel Adler

WWW.HOTEL-ADLER-BECKSTEIN.DE **Plätze (außen/innen): 40/200**

WEINE

Rebsorten: Müller-Thurgau, Bacchus, Riesling, Silvaner, Kerner, Regent, weißer Burgunder, grauer Burgunder, Pinot Meunier, Spätburgunder, Schwarzriesling. Weintipp/Empfehlung von Susanne Hackl: Riesling Kabinett und grauer Burgunder Kabinett trocken.

KÜCHE

Warme Küche: Große Karte mit ca. 30 Gerichten. Kalte Küche: Mittelgroße Karte mit ca. 15 Gerichten. Spezialitäten: Grünkerngerichte (z. B. Pfannkuchen , Maultaschen, Grünkernsuppe, Grünkernknödel), Lamm, Fischgerichte.

ANSCHRIFT

Weinstraße 24
97922 Beckstein
Tel: 09343-2071
Fax: 09343-8907

ÖFFNUNGSZEITEN

Ganzjährig geöffnet
Täglich ab 7 Uhr
Montag ab 16 Uhr
Kein Ruhetag

MANDEL, AHORN UND KASTANIEN

Von derlei Bäumen wird man beschirmt, wenn man im Sommer auf der Sonnenterrasse des Hotels Adler sitzt. Drinnen erwartet Sie eine rustikale Weinstube mit viel altdeutschem Holz und Schnitzereien. Auf dem Teller und im Glas mischen sich die Küchen aus Tauberfranken und Baden, was einen Besuch im 300-Seelen-Ort Beckstein auf jeden Fall zu einem ganz besonderen Erlebnis macht.

TIPP: Grünkerngerichte

Bus 851 Beckstein Linde, Lauda-Königshofen

DB

Zur Alten Kelter

WWW.ZURALTENKELTER.DE Plätze (außen/innen): 40/60

FACHWERK MITTEN IM ORT

Besonders der kleine Erker macht das Haus der Alten Kelter von weithin erkennbar. Doch auch darunter, in den vielen kleinen Sitzecken für die Gäste kann man es sich richtig gemütlich machen. Genauso wie von außen sind nämlich auch im Innenraum die Fachwerkbalken zu sehen und trennen jeden Tisch vom anderen. Peter Braun und sein Team wuseln geduldig dazwischen herum und bringen den Gästen jede Menge Frankenklassiker und natürlich auch den passenden Wein.

TIPP: Schwäbischer Filet-Teller

WEINE

Rebsorten: Müller-Thurgau, Silvaner, Bacchus, Riesling, weißer Burgunder, grauer Burgunder, Kerner, Schwarzriesling, Spätburgunder, Tauberschwarz. Weintipp/Empfehlung von Peter Braun: Müller-Thurgau.

KÜCHE

Warme Küche: Große Karte mit ca. 30 Gerichten. Kalte Küche: Mittelgroße Karte mit ca. 15 Gerichten. Spezialitäten: Zwiebelrostbraten, Grünkernküchle, Schwäbischer Filet-Teller.

ANSCHRIFT

Weinstraße 13
97922 Lauda-Beckstein
Tel.: 09343-62370
Fax: 09343-623722

ÖFFNUNGSZEITEN

Ganzjährig geöffnet
Täglich ab 11 Uhr
Dienstag Ruhetag
Im Februar für 4 Wochen geschlossen (abhängig vom Fasching)

Symbolerklärung s. vordere Klappe

ONLINE AUF WWW. Wein.BY

Bieringer Mammutstüble

WWW.MAMMUTSTUEBLE.DE **Plätze (außen/innen): 0/60**

WEINE

Rebsorten: Schwarzriesling (Mammutblut), Bacchus (Mammutperle), Portugieser, Kerner, Müller-Thurgau, Riesling, Trollinger, Lemberger, Spätburgunder, Samtrot und weitere. Weintipp/Empfehlung von Bruno Stahl: Bieringer Bacchus (Mammutperle), Bieringer Schwarzriesling (Mammutblut), Portugieser Weißherbst, Riesling.

KÜCHE

Warme Küche: Mittelgroße Karte mit 10-12 Gerichten. Kalte Küche: Kleine Karte mit 8-10 Gerichten. Spezialitäten: Schweineschnitzel aus der Pfanne, Schlachtplatte, Kesselfleisch, selbstgemachtes Sauerkraut.

ANSCHRIFT

Halsberger Straße 20
74214 Schöntal
Tel.: 07943-9421010
Fax: 07943-941746

ÖFFNUNGSZEITEN

Jede gerade Kalenderwoche
Fr und Sa ab 17 Uhr
So ab 11 Uhr
Montag bis Donnerstag geschlossen
In den ungeraden Wochen geschlossen
Anfang bis Ende August geschlossen

DEM BACKENZAHN AUF DER SPUR

Die großen Pflanzenfresser der Urzeit wohnten hier um die Ecke, zumindest belegt das ein Zahnfund in der nahegelegenen Kiesgrube. Der etwa 100.000 Jahre alte Backenzahn ist in der Stube ausgestellt. Seitdem benennt man hier allerlei nach den Eiszeitriesen, vom Wein bis zum Maislabyrinth, das zum zehnjährigen Gasthausjubiläum 2010 eine echte Attraktion der Gegend war. Für Gourmets gibt es hier ab und zu die besten Stücke aus der hauseigenen Anguszucht.

TIPP: Pfannenschnitzel

Bus 9, 11, 13 Bieringen Bahnhof, Schöntal

DB

Restaurant - Café - Weinstube „zum Schloßbäck"

WWW.WEIN.BY

Plätze (außen/innen): 50/38

IN DER ALTEN SCHLOSSBÄCKEREI

Wo früher die Steuereintreiber ihre Brötchen holten, sitzen heute die Gäste von Koch und Küchenchef Jürgen-Christoph Nürnberger inmitten zahlreicher Tiroler Schnitzereien rund um einen romantischen Kachelofen. Das Motto von Nürnberger „Essen wie bei Oma, aber mit Pfiff" zieht sich durch die gesamte Speisekarte, die mit vielen Klassikern aufwartet, die aber ohne Fertigpackung und Soßenmix noch ganz traditionell zubereitet werden. Zu zweit sollten Sie sich Christophs Stopfhuhn vorbestellen, ein ganz leckeres Gaumenschmeichlererlebnis.

TIPP: Christoph's Stopfhuhn (auf Vorbestellung)

WEINE

Rebsorten: Silvaner, Bacchus, Riesling, Müller-Thurgau, Rivaner, Dornfelder, Domina. Weintipp/Empfehlung von Jürgen-Christoph Nürnberger: Silvaner vom Weingut Schürmer in Ipsheim.

KÜCHE

Warme Küche: Mittelgroße Karte mit ca. 20 Gerichten. Kalte Küche: Kleine Karte mit ca. 6 Gerichten. Spezialitäten: Christoph`s Stopfhuhn (für 2 Personen, auf Vorbestellung), ofenfrisches Schäuferle (So), Schweine-Cordon Bleu, saisonale Gerichte.

ANSCHRIFT

Kirchenstaffel 1
97993 Creglingen
Tel: 07933-700665
Fax: 07933-203423

ÖFFNUNGSZEITEN

Ganzjährig geöffnet
Täglich ab 11 Uhr
Mittwoch Ruhetag
Im Januar für 3 Wochen geschlossen

Symbolerklärung s. vordere Klappe

ONLINE AUF WWW. Wein.BY

Winzerstube Breunig

WWW.WEINGUT-BREUNIG.DE

Plätze (außen/innen): 30/60

HOCHDEKORIERTE TRADITION

Seit 40 Jahren führt Marianne Breunig schon das Weingut, damals musste sie mit 18 Jahren zwangsweise das Ruder übernehmen. Ihr Sohn Jürgen ist allerdings bereits kräftig mit im Boot und gemeinsam haben sie schon viele Preise und Sterne mit ihren Weinen eingeheimst. Ein Steckenpferd der Breunigs sind der Frankensekt und Secco Franziska, die Sie unbedingt probieren sollten.

WEINE

Rebsorten: Müller-Thurgau, Silvaner, Bacchus, Scheurebe, weißer Burgunder, Kerner, Riesling, Ortega, Spätburgunder, Schwarzriesling, Domina, Dornfelder. Weintipp/Empfehlung von Marianne Breunig: Silvaner.

KÜCHE

Warme Küche: Kleine Karte mit 4 Gerichten. Kalte Küche: Kleine Karte mit 6 Gerichten. Spezialitäten: Fränkische hausmacher Bratwürste mit Kraut, Hausmacher Wurstplatte.

ANSCHRIFT

Würzburger Straße 9
97246 Eibelstadt
Tel.: 09303-1560
Fax: 09303-2375

ÖFFNUNGSZEITEN

Anfang Feb. bis Anfang Apr. und Mitte Sep. bis Ende Okt.
Sa, So und Feiertage ab 15 Uhr
Montag bis Freitag geschlossen

TIPP: Strammer Max

Weingut Thomashof

WWW.WEINGUT-THOMASHOF.DE **Plätze (außen/innen): 0/40**

MIT DEM AMSELWEIN

Auf französisch heißt die Amsel „merle", was wahrscheinlich der Rebsorte Merlot ihren Namen gegeben hat. Die wächst seit wenigen Jahren auch in Franken (allerdings nur äußerst selten, wenn auch mit steigender Tendenz), unter anderem hier bei Karl-Dieter und Matthias Hures. Vater und Sohn bewirtschaften ihre drei Weinberge schon in der dritten Generation und haben 2007 in ihrem Aussiedlerhof eine kleine, aber feine Heckenwirtschaft eingerichtet, die neben den Klassikern auch ein gute Forellenfilet zu bieten hat.

TIPP: Silvaner Cabinett trocken

WEINE

Rebsorten: Silvaner, Bacchus, Müller-Thurgau, Riesling, Rieslaner, Traminer, Scheurebe, Dornfelder, Domina, Schwarzriesling, Spätburgunder, Merlot, Acolon. Empfehlung/Weintipp von Matthias Hures: Silvaner Cabinett trocken.

KÜCHE

Warme Küche: Kleine Karte mit 5 Gerichten. Kalte Küche: Kleine Karte mit 7 Gerichten. Spezialitäten: Geräuchertes Forellenfilet mit Sahnemeerrettich und Toast, Hausmacher Wurstsalat und Brot.

ANSCHRIFT

Thomashof 1
97246 Eibelstadt
Tel.: 09303-517
Fax: 09303-8517

ÖFFNUNGSZEITEN

Ab Ende Feb. für ca. 4 Wochen und ab Anfang Nov. für ca. 4 Wochen
Sa und So ab 15 Uhr
Montag bis Freitag geschlossen
(genaue Termine bitte unter www.weingut-thomashof.de nachlesen)

Symbolerklärung s. vordere Klappe

ONLINE AUF WWW. Wein.BY

Weinforum Franken

WWW.WEINFORUM-FRANKEN.DE

Plätze (außen/innen): 50/84

WEINE

Rebsorten: Müller-Thurgau, Silvaner, Bacchus, Scheurebe, Traminer, Gewürztraminer, Johanniter, weißer Burgunder, grauer Burgunder, Chardonnay, Sauvignon Blanc, blauer Silvaner, Kerner, Riesling, Domina, Cabernet Dorsa, Spätburgunder, Merlot, Frühburgunder, Blaufränkisch. Weintipp/Empfehlung von Beate Osterheider-Haas: Silvaner.

KÜCHE

Warme Küche: Kleine Karte mit 10 Gerichten. Kalte Küche: Kleine Karte mit 8-10 Gerichten. Spezialitäten: Wildschweinbratwurst mit Bayerisch Kraut und Kartoffeln, Ziegenkäse-Creme brulee, Avocado-Türmchen mit Lachs-Tatar und Zitronengras-Gambas, saisonale Gerichte.

ANSCHRIFT

Hauptstraße 37
97246 Eibelstadt
Tel.: 09303-9845090
Fax: 09303-98450911

ÖFFNUNGSZEITEN

Ganzjährig geöffnet
Täglich ab 11.30 Uhr
Kein Ruhetag

EDLE VIELFALT

Als eine der wenigen privaten Vinothekenbetreiber im Würzburger Land haben sich Miriam Roth und Beate Osterheider-Haas ein Konzept einfallen lassen, das sowohl die große Weinvielfalt berücksichtigt, andererseits aber auch viel Wert auf die Qualität der Weine legt. Dementsprechend gibt es von knapp 20 Weingütern jeweils etwa vier Weine, eingeordnet nach der fränkischen Qualitätspyramide von Dr. Gabriele Brendel (Neues, Klassisches und Großes Franken). Wer zu ausführlich weinprobiert hat, kann sich auch gleich eines der 15 Hotelzimmer buchen...

TIPP: Wildschweinbratwurst

Hotel Weinhaus Flach

WWW.HOTEL-WEINHAUS-FLACH.DE Plätze (außen/innen): 50/140

FLAIR, FLAIR, FLAIR

Die Familie Flach hat sich der Gastronomie mit Stil verschrieben. Dementsprechend finden Sie auch im neugebauten Hotel und dem zugehörigen Hofladen ein traumhaftes Ambiente, in dem man die Zeit vergessen kann. Unter den feinen Weinen aus dem familieneigenen Weingut findet sich auch die Ehrenfelser Traube, eine seltene Kreuzung aus Riesling und Silvaner, für deren Namen die südhessiche Burg Ehrenfels am Rhein Pate stand.

TIPP: Geflügelgerichte

WEINE

Rebsorten: Silvaner, Müller-Thurgau, Bacchus, Riesling, Ehrenfelser, weißer Burgunder, grauer Burgunder, Scheurebe, Domina, Carbernet Dorsa, Zweigelt, Regent, Spätburgunder, blauer Silvaner. Weintipp/Empfehlung von Ingrid Flach: Blauer Silvaner.

KÜCHE

Warme Küche: Mittelgroße Karte mit 20 Gerichten. Kalte Küche: Kleine Karte mit 10 Gerichten. Spezialitäten: Blaue Zipfel, Geflügelgerichte, heimische Fische, vegetarische Gerichte.

ANSCHRIFT

Würzburger Straße 14-16
97250 Erlabrunn
Tel.: 09364-812550
Fax: 09364-5310

ÖFFNUNGSZEITEN

Ganzjährig geöffnet
Anfang Apr. bis Ende Okt.
Täglich 11 bis 14 Uhr und ab 17 Uhr
Sa, So und Feiertage ab 11 Uhr
Dienstag Ruhetag
Anfang Nov. bis Ende März
Täglich ab 16.30 Uhr
Sa, So und Feiertage ab 11 Uhr
Dienstag Ruhetag
Im Januar für 14 Tage und im August für 10 Tage geschlossen

DB 8068 Erlabrunn (Unterfranken) Schule Bus

Symbolerklärung s. vordere Klappe

ONLINE AUF WWW. Wein.BY

Winzerschänke Frank Hausknecht

WWW.WEINGUT-HAUSKNECHT.DE **Plätze (außen/innen): 100/80**

WEINE

Rebsorten: Müller-Thurgau, Silvaner, Bacchus, Kerner, Scheurebe, Riesling, weißer Burgunder, Domina, Dornfelder, Spätburgunder. Weintipp/ Empfehlung von Frank Hausknecht: Silvaner Kabinett trocken und weißer Burgunder Spätlese trocken.

KÜCHE

Warme Küche: Kleine Karte mit 2 Gerichten. Kalte Küche: Mittelgroße Karte mit 14-15 Gerichten. Spezialitäten: Fränkische Bratwürste mit Sauerkraut, überbackener Camembert, Häckerplatte, Schinkenplatte.

ANSCHRIFT

Würzburger Straße 59
97250 Erlabrunn
Tel.: 09364-2533

ÖFFNUNGSZEITEN

Mitte März bis Anfang Apr. und
Mitte Aug. bis Anfang Sep.
Di bis Sa ab 16 Uhr
So und Feiertage ab 14.30 Uhr
Montag Ruhetag

WEINSTEIG, LUMP UND HÖLL

So heißen die drei Lagen, auf denen die Hausknechts ihre Weine anbauen. Frank Hausknecht übernahm 1990 den Betrieb von seinen Eltern Hans und Lydia, Ehefrau Monika bewirtschaftet seit 2003 zusätzlich ihren elterlichen Betrieb in Escherndorf. Daraus ergibt sich eine bunt gemischte, sehr feine Weinpalette, die wirklich für jede Vorliebe einen guten Tropfen parat hält. Mit Markus, Stefan und Niklas hilft die nächste Generation übrigens bereits fleißig mit (zumindest bei der Lese).

TIPP: Häckerplatte

Winzerstube Klemens Körber

WWW.WEIN.BY

Plätze (außen/innen): 100/40

ZWEIGELT IM HOLZFASS

Das ist das Weinhighlight bei den Körbers in Erlabrunn. In dem Ort geht es besonders am Fronleichnamswochenende hoch her, wenn das Straßenweinfest Bürger und Besucher aus den Häusern und an die zahllosen Bierbänke holt. Da sind dann auch die Körbers mit dabei, die neben der Winzerei auch noch eine Hausschlachtung betreiben, aus der phantastischer Schinken und weitere Leckereien auf die kleine Speisekarte kommen.

TIPP: Selbstgebackene Pfeffernüsse

WEINE

Rebsorten: Müller-Thurgau, Silvaner, Bacchus, Spätburgunder, Domina, Blauer Zweigelt. Weintipp/Empfehlung von Anette Körber: Blauer Zweigelt im Holzfass ausgebaut.

KÜCHE

Warme Küche: Kleine Karte mit 4 Gerichten. Kalte Küche: Kleine Karte mit 10 Gerichten. Spezialitäten: Schinkenplatte, Rauchfleisch mit Kraut, selbstgebackene Pfeffernüsse.

ANSCHRIFT

Heinrich-Grob-Straße 2
97250 Erlabrunn
Tel.: 09364-89782
Fax: 09364-896928

ÖFFNUNGSZEITEN

Anfang Okt. bis Anfang Nov.
Täglich ab 15 Uhr
So und Feiertage ab 13 Uhr
Montag Ruhetag

Symbolerklärung s. vordere Klappe

ONLINE AUF WWW. Wein.BY

Häckerstube Weingut Otto Körber

WWW.WEINGUT-KOERBER.DE

Plätze (außen/innen): 60/40

BEIM EUROPAMEISTER

Mit Theo und Angelika Körber, ihren Kindern Jochen und Katharina und der Großmutter findet man hier einen absoluten Familienbetrieb, in dem wirklich alle zupacken und gemeinsam Großes erreichen. 2007 holte Jochen Körber bei der Wein-Europameisterschaft in Krems sogar eine Goldmedaille in Weinsensorik nach Erlabrunn. Dementsprechend sollten Sie auch die Weinspezialitäten des Hauses probieren: Secco „Der Filou", Weißwein Cuveé „Jochen Blanc" und Winzersekt „Silvaner brut".

WEINE

Rebsorten: Silvaner, Müller-Thurgau, Bacchus, Kerner, Weißburgunder, Scheurebe, Domina, Dornfelder, Regent. Weintipp/Empfehlung von Angelika Körber: Secco „Der Filou" und Weißwein Cuveé „Jochen Blanc".

KÜCHE

Warme Küche: Kleine Karte mit 2 Gerichten. Kalte Küche: Mittelgroße Karte mit 15 Gerichten. Spezialitäten: Kastaler (verschiedene Käsesorten vom Bauernhof), gemischte Schinkenplatte, blaue Zipfel mit Brot.

ANSCHRIFT

Würzburger Straße 34
97250 Erlabrunn
Tel.: 09364-1719
Fax: 09364-6830

ÖFFNUNGSZEITEN

Mitte Apr. bis Mitte Mai und
Anfang bis Ende Sep.
Di bis Sa ab 16 Uhr
So und Feiertage ab 13 Uhr
Montag Ruhetag

TIPP: Weißwein Cuveé „Jochen Blanc"

Bus 8068 Erlabrunn (Unterfranken) Schule

DB

Weinhof Matthias Raps

WWW.WEIN.BY

Plätze (außen/innen): 0/40

SELBST IST DER QUARK

Und dann macht die Chefin ihren leckeren Käsekuchen daraus – und noch viele weitere Blechkuchen und Torten, die sich zum absoluten Publikumsmagneten entwickelt haben. Seit über 20 Jahren schon kommen die vielen Stammgäste nach Essfeld, natürlich auch wegen des guten Weines. Mit ihren fast komplett selbst hergestellten Speisen (Hausschlachtung) bieten Matthias Raps und Co. zudem die nötige Grundlage für Schoppen zwei, drei, vier...

TIPP: Hausmacher Wurst

WEINE

Rebsorten: Müller-Thurgau, Silvaner, Kerner, Bacchus, Domina. Weintipp/ Empfehlung von Matthias Raps: Fruchtiger, schöner Rosé.

KÜCHE

Warme Küche: Kleine Karte mit ca. 5 Gerichten. Kalte Küche: Mittelgroße Karte mit ca. 15 Gerichten. Spezialitäten: Bratwürste mit gemischtem Salat, Hausmacher Wurst, blaue Zipfel.

ANSCHRIFT

Dr.-Heim-Straße 3
97232 Giebelstadt-Essfeld
Tel.: 09334-395
Fax: 09334-1021

ÖFFNUNGSZEITEN

Um Ostern (für 4 Wochen), Anfang August (für 5 Wochen) und Mitte Sep. bis Mitte Okt. (für 4 Wochen)
Täglich ab 15 Uhr

Symbolerklärung s. vordere Klappe

Heckenwirtschaft Philipp Bauer

WWW.WEIN.BY Plätze (außen/innen): 0/40

WEINE

Rebsorten: Silvaner, Bacchus, Kerner, Domina.

KÜCHE

Warme Küche: Kleine Karte mit 4 Gerichten. Kalte Küche: Kleine Karte mit 7-8 Gerichten. Spezialitäten: Blaue Zipfel, Häckerplatte.

ANSCHRIFT

Uppentalstraße 35
97252 Frickenhauen
Tel.: 09331-2999

ÖFFNUNGSZEITEN

Mitte März bis Anfang Mai
Fr, Sa ab 15 Uhr
So und Feiertage ab 14 Uhr
Mitte Sep. bis Anfang Nov.
Fr ab 18 Uhr
Sa ab 15 Uhr
So und Feiertage ab 14 Uhr
Montag bis Donnerstag geschlossen

HISTORISCHE STÄTTE

Frickenhausen ist einer der ältesten Weinorte Frankens, zudem ist das mittelalterliche Erscheinungsbild des Orten nahezu komplett erhalten. Deswegen ist es besonders schön anzusehen, wie auch das etwas außerhalb gelegene neu gebaute Fachwerkhaus mit der Heckenwirtschaft der Bauers, das mit Gefühl für die Geschichte geplant wurde. Auch das Innere zeigt viel Liebe fürs Detail: Alte Holzfässer und Gemälde des örtlichen Malers Schmauser verzieren die Räume, in denen man übrigens auch Möbel aus dem 17. Jahrhundert findet, wie zum Beispiel einen Jockeltisch.

TIPP: Häckerplatte

Bus 8066 Unteres Tor, Frickenhausen a. Main

Weinbistro im Alten Rathaus Frickenhausen

WWW.WEINBISTRO-FRICKENHAUSEN.DE — Plätze (außen/innen): 24/70

AM SÜDLICHSTEN PUNKT DES MAINES

Erst 2009 eröffnet, hat sich das Weinbistro im Herzen Frickenhausens schon einen festen Platz im Herzen der örtlichen Weinfans erarbeitet. Besonderes Schmankerl sind die Themenabende, die dann neben dem Rebensaft noch einen ganz anderen Aspekt in den Mittelpunkt rücken. So geht es beispielsweise um Schuhe und Wein oder Tücher und Wein usw. So ist dann auch jeder Bürger begeistert, was aus den ehemals feuchten und moderigen Kellerräumen geworden ist.

TIPP: Spannende Themenweinproben!

WEINE

Rebsorten: Silvaner, Müller-Thurgau, Bacchus, Kerner, Riesling, grauer Burgunder, weißer Burgunder, Rieslaner, Domina, Portugieser, Acolon. Weintipp/Empfehlung von Gisela Ritz: Silvaner Cabinett trocken 2008.

KÜCHE

Warme Küche: Außer Flammkuchen keine warmen Gerichte. Kalte Küche: Mittelgroße Karte mit ca. 15 Gerichten. Spezialitäten: Flammkuchen, Wildspezialitäten (z. B. Wildsülze), Käsespezialitäten.

ANSCHRIFT

Hauptstraße 13
97252 Frickenhausen
Tel.: 09331-980923
Fax: 09331-980924

ÖFFNUNGSZEITEN

1. Apr. bis 30. Okt.
Täglich ab 12 Uhr
Kein Ruhetag
Anfang Nov. bis Ende März eingeschränkte Öffnungszeiten (bitte nachfragen)
Für Gruppen nach Anmeldung jederzeit auch außerhalb dieser Zeiten geöffnet

Winzer für einen Tag

WWW.ROETTINGEN.DE

In Röttingen können Sie seit 2008 ganz besonderes erleben: Im Weinmuseum schlüpfen Sie in die Rolle eines früheren Winzers. Dabei begegnen Ihnen auch alle dazu gehörenden Arbeiten, vom Weinberg bis zur Kelter. Natürlich gehören auch die klassischen Informationen von der ersten urkundlichen Erwähnung des Röttinger Weinbaus (als Mitgift an ein Kloster) über die Flurbereinigung bis zur Eröffnung von Museum und Museumsweinberg (ebenfalls sehr sehenswert) dazu.

Für das nötige Flair sorgen das kleine Gläschen Museumswein und das Ambiente. Schließlich sind große Teile des Museumsbaus seit über 400 Jahren unverändert, bis hin zum originalen Decken- und Wandanstrich aus der Julius Echter-Zeit. Spannend ist auch der Gewölbekeller mit Originaltönen von Röttinger Winzern.

Infos:
Website: www.roettingen.de
Tel.: 09338-972855
geöffnet: Sa, So, Feiertag von 13.30 bis 17 Uhr
Es werden auch Weinbergsführungen angeboten.

Besenwirtschaft „Zum Bout"

WWW.ZUM-BOUT.DE **Plätze (außen/innen): 0/45**

WENN DER POSTBOTE DEN SCHILLER BRINGT

Der Hausname „Bout" ist die lokale Form von „Postbote" und mag auf einen alten Besitzer hinweisen. Von den Sprügels ist jedenfalls keiner bei der gelben Truppe. Macht aber nix; dafür servieren sie neben ihren drei Weinen und Federweißem auch die württembergische Weinspezialität „Schiller", bei dem ein größerer Anteil Weißwein (hier Kerner) mit einem kleineren Anteil Rotwein (hier Schwarzriesling) zusammen gelesen und gekeltert wird. Der Name dürfte aber nicht auf den Dichter zurückgehen, sondern eher auf die schillernde Farbe des köstlichen – und überall anders schmeckenden – Rebensaftgemisches.

TIPP: Bratwurst nach Hausrezept

WEINE

Rebsorten: Schwarzriesling, Kerner, Müller-Thurgau. Weintipp/Empfehlung von Andrea Sprügel: Neuer Federweisser im Herbst und Rotling das ganze Jahr über.

KÜCHE

Warme Küche: Kleine Karte mit 6 Gerichten. Kalte Küche: Kleine Karte mit 10 Gerichten. Spezialitäten: Bratwurst nach Hausrezept, Schlachtplatte mit Sauerkraut, Grünkernküchle á la Chefin.

ANSCHRIFT

Amtstrasse 58
74673 Mulfingen-Hollenbach
Tel.: 07938-1200

ÖFFNUNGSZEITEN

Ende Sep. bis Mitte Nov. und
Ende Jan. bis Mitte Feb.
Do bis Sa ab 19 Uhr
So und Feiertage ab 16 Uhr
Montag bis Mittwoch geschlossen
Für Gruppen von 25 bis 50 Personen nach Anmeldung auch ausserhalb dieser Zeiten geöffnet

DB 955 Hollenbach Vorstadt, 22, 73 Hollenbach Rathaus Bus

Symbolerklärung s. vordere Klappe

ONLINE AUF WWW. Wein.BY

Weingut Elisabeth und Norbert Geier

WWW.OEKOWEINGUT-GEIER.DE Plätze (außen/innen): 0/40

WEINE

Rebsorten: Müller-Thurgau, Silvaner, weißer Burgunder, Johanniter, Bacchus, Regent, Schwarzriesling. Weintipp/Empfehlung von Norbert Geier: Regent und weißer Burgunder.

KÜCHE

Warme Küche: Kleine Karte mit 4-5 Gerichten. Kalte Küche: Kleine Karte mit 7-8 Gerichten. Spezialitäten: Grünkernküchle, selbstgemachter Kochkäse, Winzerplatte, Käsemix.

ANSCHRIFT

Baugasse 10
97953 Königheim
Tel.: 09341-4539
Fax: 09341-61166

ÖFFNUNGSZEITEN

Ende März bis Ende Apr. (für 4 Wochen) und Mitte Sep. bis Mitte Okt. (für 4 Wochen)
Di bis Sa ab 17 Uhr
So und Feiertage ab 15 Uhr
Montag Ruhetag

UMWELT- UND GAUMENSCHMEICHELND

Seit bald 20 Jahren bewirtschaften die Geiers ihre Weinberge schon nach ökologischen Grundsätzen. Das bedeutet, es werden keine chemisch-synthetischen Spritzmittel, Unkrautvernichter oder Mineraldünger eingesetzt. Die Erosion bekämpft man mit viel Grün um die Reben, zur Stärkung erhält der Wein Kräuterbrühen, Gesteinsmehle und Wasserglas, gegen Pilzinfektionen helfen Schwefel und Kupfer. Man sieht also: Die Natur hält bereits ein ganzes Arsenal an Möglichkeiten bereit, mit dem man die chemische Keule aus dem Weinberg verbannen kann. Dafür nehmen die Geiers einen geringeren Ertrag in Kauf, und die vielen Stammkunden zahlen gerne ein paar Euro mehr für den guten Öko-Wein.

TIPP: Johanniter

Gute Stube - Weingut Siegfried Schmidt

WWW.WEINGUT-SCHMIDT.CH.VU

Plätze (außen/innen): 0/40

WILDORCHIDEEN UND FACHWERK

Das Fachwerkhaus im schönen Königheim beherbergt eine kleine, aber urgemütliche Stube, die besonders an kalten Tage begeistert, wenn der Kachelofen brennt und die Luft in den niedrigen Räumen auf Geselligkeitstemperatur bringt. Im Sommer lohnt der Besuch gerade am letzten Juniwochenende, wenn der Ort sein traditionelles Weinblütenfest begeht. Interessant ist, dass gerade Allergiker gerne hierher kommen: Unter ihnen gilt der Wein der poetisch begabten Schmidts als ganz besonders gut verträglich (naturnah angebaut). Beweisen kann man das natürlich nicht, wir sind auch keine Allergiker, aber bestens geschmeckt hat es auf jeden Fall!

TIPP: Winzervesper

WEINE

Rebsorten: Müller-Thurgau, Silvaner, Bacchus, Scheurebe, Kerner, Weißburgunder, Grauburgunder, Muskat-Ottonel, Gewürztraminer, Schwarzriesling, Portugieser. Weintipp/Empfehlung von Birgit Schmidt: Muskat-Ottonel (eine sehr alte Rebsorte).

KÜCHE

Warme Küche: Kleine Karte mit 3-4 Gerichten. Kalte Karte: Kleine Karte mit ca. 10 Gerichten. Spezialitäten: Käsespätzle, Bratwürste mit Kraut, Winzervesper.

ANSCHRIFT

Hauptstraße 33
97953 Königheim
Tel.: 09341-3688
Fax: 09341-61393

ÖFFNUNGSZEITEN

Ganzer Februar und
ganzer Oktober
Jeweils für 4 bis 5 Wochen
Di bis Sa ab 16 Uhr
So und Feiertage ab 14 Uhr
Montag Ruhetag

Symbolerklärung s. vordere Klappe

ONLINE AUF WWW. Wein.BY

Winzerhof Spengler

WWW.WINZERHOF-SPENGLER.DE

Plätze (außen/innen): 0/40

WEINE

Rebsorten: Müller-Thurgau, Johanniter, Kerner, Bacchus, Silvaner, Schwarzriesling, Dornfelder, Regent. Weintipp/Empfehlung von Thomas Spengler: Johanniter und Regent.

KÜCHE

Warme Küche: Kleine Karte mit 5 Gerichten. Kalte Küche: Mittelgroße Karte mit 15 Gerichten. Spezialitäten: Hausgemachte Bratwürste, Blut- und Leberwürste, Leiterchen (alle drei Gerichte mit Kraut und Brot), Winzerplatte.

ANSCHRIFT

Seeweg 1
97900 Külsheim
Tel.: 09345-1435
Fax: 09345-9280626

ÖFFNUNGSZEITEN

Anfang März bis Anfang Mai und Anfang Okt. bis Ende Nov.
Mi bis Sa ab 17 Uhr
So und Feiertage ab 14 Uhr
Montag und Dienstag Ruhetag

DER DINO

So alt ist Thomas Spengler nicht, aber direkt neben dem Winzerhof liegt der Saurierwanderweg (www.saurierwanderweg.de), ein geologisch-naturkundlicher Wanderweg, bei dem man auf fünfeinhalb Kilometern Länge allerlei über die Dinosaurier und vor allem ihre Zeit erfahren kann. Sogar eine originale Saurierspur (als Versteinerung) ist mit dabei. Und man lernt auch etwas über den Muschelkalk, der damals entstanden und heute mitverantwortlich für den erfolgreichen Weinbau in Franken ist. Die Einkehr bei den Spenglers ist Pflicht, und man sollte neben den sehr guten Weinen (Johanniter!) auch die Spezialitäten aus der Hausschlachtung versuchen.

TIPP: Leiterchen

Bus 971 Moret Brunnen, Külsheim

DB

Zusammenhang mit dem Widerruf einer Lastschri
erklärtermaßen Rechte aus dem Grundgeschäft (z.B
Sachmangel) geltend gemacht haben, wird di
Meldung umgehend gelöscht. Zudem werden di
Zahlungsdaten zur Verhinderung von Karten
missbrauch gemeinsam mit den Rücklastschriftdaten
zur Begrenzung des Risikos von Zahlungsausfällen
gespeichert und genutzt. Ingenico erteilt insowei
auch an andere Händler, die an ihrem System
angeschlossen sind, Empfehlungen, ob eine Zahlung
mit girocard und Unterschrift akzeptiert werden kann
Soweit eine Zahlung mit girocard und Unterschrift
nicht akzeptiert wird, besteht bei positiver Auto
risierung durch das kartenausgebende Kreditinstitu
die Möglichkeit, die Zahlung durch Eingabe der PIN
durchzuführen. Weitere Informationen finden Sie im
Aushangtext.

Einzugsermächtigung

Ich ermächtige das oben / umseitig genannte Unternehmen sowie die Ingenico Payment Services GmbH, Am Gierath 20, 40885 Ratingen („Ingenico“), den heute fälligen, umseitigen Betrag von meinem Konto per Lastschrift einzuziehen.

SEPA-Lastschriftmandat

Ich ermächtige das oben / umseitig genannte Unternehmen sowie die Ingenico Payment Services GmbH, Am Gierath 20, 40885 Ratingen („Ingenico“), Gläubiger-ID DE16E0100000020245 einmalig eine Zahlung von meinem Konto mittels Lastschrift einzuziehen. Zugleich weise ich mein Kreditinstitut an, die von obigen Unternehmen auf mein Konto gezogene Lastschrift einzulösen.

Hinweis: Ich kann innerhalb von acht Wochen, beginnend mit dem Belastungsdatum, die Erstattung des belasteten Betrages verlangen. Es gelten dabei die mit meinem Kreditinstitut vereinbarten Bedingungen.

Adressweitergabe/Nichteinlösung

Ich weise mein Kreditinstitut unwiderruflich an, bei Nichteinlösung der Lastschrift obigen Unternehmen sowie deren Dienstleistern auf Anforderung meinen Namen und meine Anschrift zur Geltendmachung der Forderung mitzuteilen. Bei von mir zu vertretenden Nichteinlösungen von Lastschriften verpflichte ich mich dadurch entstehende Kosten zu ersetzen.

Landhotel Ratskeller Bachmann

WWW.RATSKELLER-LAUDA.DE **Plätze (außen/innen): 60/95**

KULINARISCHE TOPADRESSE

Ein bisschen fremdartig wirkt der Ratskeller Bachmann in dem kleinen Örtchen Lauda schon. Schließlich gibt es hier seit vielen Generationen Küchengenüsse auf höchstem Niveau, weil es die Besitzer zwar immer wieder in die weite Welt, aber eben auch wieder zurück nach Tauberfranken verschlagen hat. Aber wir wollen uns nicht beschweren, ist es doch ein Glück, ein solches Kleinod an guter Küche bei uns zu haben!

TIPP: Rehrücken

WEINE

Rebsorten: Riesling, Silvaner, Weißburgunder, Müller-Thurgau, Zweigelt, Schwarzriesling, Spätburgunder. Weintipp/Empfehlung von Werner Bachmann: Schwarzriesling und Müller Thurgau „Laudaer Altenberg".

KÜCHE

Warme Küche: Kleine Karte mit ca. 10 Gerichten. Kalte Küche: Kleine Karte mit 5 Gerichten. Spezialitäten: Rehrücken mit Haselnusskruste mit Preiselbeer-Pfeffer-Soße, dazu Semmelknödel-Küchle oder Grünkern-Plätzchen; Zanderfilet im Pergament gegart auf Tomaten-Dinkel-Nudeln.

ANSCHRIFT

Josef-Schmitt-Straße 17
97922 Lauda-Königshofen
Tel.: 09343-62070
Fax: 09343-620716

ÖFFNUNGSZEITEN

Ganzjährig geöffnet
Täglich 11.30 Uhr bis 14 Uhr und ab 17.30 Uhr
Montag Ruhetag

Flair Hotel Weinstube Lochner

WWW.WEINSTUBE-LOCHNER.DE **Plätze (außen/innen): 200/60**

WEINPROBE MIT ELVIS

Sowas kann passieren, wenn man bei den umtriebigen Heimbergers zu Gast ist. Neben jeder Menge flüssigen und festen tauberfränkischen Spezialitäten gibt es viele Veranstaltungen auf dem Marktplatz des Weinortes und zudem den großen Wellnessbereich des Hotels. Um letzteren so richtig genießen zu können, sollten Sie natürlich übernachten, was aber angesichts des breiten Angebotes nicht schwer fallen dürfte. Der Chef ist übrigens bekannt für seine artistisch anmutende Art, Flaschen zu öffnen, einfach darauf ansprechen...

WEINE

Rebsorten: Müller-Thurgau, Riesling, Silvaner, Bacchus, Kerner, Tauberschwarz, Dornfelder, Schwarzriesling, Zweigelt, Regent, Acolon, Trollinger, Lemberger. Weintipp/Empfehlung von Sabine Dietrich: Markelsheimer Mönchsberg Rivaner Qualitätswein, trocken und Markelsheimer Tauberberg Tauberschwarz Qualitätswein, trocken.

KÜCHE

Warme Küche: Große Karte mit ca. 30 Gerichten. Kalte Küche: Mittelgroße Karte mit ca. 13 Gerichten. Spezialitäten: Markelsheimer Nudelpfännle mit verschiedenen Lendchen vom Schwein, Rind und der Pute an Champignonrahmsoße mit hausgemachten Nudeln, Maultäschle und gemischtem Salatteller; hausgemachte Maultaschen in Kräuterrührei gebraten mit Salatteller; gebratene Rehrückenmedaillons mit Speckbohnen und Herzoginkartoffeln.

ANSCHRIFT

Hauptstraße 39
97980 Bad Mergentheim-Markelsheim
Tel.: 07931–9390
Fax: 07931-939193

ÖFFNUNGSZEITEN

Täglich ab 11.30 Uhr
Montag Ruhetag

TIPP: Markelsheimer Nudelpfännle

Schurk Weinlauben-Restaurant & Cocktailbar

WWW.SCHURK-MARKELSHEIM.DE Plätze (außen/innen): 170/180

ÜBER ALLEN KÖPFEN SCHWEBT DORT WEIN!

Heinrich Gruber kann stolz auf eine breite Schar an Stammgästen sein, die regelmäßig in sein Restaurant kommen. Darunter gibt es auch einen Dichter namens Titus, der unter anderem die oben stehende Zeile verfasst hat. Der Wintergarten bietet Weinlaubenflair das gesamte Jahr, und wenn es mal was anderes sein soll, dann gibt es gleich nebenan Schurks Cocktailbar, die neben derselben feinen Weinpalette auch die finalen Klassiker wie Mai Tai und Long Island Iced Tea auf der Karte hat.

TIPP: Ein Lokal, das man gesehen haben muss!

WEINE

Rebsorten: Müller-Thurgau, Silvaner, Riesling, Kerner, Weißburgunder, Grauburgunder, Sauvignon blanc, Chardonnay, Schwarzriesling, Tauberschwarz, Dornfelder, Regent, Zweigelt, Acolon, Lemberger, Spätburgunder. Weintipp/Empfehlung von Heinrich Gruber: Silvaner.

KÜCHE

Warme Küche: Große Karte mit ca. 20 bis 25 Gerichten. Kalte Küche: Kleine Karte mit 6 bis 10 Gerichten. Spezialitäten: Verschiedene Steaks.

ANSCHRIFT

Hauptstraße 57
97980 Markelsheim
Tel: 07931-2132

ÖFFNUNGSZEITEN

Täglich ab 17 Uhr
So und Feiertage ab 11.30 Uhr
Mittwoch Ruhetag

Symbolerklärung s. vordere Klappe

ONLINE AUF WWW. Wein.BY

Weingut Gerd Krämer

WWW.WEINGUT-KRAEMER.DE   Plätze (außen/innen): 0/40

WEINE

Rebsorten: Silvaner, Müller-Thurgau, Bacchus, Scheurebe, Riesling, Kerner, Rieslaner, blauer Silvaner, Traminer, Weißburgunder, Spätburgunder, Dornfelder, blauer Zweigelt, Schwarzriesling. Weintipp/Empfehlung von Birgit Krämer: Silvaner.

KÜCHE

Warme Küche: Kleine Karte mit ca. 5-7 Gerichte. Kalte Küche: Mittelgroße Karte mit ca. 15 Gerichten. Spezialitäten: Verschiedene Fischgerichte, kaltgeräucherter Karpfenschinken, frisch geräucherte Forellen.

ANSCHRIFT

Türkenstraße 1
97247 Obereisenheim
Tel.: 09386-90115
Fax: 09386-90116

ÖFFNUNGSZEITEN

Woche nach Fasching bis Ostermontag und Mitte Sep. bis Mitte Nov.
Fr ab 18 Uhr
Sa ab 15 Uhr
So und Feiertag ab 12 Uhr
Montag bis Donnerstag geschlossen

DER WEIN ZUM FISCH

Seitdem Birgit und Gerd Krämer 2001 ihre Heckenwirtschaft öffneten, steht neben den Weinen vor allem der Fisch im Mittelpunkt des kulinarischen Angebotes und Interesses. Schließlich besitzt die Familie ein eigenes Fischrecht und dementsprechend auch eine uralte Rezeptpalette, was zu Leckereien wie beispielsweise geräuchertem Karpfenschinken führt. Obereisenheim soll übrigens die Heimat des Silvaners sein – zumindest datiert die älteste urkundliche Erwähnung aus dem Jahre 1659 von hier.

TIPP: Fischgerichte

Bus 8104, 8135 Obereisenheim Mainfähre, Eisenheim

DB

Häckerstube Edmund Rügamer

WWW.WEIN.BY

Plätze (außen/innen): 0/60

WEIN MIT ALL YOU CAN EAT

So ist es zumindest bei den Weinabenden, die man ab 20 Personen jederzeit buchen kann. Und das lohnt sich: Schließlich schlachten die Rügamers noch selbst! Das Weingut liegt am Ortsrand von Obereisenheim, das ursprünglich das Marktrecht innehatte und als Teil des Castellschen Besitzes evangelisch war. Die Zwangs-Zusammenlegung 1978 mit dem ehemals würzburgischen und damit streng katholischen Untereisenheim haben manche Bürger bis heute nicht verdaut ...

TIPP: Winzerplatte

WEINE

Rebsorten: Müller-Thurgau, Bacchus, Silvaner, Kerner, Riesling, Scheurebe, Domina, Dornfelder, Regent, Spätburgunder, Acolon. Weintipp/Empfehlung von Roswitha Rügamer: Acolon.

KÜCHE

Warme Küche: Kleine Karte mit 3 Gerichten. Kalte Küche: Kleine Karte mit 6-8 Gerichten. Spezialitäten: Fränkische Bratwurst mit Kraut, Winzerplatte (hausmacher Wurst, Schinken, Gerupfter).

ANSCHRIFT

Breiter Weg 3
97247 Obereisenheim
Tel.: 09386-1338
Fax: 09386-9790996

ÖFFNUNGSZEITEN

Nach Fasching bis Ostern und Mitte Sep. bis Mitte Nov.
Sa und So ab 14 Uhr
Montag bis Freitag und Feiertage geschlossen

Gasthof Bären

WWW.BAEREN-RANDERSACKER.DE Plätze (außen/innen): 70/70

WEINE

Rebsorten: Silvaner, Müller-Thurgau, Bacchus, Scheurebe, Weißburgunder, Riesling, Rieslaner, Frühburgunder, Spätburgunder, Portugieser, Schwarzriesling, Domina. Weintipp/ Empfehlung von Stefan Morhard: Silvaner Cabinett trocken.

KÜCHE

Warme Küche: Mittelgroße Karte mit ca. 20 Gerichten. Kalte Küche: Mittelgroße Karte mit ca. 10-15 Gerichten. Spezialitäten: Waller aus dem Blausud (für 2 Personen), blaue Zipfel, Tafelspitz mit Wirsing, Kartoffeln und Preiselbeeren, original Wiener Schnitzel aus der Oberschale.

ANSCHRIFT

Würzburger Straße 6
97236 Randersacker
Tel.: 0931-70510
Fax: 0931-706415

ÖFFNUNGSZEITEN

Ganzjährig geöffnet
Täglich ab 10 Uhr
So 10 bis 15 Uhr
Kein Ruhetag
2 Wochen über Fasching und 2 Wochen im August geschlossen

WÜRZBURGER TOSKANA

Viele der Stammgäste sagen, wenn man durch das Tor zum Innenhof des alten Bruchsteinhauses geht, landet man in einer anderen Welt. Die Geschichte des Anwesens datiert mindestens 400 Jahre zurück, und auch Stefan Morhard kann auf fünf Generationen bzw. 140 Jahre Familienbesitz zurückblicken. Die Küche des Hauses hat es schon in Feinschmecker und Michelin geschafft, ist allerdings trotzdem auf dem Boden geblieben. Zu zweit sollten Sie sich unbedingt den Waller gönnen!

TIPP: Waller (Ein Ereignis!)

Weinstube Körner

WWW.WEIN.BY Plätze (außen/innen): 25/59

AM RUNDEN ECK

Nein, wir haben nicht zuviel vom guten Riesling der Körners getrunken! Das runde Eck ist ein Tisch für Drei und der beliebteste Platz in der holzvertäfelten Weinstube. Gerade für Familien mit Kindern bietet sich hier eine perfekte Anlaufstelle, denn vor dem Haus liegt ein sehr schöner Kinderspielplatz mit Nassbereich und Wasserrinne, und am Mainufer wurde sogar ein kleiner Sandstrand angelegt.

TIPP: Sauerbraten

WEINE

Rebsorten: Silvaner, Bacchus, Müller-Thurgau, Scheurebe, weißer Burgunder, Riesling, Domina, Portugieser, Schwarzriesling, Dornfelder, Spätburgunder, Rieslaner. Weintipp/ Empfehlung von Renate Körner: Riesling.

KÜCHE

Warme Küche: Große Karte mit 20-25 Gerichten. Kalte Küche: Große Karte mit 20-25 Gerichten. Spezialitäten: Enten aus dem Backofen (nur auf Vorbestellung), Sauerbraten, blaue Zipfel, selbstgebackenes Brot.

ANSCHRIFT

Würzburger Straße 12
97236 Randersacker
Tel.: 0931-708393
Fax: 0931-7052882

ÖFFNUNGSZEITEN

Täglich ab 11 Uhr
Montag und Freitag Ruhetag
Im Juli/August für 3 Wochen geschlossen

Symbolerklärung s. vordere Klappe

ONLINE AUF WWW. Wein.BY

Hotel Gasthof Löwen

WWW.LOEWEN-RANDERSACKER.DE Plätze (außen/innen): 50/120

WEINNUDELN UND EISWEIN

Bei den Bardorfs ist der Weinbau mittlerweile auf Sohn Stefan übergegangen, im traditionsreichen Gasthof stehen Günther und Isolde nach wie vor hinter Herd und Tresen. Dort gibt es dann auch ganz Besonderes, wie beispielsweise die Weinnudeln, von der uns Stammgäste die Ohren voll geschwärmt haben (leider gab es sie bei unserem Besuch gerade nicht). Weintechnisch sollten Sie eventuell auch einen Eiswein in Erwägung ziehen, der ist quasi Dauerabonnent der Goldmedaille bei den Prämierungen, aber natürlich nur etwas für spezielle Anlässe.

WEINE

Rebsorten: Müller-Thurgau, Silvaner, Riesling, Scheurebe, Bacchus, Schwarzriesling, Domina, Spätburgunder, Portugieser. Weintipp/Empfehlung von Isolde Bardorf: Riesling und Silvaner.

KÜCHE

Warme Küche: Große Karte mit über 20 Gerichten. Kalte Küche: Mittelgroße Karte mit 10 bis 15 Gerichten. Spezialitäten: Tafelspitz, Weinnudeln, Ratsherren-Teller, blaue Zipfel.

ANSCHRIFT

Ochsenfurter Straße 4
97236 Randersacker
Tel.: 0931-70550
Fax: 0931-7055222

ÖFFNUNGSZEITEN

Mo bis Fr ab 15 Uhr; Sa, So und Feiertage ab 11.30 Uhr
Dienstag Ruhetag
Jeden letzten Sonntag im Monat geschlossen
Mitte August bis Anfang September für 2 Wochen und 20. Dezember bis ca. 15. Januar geschlossen

TIPP: Weinnudeln

Bus 15, 8066 Maingasse, Randersacker

DB

Marktfleckenfest Randersacker

WWW.RANDERSACKER.DE

Bei der Gründerversammlung des Weinbauvereins am 7. Mai 1899 beschlossen 50 Winzer, künftig für ihren Wein an einem Strang zu ziehen. Diese honorige Tat zu Königs und Kaisers Zeiten ehren die Randersackerer Winzer seit 1999 alle zwei Jahre mit einem eigenen Fest.

Mit Rücksicht auf die Anwohner – und weil sie mittlerweile größere logistische Dimensionen angenommen hat – findet die Feierlichkeit statt mehrmals im Jahr nun nur noch alle zwei Jahre statt. 2011 steigt das 15. Marktfleckenfest.

Den Startschuss geben die örtlichen Weinprinzessinnen und die jeweils ausschenkenden Winzer bei einem samstäglichen Festumzug, sonntags gibt es Festgottesdienst und Frühschoppen und am Montag dann den gemütlichen Ausklang am Abend. Bei einer flüssigen Weinwanderung können Sie übrigens während des Festes dem Rebzüchter Dr. Hans Breider nachspüren, der über die Randersackerer Weine schrieb, sie seien „eine Synthese von Himmel und Erde, von Sonne und Fleiß, von Liebe und Verantwortungsbewusstsein".

Termin: Um den letzten Sonntag vor Beginn der bayerischen Sommerferien (alle zwei Jahre, nächstes Mal 2011)

Steigerwalds Schoppenstüble Uwe und Sabine

WWW.WEINBAU-STEIGERWALD.DE

Plätze (außen/innen): 25/45

FRÄNKISCHER VORZEIGEBETRIEB

Sabine und Uwe Steigerwald stehen exemplarisch für die vielen kleinen erfolgreichen fränkischen Winzer. Aus einem ehemaligen Genossenschaftsbetrieb machten sie innerhalb weniger Jahre ein kleines und feines eigenständiges Weingut, das aus anfangs 50 Ar ausschließlich Müller-Thurgau mittlerweile auf 2 Hektar und fünf Rebsorten, darunter auch Rotwein, angewachsen ist. Über den Daumen gepeilt werden aus 2 Hektar Anbaufläche erst ca. 20 Tonnen Most und schließlich etwa 20.000 Liter Wein.

WEINE

Rebsorten: Müller-Thurgau, Silvaner, Bacchus, Domina, Spätburgunder. Weintipp/Empfehlung von Sabine Steigerwald: Silvaner.

KÜCHE

Warme Küche: Kleine Karte mit 3 Gerichten. Kalte Küche: Kleine Karte mit 6-7 Gerichten. Spezialitäten: Hausmacher Bratwürste, Surfleisch (gepökelter Schweinehals, im Ofen gebacken), hausgemachte Leberwurst.

ANSCHRIFT

Maingasse 6
97236 Randersacker
Tel.: 0931-700401
Fax: 0931-30489650

ÖFFNUNGSZEITEN

März/April (für 6-8 Wochen) und September/Oktober (für 6-8 Wochen)
Do bis So und Feiertage ab 14 Uhr
Montag bis Mittwoch Ruhetag
Für Gruppen ab 15 Personen jederzeit geöffnet

TIPP: Surfleisch

Urlaubs Weinstuben - frühere Brauerei

WWW.WEIN.BY Plätze (außen/innen): 40/100

FISCH IM BRUNNEN

Edwin Urlaub kann die Kalauer über seinen Nachnamen sicher nicht mehr hören, deswegen übergehen wir das und erzählen, dass es sich hier um eine alte Brauerei von 1759 handelt, die vor etwa 40 Jahren zur Weinstube mutierte, damals sogar mit eigenem Weinbau. Im Gedächtnis der Bevölkerung hat sich aber der Spitzname für den Wirt gehalten: Edwin Urlaub heißt hier einfach nur „Der Brauer". Im alten Brauereibrunnen schwimmt übrigens die Speisekarte, zumindest für alle, die Fisch bestellen wollen. Dazu passt dann perfekt der hier angebotene Silvaner.

TIPP: Frischer Fisch aus dem Brauereibrunnen

WEINE

Rebsorten: Müller-Thurgau, Silvaner, Riesling, Scheurebe, Traminer, Spätburgunder, Trollinger, Domina und weitere. Weintipp/Empfehlung von Edwin Urlaub: Silvaner (paßt gut zu Fisch).

KÜCHE

Warme Küche: Große Karte mit über 30 Gerichten. Kalte Küche: Mittelgroße Karte mit ca. 20 Gerichten. Spezialitäten: Wildgerichte, lebend frische Fische.

ANSCHRIFT

Herrngasse 2
97236 Randersacker
Tel.: 0931-708327

ÖFFNUNGSZEITEN

Ganzjährig geöffnet
Di, Mi und Do ab 16 Uhr
Fr, Sa, So und Feiertage ab 11 Uhr
Montag Ruhetag

Häckerwirtschaft Fam. S. Flicker

WWW.WEIN.BY

Plätze (außen/innen): 50/40

DER GRENZGÄNGER

Die drei Flicker-Generationen bewirtschaften Weinberge in Franken und Baden-Württemberg und seit bald 20 Jahren auch ihre eigene kleine Häckerwirtschaft in Rauenberg. Für Siegfried Flicker ist jeder Tropfen wie ein Kind von ihm, und diese liebevolle Behandlung schmeckt man auch. Die Verkostung würzt der aktive Musiker gerne mit der ein oder anderen künstlerischen Einlage, die Stimmung kommt also nie zu kurz.

WEINE

Rebsorten: Müller-Thurgau, Silvaner, Riesling, Spätburgunder, Chardonnay, Schwarzriesling, Dornfelder.
Weintipp/Empfehlung von Siegfried Flicker: Wenn sie mehrere Kinder haben, versuchen sie doch auch, keines zu bevorzugen.

KÜCHE

Warme Küche: Mittelgroße Karte mit 10-12 Gerichten. Kalte Küche: Kleine Karte mit 10 Gerichten. Spezialitäten: Hausgemachter Kochkäse, eigene Hausmacherwurst.

ANSCHRIFT

Eidelsgasse 5
97896 Freudenberg-Rauenberg
Tel.: 09377-397

ÖFFNUNGSZEITEN

27. Dez. bis 06. Jan.
Täglich ab 12 Uhr
Silvester geschlossen
Sa vor Pfingsten bis So nach Fronleichnam
Täglich ab 17 Uhr
So und Feiertage ab 12 Uhr
Kein Ruhetag

TIPP: Kesselfleisch (nach Pfingsten)

Zum Winzerhof Bach

WWW.WEINBAU-BACH-ROETTINGEN.DE

Plätze (außen/innen): 30/70

CAMPEN IM WINZERHOF

Das geht bei Familie Bach mitten im Winzerhof. Wer es noch uriger möchte, kann sogar in der Heuscheune übernachten. Gute Termine sind zu Pfingsten und am letzten Augustwochenende, wenn die beiden Hoffeste der Bachs steigen. Da gibt es dann auch öfters mal ein Spanferkel oder Schnitzel und dazu zum Beispiel ein Glas des feinen Tauberschwarz.

TIPP: Tauberschwarz

WEINE

Rebsorten: Müller-Thurgau, Silvaner, Bacchus, Schwarzriesling, Dornfelder, Tauberschwarz. Weintipp/ Empfehlung von Gerlinde Bach: Tauberschwarz.

KÜCHE

Warme Küche: Kleine Karte mit 2 Gerichten. Kalte Küche: Mittelgroße Karte mit 18 Gerichten. Spezialitäten: Winzerplatte, Spezialplatte.

ANSCHRIFT

Klingener Straße 1
97285 Röttingen
Tel.: 09338-595
Fax: 09338-980787

ÖFFNUNGSZEITEN

Ab Mitte Feb. (für 10 Wochenenden) und ab Mitte Okt. (für 8 Wochenenden)
Fr und Sa ab 18 Uhr
So und Feiertage ab 15 Uhr
Montag bis Donnerstag geschlossen

Symbolerklärung s. vordere Klappe

ONLINE AUF WWW. Wein.BY

Heckenwirtschaft Engelhardt

WWW.WEINGUT-ENGELHARDT.DE Plätze (außen/innen): 20/40

WEINE

Rebsorten: Silvaner, Bacchus, Müller-Thurgau, weißer Burgunder, Schwarzriesling, Tauberschwarz, Dornfelder, Zweigelt, Acolon. Weintipp/Empfehlung von Udo Engelhardt: Tauberschwarz.

KÜCHE

Warme Küche: Kleine Karte mit 2 Gerichten. Kalte Küche: Kleine Karte mit 7 Gerichten. Spezialitäten: Fränkische Mostsuppe, blaue Zipfel, Häckerplatte.

ANSCHRIFT

Kirchplatz 18
97285 Röttingen
Tel.: 09338-993500

ÖFFNUNGSZEITEN

Im März für 3 bis 4 Wochen
Sa ab 18 Uhr
So ab 15 Uhr
Montag bis Freitag geschlossen
An Pfingsten von Fr bis Mo
Täglich ab 14 Uhr
Nach Anmeldung jederzeit für Gruppen geöffnet

SCHMECKT AUCH DEM BUNDESPRÄSIDENTEN

Natürlich ist die hohe Politprominenz nicht ständig Gast im kleinen Röttingen, aber Udo Engelhardt durfte 2010 beim offiziellen Sommerfest im Schloss Bellevue zu Gast sein und den hohen Damen und Herren seine Reben näher bringen. Die Qualität hat in Berlin sicherlich überzeugt, schließlich waren wir bei unseren Besuchen mehr als begeistert. Aus der Küche empfehlen wir auf jeden Fall das Mostsüppchen, ein echter Winzerklassiker, den man einfach mal probiert haben muss!

TIPP: Fränkische Mostsuppe

Weinstube zum Feuerstein

WWW.ZUM-FEUERSTEIN.DE **Plätze (außen/innen): 40/40**

WEINSTUBE MIT WASSERFALL

Hier sind echte Profis am Werk. Roswitha und Otto Wiehl können beide ein Winzerdiplom vorweisen, was auch die hervorragende Palette an Rebensäften beweist, darunter auch Tauberschwarz, Acolon und Zweigelt. In der Küche steht auch schon der Nachwuchs des Hauses und zaubert nicht minder qualitativ hochwertige Gerichte mit hauptsächlich fränkischem Touch. Gourmets sollten sich zu einer der beiden kulinarischen Weinproben anmelden (am Samstag nach Fronleichnam und am 2. Oktober), ein garantiert sensationelles Erlebnis!

TIPP: Silvaner Hausschoppen

WEINE

Rebsorten: Müller-Thurgau, Silvaner, Bacchus, Kerner, Riesling, Weißburgunder, Domina, Spätburgunder, Schwarzriesling, Tauberschwarz, Acolon, Regent, Zweigelt. Weintipp/ Empfehlung von Frau Roswitha Wiehl: Silvaner Hausschoppen.

KÜCHE

Warme Küche: Mittelgroße Karte mit ca. 20 Gerichten. Kalte Küche: Mittelgroße Karte mit ca. 15 Gerichten. Spezialitäten: Tafelspitz mit Meerrettich und Bandnudeln, saisonale Gerichte.

ANSCHRIFT

Untergasse 25
97285 Röttingen
Tel.: 09338-1088
Fax: 09338-99868

ÖFFNUNGSZEITEN

Ganzjährig geöffnet
Täglich 11.30 bis 14 Uhr u. ab 17 Uhr
So und Feiertage ab 10 Uhr
Mittwoch Ruhetag

Symbolerklärung s. vordere Klappe

ONLINE AUF WWW. Wein.BY

Zur Heckenwirtschaft Winzerfamilie Fries

WWW.WINZERFAMILIEFRIES.DE

Plätze (außen/innen): 30/90

AM SONNENUHRENWEG

Über 30 verschiedene Sonnenuhren stehen um das Örtchen Röttingen und laden zu einer ausgedehnten Besichtigungswanderung ein. Genauso wie die Weinberge der Familie Fries, in denen auch die Uraltrebe Tauberschwarz gedeiht. Der Einkehrfixpunkt ist in jedem Fall die Heckenwirtschaft der Friesens, in der nur selbstgemachtes von der Wurst bis zum Kuchen angeboten wird. An Fronleichnam findet hier das alljährliche Hofschoppenfest statt, bei dem es dann unter anderem Steckerlfisch gibt.

WEINE

Rebsorten: Bacchus, Silvaner, Müller-Thurgau, Weißburgunder, Domina, Spätburgunder, Schwarzriesling, Tauberschwarz. Weintipp/Empfehlung von Winfried Fries: Tauberschwarz (uralte Taubertalrebe), trockener Silvaner.

KÜCHE

Warme Küche: Kleine Karte mit 5 Gerichten. Kalte Küche: Kleine Karte mit 10 Gerichten. Spezialitäten: Winzervesper, hausgemachter Obatzter, Hausplatte, Fränkisches Hochzeitsessen.

ANSCHRIFT

Herrnstraße 18
97285 Röttingen
Tel.: 09338-413
Fax: 09338-980205

ÖFFNUNGSZEITEN

Ganzjährig geöffnet
Mi bis So ab 17 Uhr
Montag und Dienstag Ruhetag
Für Gruppen ab 15 Personen nach Anmeldung jederzeit geöffnet

TIPP: Fränkisches Hochzeitsessen

Bus 8084, 819 Röttingen Marktplatz

Heckenwirtschaft Fam. Alois Hofmann

WWW.WEINGUTHOFMANN.DE

Plätze (außen/innen): 0/50

ENTDECKUNG DES JAHRES

So bezeichnet der Gault Millau Winzer Jürgen Hofmann und seine Weine. Und das ist bei den oft auch sarkastischen Texten dieses Führers wirklich etwas Besonderes. Das ist übrigens auch der hier erhältliche Tauberschwarze. Diese Urrebe des Taubertals ist ein ganz seltener Tropfen. Bis vor kurzem gab es nur noch 400 Rebstöcke. Slow Food hat die Rebsorte in seine Arche des Geschmacks aufgenommen. Mittlerweile sind es immerhin wieder 14 ha Anbaufläche in Württemberg, Baden und Franken geworden. Ein Geheimtipp bleibt die leichte, fruchtige und würzige Rebe aber allemal.

TIPP: Tauberschwarz

WEINE

Rebsorten: Silvaner, Riesling, Müller-Thurgau, Bacchus, Schwarzriesling, Spätburgunder, Domina, Tauberschwarz. Weinempfehlung von Gertrud Hofmann: Tauberschwarz.

KÜCHE

Warme Küche: Kleine Karte mit 5 Gerichten. Kalte Küche: Mittelgroße Karte mit 15 Gerichten. Spezialitäten: Züngle mit Sauerkraut, Leiterchen mit Sauerkraut, bunter Teller, Heckenvesper.

ANSCHRIFT

Strütherstraße 7
97285 Röttingen
Tel.: 09338-1577
Fax: 09338-993375

ÖFFNUNGSZEITEN

Im Jan. (für 4 Wochenenden), im Nov. (für 4 Wochenenden) u. um die Osterzeit (für 3 bis 4 Wochenenden)
Sa ab 18 Uhr
So und Feiertage ab 15 Uhr
Montag bis Freitag geschlossen
Für geschlossene Gruppen nach Voranmeldung jederzeit ganzjährig geöffnet

Symbolerklärung s. vordere Klappe

Heckenwirtschaft Alte Klosterscheuer

WWW.WEIN.BY

Plätze (außen/innen): 0/80

IM KLOSTERGEMÄUER

Auch wenn vom eigentlichen Kloster nicht mehr viel zu sehen ist, ist die alte Klostereinrichtung noch gut erhalten – gemeint sind nicht Kreuze und Statuen, sondern die Klosterküche und weitere Wirtschaftsräume, deren Inventar immer noch ein ganz besonderes Flair für die Besucher der Heckenwirtschaft darstellen. Natürlich sind auch die Tische und Bänke noch aus dem 19. Jahrhundert und so macht man eine Zeitreise, wenn man hier im ehemaligen Prämonstratenserkloster Station macht. Übrigens lohnt sich der Ausflug ins nahegelegene Weikersheim, wo man Schloss und Park besichtigen kann.

WEINE

Rebsorten: Müller-Thurgau, Kerner, Blauer Zweigelt, Schwarzriesling. Weintipp/Empfehlung von Günther Ehrmann: Müller-Thurgau.

KÜCHE

Warme Küche: Kleine Karte mit 6 Gerichten. Kalte Küche: Kleine Karte mit 6-8 Gerichten. Spezialitäten: Klostertaler (= Bratwurst in der Pfanne), Flammkuchen, Blaue Zipfel, Häckerteller.

ANSCHRIFT

Klosterhof 8
97990 Weikersheim-Schäftersheim
Tel.: 07934-464 oder 0170-9918011
Fax: 078934-1711

ÖFFNUNGSZEITEN

Ende Sep. bis Mitte Dez.
Ende Jan. bis Mitte Apr.
Fr und Sa ab 18 Uhr
So und Feiertage ab 16 Uhr
Montag bis Donnertag Ruhetag
Für Gruppen nach vorheriger Anmeldung ganzjährig jederzeit geöffnet, auch an den Ruhetagen

TIPP: Klostertaler (keine Musikanten!)

Weinhaus Düll

WWW.WEINHAUS-DUELL.DE

Plätze (außen/innen): 40/90

KOCHEN MIT ROSEN

Hans Düll scheint ein passionierter Sammler fränkischer Genusskultur zu sein. Wie sonst erklärt es sich, dass er eine eindrucksvolle Palette sämtlicher Frankenreben zusammengetragen hat. Dazu kommt dann auch noch eine nicht minder beeindruckende Speisekarte, auf der sich unter anderem verschiedenste Strudelvariationen (Gemüse-, Pilz-, Sauerkraut-, Walnuss- oder Bärlauch-Keimlings-Strudel) und Aufläufe finden. Wir finden hier keinen Punkt, kommen Sie einfach vorbei!

TIPP: Oma Düll's Sauerkrautsuppe

WEINE

Rebsorten: Müller-Thurgau, Silvaner, Scheurebe, Kerner, Bacchus, Riesling, Portugieser, Zweigelt, Dornfelder, Schwarzriesling, Spätburgunder, Domina, blauer Silvaner, weißer Burgunder, grauer Burgunder.

KÜCHE

Warme Küche: Große Karte mit über 30 Gerichten, davon alleine 15 vegetarische Gerichte. Kalte Küche: Kleine Karte, nur Kleinigkeiten. Spezialitäten: Wildgerichte, vegetarische Gerichte, selbstgezüchtete Zitrusfrüchte und Rosen.

ANSCHRIFT

Maingasse 5
97286 Sommerhausen
Tel.: 09333-220
Fax: 09333-8208

ÖFFNUNGSZEITEN

Mitte Mai bis Ende Okt.
Mo bis Sa ab 17 Uhr, So und Feiertage von 11.30 bis 14 Uhr und ab 17 Uhr, Kein Ruhetag
(Änderungen vorbehalten)
Anfang Jan. bis Ende März geschlossen
Anfang Apr. bis Mitte Mai und End Okt bis Ende Dez.
Fr und Sa ab 17 Uhr, So 11.30 bis 14 Uhr, Mo bis Do nur auf Anfrage
An den Adventsonntagen ab 11.30 Uhr durchgehend

DB

8066 Kirchplatz, Sommerhausen Bus

Symbolerklärung s. vordere Klappe

Zum goldenen Ochsen

WWW.GOLDENEN-OCHSEN.DE | Plätze (außen/innen): 15/100

WEINE

Rebsorten: Müller-Thurgau, Rieslaner, Scheurebe, Silvaner, Traminer, blauer Zweigelt, Regent, Domina, Spätburgunder, Altfränkisch. Weintipp/Empfehlung von Hans-Martin Oehler: Rieslaner (ein schöner, fruchtiger Wein).

KÜCHE

Warme Küche: Große Karte mit 26 Gerichten. Kalte Küche: Mittelgroße Karte mit 12 Gerichten. Spezialitäten: Schweineschäuferle, Ochsenzunge, Winzerschnitzel.

ANSCHRIFT

Hauptstraße 24
97286 Sommerhausen
Tel.: 09333-203
Fax: 09333-8123

ÖFFNUNGSZEITEN

Ganzjährig geöffnet, Mi ab 17 Uhr
Anfang Apr. bis Ende Okt. Do bis Mo ab 10 Uhr
Anfang Nov. bis Ende März Do bis Mo ab 11 Uhr
Dienstag Ruhetag
Im Januar oder Februar für 3 Wochen geschlossen

GESANG IN DER RIESLANERSTUBE

Der goldene Ochse ertönt regelmäßig, wenn die Mitglieder der hiesigen Liedertafel in der Rieslanerstube ihre Kehlen trocken singen. Natürlich nicht, ohne anschließend wieder für die nötige Befeuchtung mittels der leckeren Weine von den hauseigenen Weinbergen zu sorgen. Wenn Sie hier vorbei kommen, sollten Sie am besten den Namensgeber der Gesangsstube verkosten. Wenn Sie mehr über den Rebensaft lernen wollen, empfiehlt sich eine Weinführung mit der Tochter des Hauses (und ehemaliger Weinprinzessin) Heike Decker. Schreiben Sie einfach vorher eine Mail an heike@goldenen-ochsen.de.

TIPP: Rieslaner

Bus 8066 Kirchplatz, Sommerhausen

Heckenwirtschaft Weingut Konrad

WWW.WEIN.BY Plätze (außen/innen): 0/40

SOMMERHÄUSER KLASSIKER

Auch mit über 75 Jahren steht Martha Leibold noch geduldig hinter der Theke der Heckenwirtschaft neben dem Ochsenfurter Tor. Ihr Lebensgefährte Hermann Konrad steht für die klassischen Weine, die in ihrem Ausschank stehen. So können Sie hier wie vor 50 Jahren Bacchus und Silvaner mit angemachtem Camembert genießen und die lange Geschichte des Ortes Revue passieren lassen. Aus Sommerhausen stammt übrigens Franz Daniel Pastorius, der 1683 die erste deutsche Siedlung in Nordamerika gründete: Germantown, heute Stadtteil von Philadelphia.

TIPP: Häckerplatte

WEINE

Rebsorten: Müller-Thurgau, Bacchus, Silvaner, Kerner, Scheurebe, Regent, Riesling. Weintipp/Empfehlung von Martha Leibold: Bacchus und Silvaner.

KÜCHE

Warme Küche: Kleine Karte mit 2 Gerichten. Kalte Küche: Mittelgroße Karte mit 11 Gerichten. Spezialitäten: Hausmacher Bratwürste, angemachter Camembert, Häckerplatte.

ANSCHRIFT

Schleifweg 8
97286 Sommerhausen
Tel.: 09333-1003
Fax: 09333-8303

ÖFFNUNGSZEITEN

Für 4 Wochenenden vor Pfingsten und für 4 Wochenenden im Sept.
Fr, Sa, So und Feiertage ab 15 Uhr
Montag bis Donnerstag geschlossen

Heckenwirtschaft Weingut Friedrich Wagner

WWW.WAGNER-SONNENHOF.DE

Plätze (außen/innen): 0/40

WEINPRINZESSIN IM AUSSIEDLERHOF

Etwas außerhalb des Weinorts Sommerhausen liegt der Sonnenhof, das Zentrum der Familie Wagner. Neben den vielen verschiedenen Rebsorten bauen sie auch jede Menge Obst an, das in Form von edlen Bränden ebenfalls gekostet werden kann. Nicht nur die Tochter ist weithin bekannt – schließlich war sie schon einmal die örtliche Weinprinzessin – sondern auch der Eiswein des Hauses, ein wirklich leckerer Tropfen. Die Tradition dieses Weines datiert mittlerweile 180 Jahre zurück, als nach einem schlechten Weinjahr die Trauben ungeerntet an den Rebstöcken blieben. Im Winter wollte man sie wenigstens als Viehfutter verwenden und entdeckte dabei die enorme Süße, die in den gefrorenen Trauben steckte. Die Moste können bis zu 250 Oechslegrade erreichen!

WEINE

Rebsorten: Müller-Thurgau, Silvaner, Kerner, Bacchus, Scheurebe, Riesling, weißer Burgunder, Spätburgunder, Schwarzriesling, Dornfelder, Domina, Regent. Weintipp/Empfehlung von Christine Wagner: Müller-Thurgau und Silvaner (typisch fränkisch), Barrique-Wein, Eiswein.

KÜCHE

Warme Küche: Kleine Karte mit 1 Gericht. Kalte Küche: Kleine Karte mit ca. 7-8 Gerichten. Spezialitäten: Fränkische Bratwürste mit Sauerkraut, angemachter Camembert.

ANSCHRIFT

Sonnenhof
97286 Sommerhausen
Tel.: 09333-431
Fax: 09333-8338

ÖFFNUNGSZEITEN

Mitte März bis Ende Apr.
Sa und So ab 15 Uhr
Ostermontag ab 15 Uhr
Montag bis Freitag geschlossen

TIPP: Eiswein

Weinrestaurant - Die Weinstube am Torturm

WWW.DAS-WEINRESTAURANT.DE **Plätze (außen/innen): 50/74**

FEIN FEIN FEIN

Mitten im Würzburger Bistum war Sommerhausen schon immer ein protestantischer Stachel im Fleisch. Aus dieser Zeit stammt auch noch der Torturm, an dem Die Weinstube der Laberers steht. Wer sich gerne Gedanken über Ortsnamen macht, dem sei an dieser Stelle gesagt, dass es direkt auf der anderen Mainseite den Ort Winterhausen gibt und der Name der beiden Orte vom Namenstag des jeweiligen Kirchpatrons herrührt – Bartholomäus hat im Sommer, Nikolaus bekanntermaßen im Winter sein Fest. Zurück zu den Laberers: Sie bieten eine sehr feine Auswahl guter Speisen und Weine, darunter auch den örtlichen Muskatsilvaner.

TIPP: Schöner und ruhig gelegener Garten

WEINE

Rebsorten: Bacchus, grauer Burgunder, Müller-Thurgau, Riesling, Scheurebe, Silvaner, Blauer Silvaner, Muskatsilvaner, Dornfelder, Domina, Spätburgunder. Weintipp/Empfehlung von Stefan Laberer: Muskatsilvaner Sommerhäuser Reifenstein Spätlese trocken.

KÜCHE

Warme Küche: Große Karte mit ca. 25 Gerichten. Kalte Küche: Mittelgroße Karte mit 11 Gerichten. Spezialitäten: Carpaccio vom gekochten Tafelspitz mariniert mit Kürbiskernöl und Balsamico-Essig, dazu Salatbukett und französisches Baguette; Rindersteak mit Ofenkartoffel, Kräuterbutter und Kräuterquark; Fränkische Weinnudeln; Putenmedaillons auf Bandnudeln mit Schinkenstreifen, Champignons und Rieslingsoße; Zanderfilet auf der Haut gebraten auf Gemüsereis mit Senf-Sekt-Soße.

ANSCHRIFT

Katharinengasse 3
97286 Sommerhausen
Tel.: 09333-1763
Fax: 09333-903603

ÖFFNUNGSZEITEN

Ganzjährig geöffnet
Mo und Mi bis Sa ab 17 Uhr
So ab 11.30 Uhr
Dienstag Ruhetag

Symbolerklärung s. vordere Klappe

Weingut H. Deppisch

WWW.WEINGUT-DEPPISCH.COM

Plätze (außen/innen): 0/40

WEINE

Rebsorten: Müller-Thurgau, Silvaner, Riesling, weißer Burgunder, blauer Silvaner, Domina, Frühburgunder, Portugieser, Regent. Weintipp/ Empfehlung von Christian Deppisch: Blauer Silvaner, Rotweine, Rosé.

KÜCHE

Warme Küche: Kleine Karte mit 7 Gerichten. Kalte Küche: Kleine Karte mit 7 Gerichten. Spezialitäten: Fränkische Mostsuppe, Wildspezialitäten, saisonale Gerichte.

ANSCHRIFT

Kirchgasse 4
97288 Theilheim bei Würzburg
Tel.: 09303-8986
Fax: 09303-980183

ÖFFNUNGSZEITEN

Ab Ende Feb. (für 8 Wochen) und Anfang Okt. bis Ende Nov. (für 8 Wochen)
Do bis Sa ab 18 Uhr
So und Feiertage ab 15 Uhr
Montag bis Mittwoch Ruhetag
Für Gruppen ab 10 Personen auch außerhalb dieser Zeiten geöffnet

BIO-WEIN AUS DEM HOLZFASS

Seit September 2008 unterwirft sich Christian Deppisch den strengen Demeter-Richtlinien und baut seine Weine nach den Richtlinien des biologisch-dynamischen Landbaues an. Das Ergebnis von Kompetenz und langjähriger Erfahrung begeistert seine Kunden, die die hochdekorierten Weine aus Theilheim schätzen gelernt haben (das Weingut steht auch in Gault Millau und Eichelmann). Zum gesunden Rebensaft sollte man dann auch die Spezialitäten der Küche probieren, in der nach original fränkischen Rezepten gekocht wird.

TIPP: Fränkische Mostsuppe

Heckernest

WWW.FRANKENWEIN-BAUER.DE

Plätze (außen/innen): 50/50

WEINPROBE IM WEINBERG

Das ist eines der Angebote von Stefan Bauer, der 1997 vom Telekom-Mitarbeiter zum Winzer umsattelte und in den väterlichen Betrieb einstieg. Mit auf den dreieinhalb Hektar Anbaufläche stehen Solaris-Trauben. Diese rare weiße Rebsorte ging aus dem Merzling und einer Kreuzung von Zarya Severa und Muskat-Ottonel hervor. Sie liefert dank der Kraft der Sonne (daher der Name) früh reife Trauben mit einem hohen Zuckergehalt, was zu kräftigen fruchtigen Weinen führt.

TIPP: Winzer-Grillschinken und Blauer Silvaner

WEINE

Rebsorten: Müller-Thurgau, Bacchus, Silvaner, blauer Silvaner, Riesling, Scheurebe, Kerner, Domina, Regent, Spätburgunder, Acolon, grauer Burgunder, Solaris. Weintipp/Empfehlung von Stefan Bauer: Blauer Silvaner (rote Traube, weißer Wein).

KÜCHE

Warme Küche: Kleine Karte mit 6-7 Gerichten. Kalte Küche: Mittelgroße Karte mit 10-11 Gerichten. Spezialitäten: Zwiebelkuchen (Herbst), Winzer-Grillschinken mit selbstgemachtem Kartoffelsalat.

ANSCHRIFT

Bühlstraße 19
97291 Thüngersheim
Tel.: 09364-1300
Fax: 09364-896637

ÖFFNUNGSZEITEN

2. Woche im Jan. bis Ende Jan. (für 3 Wochen), Ende Apr. bis Anfang Mai (für 3 Wochen), Anfang bis Mitte Sep. (für 2 Wochen) und Mitte bis Ende Okt. (für 2 Wochen)
Do bis Sa ab 15 Uhr, So ab 12 Uhr
Montag bis Mittwoch geschlossen

Weinstube „Zum Rebstock" Weingut Haag & Martini

WWW.WEINGUT-HAAG-MARTINI.DE Plätze (außen/innen): 30/70

WEINE

Rebsorten: Müller-Thurgau, Silvaner, Kerner, Weißburgunder, Schwarzriesling, Dornfelder, Regent, St. Laurent. Weinempfehlung von Heike Haag: 2009er Weißburgunder Kabinett trocken.

KÜCHE

Warme Küche: Kleine Karte mit 5-6 Gerichten. Kalte Küche: Kleine Karte mit 7 Gerichten. Spezialitäten: Gustav (eigene Kreation), Hausmacher Bratwürste mit Sauerkraut und Bauernbrot.

ANSCHRIFT

Ritter-Arnold-Straße 18
97900 Külsheim-Uissigheim
Tel.: 09345-95330
Fax: 09345-95331

ÖFFNUNGSZEITEN

Von Anfang Jan. bis Ende Mai und von Mitte Sep. bis Ende Nov. jeweils 2 Wochenenden pro Monat
Do bis Sa ab 18 Uhr
So und Feiertage ab 15 Uhr
Montag bis Mittwoch Ruhetag
Genaue Öffnungszeiten bitte anrufen oder siehe Website

ALLES ECHT

Hier wird nur mit Originalen gearbeitet: Keine Kunstblumen, keine Plastikkerzen und auch keine Vesperplatte aus dem Supermarkt. Bei Familie Haag darf in Ruhe geschlemmt werden. Sei es in Sachen Wein, wo uns vor allem die Rotweine begeistert haben, oder eben auch bei den Speisen, die komplett hausgemacht und regional sind und bei denen man manchmal erst nach der Bestellung weiß, was man eigentlich geordert hat. Wir finden: Das ist gut so!

TIPP: Gustav

Weingut Hirn & Hundertwasser-Shop „Im Weinparadies"

WWW.WEINGUT-HIRN.DE Plätze (außen/innen): 40

HUNDERTWASSER UND FRAPPA

Schon von weitem sieht man das nach Plänen von Friedensreich Hundertwasser gestaltete Haus, in dem auch viele Devotionalien des österreichischen Künstlers erhältlich sind. Das Weinparadies eröffnete erst drei Jahre nach dem Tode Hundertwassers und ist des öfteren Schauplatz für Ausstellungen, unter anderem auch mit Originalen des Wieners. Dabei darf man aber nicht die hervorragenden Weine von Matthias Hirn vergessen, die teilweise in Bioqualität an- und ausgebaut werden (Johanniter und Regent). Und es gibt Frappa-Tresterbrand von Regent (Bio) und Spätburgunder.

TIPP: Kleine Schlemmerei

WEINE

Rebsorten: Müller-Thurgau, Silvaner, Bacchus, Riesling, Kerner, weißer Burgunder, Johanniter, Regent, Spätburgunder.

KÜCHE

Warme Küche: Kleine Karte mit 8 Gerichten. Kalte Küche: Kleine Karte mit 5 Gerichten. Spezialitäten: Kleine Schlemmerei (warmer Ziegenkäse auf Thymianhonig mit Ciabatta), saisonale Gerichte.

ANSCHRIFT

Dipbacher Straße 8
97247 Untereisenheim
Tel.: 09386-388
Fax: 09386-1280

ÖFFNUNGSZEITEN

Anfang Apr. bis Ende Mai und
Anfang Okt. bis Ende Nov.
Sa ab 14 Uhr
So ab 11.30 Uhr
Montag bis Freitag geschlossen, aber für Gruppen ab 20 Personen auf Anmeldung geöffnet

DB 44, 8104, 8105, 8135 Dipbacher Str. Bus

Symbolerklärung s. vordere Klappe

Gasthof Winzerhöfle

WWW.WINZERHOEFLE.DE Plätze (außen/innen): 20/60

WEINE

Rebsorten: Müller-Thurgau, Bacchus, Silvaner, Domina, Dornfelder. Weintipp/Empfehlung von Erwin Blaß: Rotling, Silvaner und Blaß-Secco.

KÜCHE

Warme Küche: Kleine Karte mit 5-6 Gerichten. Kalte Küche: Kleine Karte mit 5-6 Gerichten. Spezialitäten: Selbstgemachter Kartoffelsalat nach altem Hausrezept zu Bratwürsten oder Schnitzel, blaue Zipfel.

ANSCHRIFT

Ringgasse 1
97247 Untereisenheim
Tel.: 09386-1253
Fax: 09386-979258

ÖFFNUNGSZEITEN

Letztes WE im Sep. bis Ende Nov. und Anfang März bis letztes WE im Apr.
Fr ab 18 Uhr
Sa, So und Feiertage ab 15 Uhr
Montag bis Donnerstag geschlossen
Für Gruppen ab 15 Personen auf Anfrage auch außerhalb dieser Zeiten geöffnet

PLÖTZLICH PRINZESSIN

So musste sich Karina Blaß fühlen, als sie 2010 auf dem Untereisenheimer Thron landete. Denn ursprünglich hatte sie eher die anstrengende Seite des Winzerlebens im Kopf, bevor dann doch ein Umdenken einsetzte und sie nun vorbildlich Wein und Weinort in aller Welt vertritt. In ihrer Freizeit bedient sie im elterlichen Winzerhöfle, wo Mama Christine für die Köstlichkeiten der Küche zuständig ist und Papa Erwin nach eigenen Worten „Meister, Geselle, Stift und Knecht in einer Person" im Weinberg ist.

TIPP: Kartoffelsalat

Bus 8104, 8105, 8135 Dipbacher Str.

Besenwirtschaft Jochen und Ute Schmidt

WWW.WEIN.BY   Plätze (außen/innen): 0/35

DAS SCHÖNSTE HOBBY DER WELT...

... Ist der Weinberg für Familie Schmidt aus Vorbachzimmern. Schließlich verbringen Ute und Jochen, sowie die Kinder Hannes und Lilli einen Großteil ihrer Freizeit in Weinberg und Weinkeller. Mittlerweile währt das Winzerglück schon zehn Jahre, und aus einer Pacht für ein Jahr ist ein eigenes kleines Weingut geworden. Versuchen sollten Sie auf jeden Fall den Rotling, in dem die beiden Rebsorten der Schmidts zusammenkommen, damit haben Sie sozusagen alles auf einen Schluck!

TIPP: Hausgemachter Schinken

WEINE

Rebsorten: Müller-Thurgau, Schwarzriesling. Weintipp/Empfehlung von Ute Schmidt: Rotling.

KÜCHE

Warme Küche: Es werden keine warmen Gerichte angeboten.
Kalte Küche: Kleine Karte mit 8 Gerichten. Spezialitäten: Gute hausmacher Wurst, hausgemachter Schinken, Zwiebelplotz (im Herbst) zum Federweißen, selbstgebackenes Brot.

ANSCHRIFT

Begnizweg 17
97996 Niederstetten-Vorbachzimmern
Tel.: 07932-606780

ÖFFNUNGSZEITEN

Februar/März/April (für 4-5 Wochen) und ab Anfang Oktober bis Mitte November (für 4-5 Wochen)
Fr und Sa ab 18 Uhr
So und Feiertage ab 16 Uhr
Montag bis Donnerstag geschlossen
Für Gruppen ab 10-15 Personen jederzeit geöffnet

ONLINE AUF WWW. Wein.BY

Zimmermer Besen

WWW.WEIN.BY

Plätze (außen/innen): 0/40

MIT DEM TÖCHTERCHEN GEBOREN ...

... Wurde im Jahr 1991 die Besenwirtschaft der Doberneks. Seitdem hat sich die alte Scheune mit ihrem Gewölbekeller zum örtlichen Geheimtipp entwickelt. Besonders beliebt sind neben den Weinen auch die selbstgebackenen Kuchen, das eigene Bauernbrot und alles aus der Hausschlachtung. Interessant für Gruppen: Die können nach Voranmeldung eigenlich immer kommen!

WEINE

Rebsorten: Müller-Thurgau, Schwarzriesling, Dornfelder.

KÜCHE

Warme Küche: Kleine Karte mit 5 Gerichten. Kalte Küche: Kleine Karte mit 10 Gerichten. Spezialitäten: Hausmacher Schlachtplatte, „vom allem ebbes" (Leber-, Blut-, Bratwurst), selbstgebackenes Bauernbrot, sauere Kutteln (Fr), gegrillte Schweinshaxe (Sa).

ANSCHRIFT

Laudenbacher Straße 2
97996 Niederstetten-Vorbachzimmern
Tel.: 07932-60193
Fax: 07932-60194

ÖFFNUNGSZEITEN

Mitte März bis Mitte Apr. (für ca. 4 Wochen) und Anfang Okt. (für ca. 5 Wochen)
Mi bis Sa ab 18 Uhr
So und Feiertage ab 15 Uhr
Montag und Dienstag Ruhetag

TIPP: Hausmacher Schlachtplatte

Bus 945 Vorbachzimmern Ort, Niederstetten

DB

Die WeinWerkstatt Schubert

WWW.DIE-WEINWERKSTATT.DE

Plätze (außen/innen): 50/80

SO KANN ES WEITER GEHEN

Bei Schuberts läuft es einfach. Papa Günther stand schon mit 16 Jahren im Weinberg, allerdings dauerte es etwas, bis er den Weinbau auf eigene Beine stellte, 2002 kam die Heckenwirtschaft dazu, in der auch Mama Sigrid als Mädchen für alles ihre Frau steht. Der Nachwuchs ist auf dem besten Weg zur Nachfolge: Sohn Sebastian absolvierte seine Ausbildung zum Weinküfer als Bester in Bayern und stand auch am Ende seines Studiums zum Weinbautechniker auf dem Podest. Grund genug, gleich einen eigenen Secco zu kreieren, den ProSebbo, der allerdings bald ausgetrunken sein dürfte. Auch sein Bruder Niklas hilft beim Weinbau mit, allerdings möchte er im Hauptberuf erstmal ins Lehramt einsteigen.

TIPP: ProSebbo (roséfarbener Secco) und Weinnudeln

WEINE

Rebsorten: Silvaner, Müller-Thurgau, Bacchus, Scheurebe, Rieslaner, Domina, Regent. Weintipp/Empfehlung von Sigrid Schubert: Silvaner trocken ausgebaut, Domina trocken ausgebaut.

KÜCHE

Warme Küche: Mittelgroße Karte mit 11 Gerichten. Kalte Küche: Mittelgroße Karte mit 11 Gerichten. Spezialitäten: Hausgemachte fränkische Weinnudeln, fränkische Bratwürste, selbstgemachter Kochkäse.

ANSCHRIFT

Röntgenstraße 3a
97295 Waldbrunn
Tel.: 09306-8858 oder -985330
Fax: 09306-981941

ÖFFNUNGSZEITEN

Um Ostern für 6 Wochen
Um Allerheiligen für 6 Wochen
(Mitte Okt. bis Ende Nov.)
Do, Fr, Sa ab 18 Uhr
So ab 15 Uhr
Montag bis Mittwoch geschlossen

DB 51 Waldleite, Waldbrunn (Kreis Würzburg) Bus

Gewölberestaurant Laurentius

WWW.HOTEL-LAURENTIUS.DE **Plätze (außen/innen): 0/40**

WEINE

Rebsorten: Riesling, Scheurebe, Kerner, Bacchus, Silvaner, Müller-Thurgau, Tauberschwarz, Spätburgunder, Cabernet Sauvignon, Merlot und viele weitere. Weintipp/Empfehlung von Jürgen Koch: Tauberhase „Alter Wengert" (Qualitätswein trocken, Cuvée aus Silvaner, Bacchus und Müller-Thurgau).

KÜCHE

Warme Küche: Kleine Karte mit 5 Gerichten. Kalte Küche: Kleine Karte mit 3 Vorspeisen. Spezialitäten: Filet und Schulter vom „Böff de Hohenloh" in Tauberschwarz, Bachsaibling mit Mostrich und Verjus.

ANSCHRIFT

Marktplatz 5
97990 Weikersheim
Tel.: 07934-9108-0
Fax: 07934-9108-18

ÖFFNUNGSZEITEN

Ganzjährig geöffnet
Täglich ab 18.30 Uhr
Montag Ruhetag
Anfang bis Ende Feb. geschlossen

GAUMENSCHMEICHLER MIT MICHELINSTERN

Die große Küche ist rar in dieser Ecke. Was für ein Glück, dass die Familie Koch mitten in Weikersheim mit dem Laurentius ein wahres Kleinod des Geschmacks geschaffen hat. Hier trifft moderne kulinarische Eleganz auf die Schönheit der tauberfränkischen Architektur – ein echtes Fest für Genießer. Natürlich wissen Kochkünstler Jürgen und Sommelière Sabine Koch auch um ihre Verdienste, freuen sich aber dennoch über die Bewunderung und bemühen sich redlich um die Wünsche der unterschiedlichen Gäste, die hier aus den verschiedensten Gründen auftauchen. Am liebsten sind natürlich die, die wegen des Laurentius kommen – und die werden sicher nicht enttäuscht!

TIPP: Tauberhase „Alter Wengert"

Winzerhof M. Baumann

WWW.GESCHENKE-AUS-DEM-WEINBERG.DE — **Plätze (außen/innen): 20/50**

MEHR ALS 1.000 JAHRE WEINBAU

Dertingen selbst kann mehr als 1.200 Jahre Geschichte vorweisen, der Weinbau an den Rebhängen des Mandelberges datiert sicher noch einige Hundert Jahre früher. Kein Wunder also, dass man hier im nördlichen Tauberfranken eine ganz besondere Beziehung zum Rebensaft aufgebaut hat. Und die möchte man auch weitergeben, weswegen Martin und Moni sich entschlossen haben, Rebenpatenschaften anzubieten. Dann hängt eine Schiefertafel mit dem Namen des Paten am Rebstock, und neben einem einlaminierten Weinblatt kommt ein Jahr später die Flasche Wein der eigenen Reben nach Hause. Wir empfehlen Ihnen die Patenschaft eines Ortega. Die seltene Rebe schmeckt nicht nur hervorragend, sondern sie ist auch nach einem spanischen Philosophen benannt.

WEINE

Rebsorten: Müller-Thurgau, Silvaner, Bacchus, Ortega, grauer Burgunder, Schwarzriesling, Regent. Weintipp/ Empfehlung von Monika Baumann: Tauberedition (Weißweincuvée).

KÜCHE

Warme Küche: Kleine Karte mit 4 Gerichten. Kalte Küche: Kleine Karte mit ca. 10 Gerichten. Spezialitäten: Original Dertinger Kochkäse, angemachter Camembert, Grünkern-Butterbrot, Schniggerle.

ANSCHRIFT

Dorfgrabenweg 4
97877 Wertheim-Dertingen
Tel.: 09397-794
Fax: 09397-95062

ÖFFNUNGSZEITEN

Um Drei König für 2 1/2 Wochen, am verlängerten Pfingst-WE, Anfang Sep. für 10 Tage und ab Mitte Okt. für 10 Tage
Mo bis Fr ab 17 Uhr
Sa, So und Feiertage ab 15 Uhr
Kein Ruhetag

TIPP: Dertinger Kochkäse

Symbolerklärung s. vordere Klappe

ONLINE AUF WWW. Wein.BY

Bestenheider Stuben

WWW.BESTENHEIDER-STUBEN.DE Plätze (außen/innen): 50/80

WEINE

Rebsorten: Müller-Thurgau, Silvaner, Riesling, Sauvignon Blanc, Bacchus, Kerner, Weißburgunder, Schwarzriesling, Spätburgunder, Frühburgunder, Regent, St. Laurent, Alter Satz und weitere. Weintipp/Empfehlung von Otto Hoh: Silvaner und Sauvignon Blanc.

KÜCHE

Warme Küche: Große Karte mit ca. 25 Gerichten. Kalte Küche: Kleine Karte mit 5-6 Gerichten. Spezialitäten: Geschmorte Kalbsbacke in Spätburgundersoße, Kalbsleber in Honig und Balsamicoessig gebraten, Meeresfrüchtepfännle.

ANSCHRIFT

Breslauer Strasse 1
97877 Wertheim
Tel.: 09342-9654-0
Fax: 09342-9654-44

ÖFFNUNGSZEITEN

Ganzjährig geöffnet
Täglich ab 10 Uhr
Kein Ruhetag

SCHLEMMEN UND SCHLUMMERN

So lautet das Motto im kleinen Ortsteil Bestenheid nördlich von Wertheim. Schließlich bieten die Ende der 1990er eröffneten Bestenheider Stuben Bestes für den Gaumen, sowohl in Sachen Wein wie auch in Sachen Küchengenüsse. Dafür sorgt Otto Hoh persönlich und hat sich für die Gäste mehrere Arrangements ausgedacht, bei denen die anschließende Übernachtung in seinem Hotel bereits integriert ist. Wer möchte, kann dabei sogar einen Hummer genießen. Interessant ist auch die 2008 angebaute Hotelbar, wo sich an den Abenden unter der Woche das jüngere „Who is Who" von Wertheim versammelt.

TIPP: Kalbsbacke

Bus 8051, 8070, 971 Bestenheid Bildungszentrum

DB

Weingut Österlein

WWW.WEINGUT-OESTERLEIN.DE

Plätze (außen/innen): 40/70

RASANTE ENTWICKLUNG

Begonnen hat der Weinbau der Österleins in den 1960er Jahren mit einer Anbaufläche von 0,18 ha, die heute über 9 ha beträgt. Und auch familiär hat man mit der Geburt von Vierlingen 1994 neue Maßstäbe gesetzt. Mit Sophie, Richard, Sabina und Georg sind also nun auch jede Menge Stammhalter da, um die Zukunft des tauberfränkischen Weingutes zu sichern. Am Dertinger Mandelberg gedeihen statt ehedem zwei nunmehr 14 Rebsorten, darunter sechs Rotweine. Die Krone bilden der Sekt aus Scheurebe, Schwarzriesling und Quartett-Secco, sowie der hauseigene Weinbrand aus Scheurebe.

TIPP: Winzerplatte

WEINE

Rebsorten: Müller-Thurgau, Silvaner, Kerner, Bacchus, Scheurebe, Riesling, Chardonnay, Sauvignon blanc, Spätburgunder, Blaufränkisch, Schwarzriesling, Merlot, Dornfelder, Cabernet Sauvignon.

KÜCHE

Warme Küche: Kleine Karte mit 2 Gerichten. Kalte Küche: Kleine Karte mit ca. 10 Gerichten. Spezialitäten: Winzerplatte, Bandnudeln mit Chardonnay-Rahmsoße und Räucherlachs.

ANSCHRIFT

Am oberen Tor 9
97877 Wertheim-Dertingen
Tel.: 09397-259
Fax: 09397-929373

ÖFFNUNGSZEITEN

Um Fasching für 18 Tage,
im Mai für 5 Tage und
im Nov. für 18 Tage
Mo bis Fr ab 17 Uhr
Sa und So ab 15 Uhr
Kein Ruhetag

Glasmuseum Wertheim

WWW.GLASMUSEUM-WERTHEIM.DE

Die Macher im Glasmuseum Wertheim haben sich eine gänzlich andere Herangehensweise an ihr Thema ausgedacht als man es erwarten würde. Statt Chronologie oder Geographie geht es hier streng alphabetisch voran.

Das bedeutet, am Anfang kommt der Buchstabe A mit Informationen und Ausstellungsstücken wie Ägyptischem Glas, Apothekengefäßen oder Autospiegeln und am Ende steht das Z, unter dem man eine Zeisslinse oder künstliche Zähne findet.

Klingt etwas strapaziös, aber wenn man sich einmal daran gewöhnt hat, ist es eine klasse Sache. Besonders schön für Kinder ist die kleine Glasbläserwerkstatt, in der eigentlich immer ein echter Glasbläser zugegen ist und für die anwesenden Kinder gratis kleine Kunstwerke schafft. Besonders spannend: Die Führung mit Weinprobe, bei der man aus Kopien der verschiedensten historischen Weingläser verschiedene Weine verkosten kann. Eine echt spannende Sache, zumal auch hier der Glasbläser wieder zugegen ist.

Adresse:
Mühlenstraße 24
97877 Wertheim
Tel.: 09342-6866
www.glasmuseum-wertheim.de

Öffnungszeiten:
3. April bis 1. November und
1. Advent bis 6. Januar
Mo 15-17 Di-Do 10-17, Fr-So und Feiertage 13-18 Uhr

Altdeutsche Weinstube

WWW.ALTDEUTSCHE-WEINSTUBE-STEIN.DE

Plätze (außen/innen): 25/50

JOSEF, DAS MÄDCHEN FÜR ALLES

Josef Stein sorgt für eine echte Rundum-Sorglos-Betreuung der Gäste. Sogar in der Küche hilft er mit, wenn Not am Mann ist, damit sich die Leute in seiner Altdeutschen Weinstube wohl fühlen. Die hat schon mehr als 100 Jahre auf dem Buckel. Seit 1957 standen die Eltern von Josef hinter dem Tresen, bis er 1992 schließlich die Familientradition weiterführte. Im Sommer sitzt man auch schön im Hof, unter, zwischen und neben zahlreichen alten Weinstöcken.

TIPP: Hausmacher Sülze

WEINE

Rebsorten: Müller-Thurgau, Silvaner, Bacchus, Riesling, Kerner, Domina, Dornfeder und weitere. Weintipp/Empfehlung von Josef Stein: Riesling und Dornfelder.

KÜCHE

Warme Küche: Mittelgroße Karte mit ca. 10 Gerichten + 4-5 Tagesgerichte. Kalte Küche: Mittelgroße Karte mit 10-12 Gerichten. Spezialitäten: Hausmacher Sülze, Rindersteaks, Tatar gebacken, Schnitzel.

ANSCHRIFT

Klingenstraße 3
97084 Würzburg-Heidingsfeld
Tel.: 0931-619900
Fax: 0931-612708

ÖFFNUNGSZEITEN

Ganzjährig geöffnet
Täglich 11.30 bis 14 Uhr u. ab 17 Uhr
So ab 17 Uhr
Teilweise durchgehend geöffnet (bitte nachfragen)

DB 5 Reuterstraße, Würzburg S

Babett's Weinstube

WWW.WEIN.BY

Plätze (außen/innen): 50/80

IM ZEICHEN DER WEININSEL

Thilo Braun verwirklicht als weitgereister Küchenchef nun seine Gastronomie-Träume in der Würzburger Innenstadt. Über 20 Jahre Wanderschaft bringen eine breite Erfahrung mit sich, dennoch konzentriert er sich auf das regionale. So gibt es ausschließlich Weine von der Weininsel um Sommerach, und auch in der Küche stehen fränkische Gerichte auf dem Plan. Der Name der Weinstube rührt übrigens von der Verpächterin und ihrer Tochter Babette, die sogar schon einmal Sommeracher Weinkönigin war.

WEINE

Rebsorten: Müller-Thurgau, Scheurebe, Silvaner, Bacchus, Kerner, blauer Portugieser,Spätburgunder, Domina, Portugieser und weitere.

KÜCHE

Warme Küche: Mittelgroße Karte mit 15 Gerichten. Kalte Küche: Mittelgroße Karte mit 15 Gerichten. Spezialitäten: Knöchle, Bratwürste und saisonale, fränkische Gerichte.

ANSCHRIFT

Franziskanerplatz 1
97070 Würzburg
Tel.: 0931-12322

ÖFFNUNGSZEITEN

Ganzjährig geöffnet
Täglich ab 15 Uhr
Montag Ruhetag

TIPP: Knöchle

Restaurant Bacchus-Stuben

WWW.BACCHUS-STUBEN-WUERZBURG.DE Plätze (außen/innen): 10/25

ECHTES TEAMWORK UNTERHALB DER FESTUNG

Monika und Manfred Groschup führen seit 2007 gemeinsam diesen Würzburger Geheimtipp abseits der klassischen Touristen-Laufwege. Der Gast ist König bei den beiden, das spürt man in der ersten Minute, die man hier in den denkmalgeschützten Räumen verbringt. So zieht es vor allem Einheimische in die Bacchus-Stuben, die am liebsten das Bacchus-Pfännchen und ein Viertel „Innere Leiste" genießen.

TIPP: Bacchus-Pfännchen

WEINE

Rebsorten: Silvaner, weißer Burgunder, Bacchus, Riesling, Müller-Thurgau, Traminer, Schwarzriesling, Domina, Regent, Spätburgunder. Weintipp/Empfehlung von Monika Groschup: Die Lage „Würzburger innere Leiste".

KÜCHE

Warme Küche: Mittelgroße Karte mit 15 Gerichten. Kalte Küche: Kleine Karte mit ca. 3 Vorspeisen. Spezialitäten: Bacchus-Pfännchen, saisonale Gerichte.

ANSCHRIFT

Leistenstraße 6
97082 Würzburg
Tel.: 0931-883739

ÖFFNUNGSZEITEN

Täglich ab 18 Uhr
Sonntag und Montag Ruhetag

DB 8075, 8076, 8078 Leistenstraße, Würzburg Bus

Symbolerklärung s. vordere Klappe

ONLINE AUF WWW. Wein.BY

Backöfele

WWW.BACKOEFELE.DE Plätze (außen/innen): 30/250

DAS FRÄNKISCHE ORIGINAL

Christopher Thum hat sich das ehrgeizige Ziel gesetzt, die beste Weinkarte Frankens in seinem Backöfele zu präsentieren. Seine Eigenschaft als Jury-Mitglied beim „Best of Gold" Weinwettbewerb spielt ihm da sicherlich in die Hände. Hier sollten Sie sich also vom Meister persönlich den edlen Tropfen empfehlen lassen, und vielleicht erst dann passend das richtige Gericht wählen. Allerdings steht die Küche in Sachen Qualität den Weinen kaum nach.

WEINE

Rebsorten: Grauburgunder, Weißburgunder, Chardonnay, Riesling, Silvaner, Spätburgunder, Regent, Domina, Dornfelder, Merlot, Müller-Thurgau, Sauvignon blanc, Scheurebe, Bacchus, Cabernet Dorsa, Cabernet Sauvignon, Schwarzriesling, Frühburgunder, Merlot, Rieslaner, Gewürztraminer. Weintipp/Empfehlung von Christopher Thum: Silvaner - Vinz vom Stettener Stein, Weingut am Stein.

KÜCHE

Warme Küche: Große Karte mit 30 Gerichten. Kalte Küche: Mittelgroße Karte mit 15 Gerichten. Spezialitäten: Fränkisches Hochzeitsessen, gebratenes Mainzander-Filet, Tatar von Ochsenrücken.

ANSCHRIFT

Ursulinergasse 2
97070 Würzburg
Tel.: 0931-59059
Fax: 0931-50274

ÖFFNUNGSZEITEN

Täglich ab 12 Uhr
Kein Ruhetag

TIPP: Backöfele-Kaiserschmarrn

S 5 Würzburg Rathaus

DB

Bürgerspital-Weinstuben

WWW.BUERGERSPITAL-WEINSTUBEN.COM Plätze (außen/innen): 150/450

WOHLTAT DIE ERSTE

Das große Spital in Würzburg geht auf den Patrizier Johann von Steren zurück, der um 1316 das Haus Semmelstraße 2 der Stadt zur Pflege hilfsbedürftiger Menschen überließ. Diese Anfangsstiftung erweiterte sich durch Wohltaten weiterer Würzburger Bürger und umfasst heute eben auch ein Weingut mit 110 Hektar Anbaufläche und drei Trauben im Gault Millau. Ein besonderer Leckertropfen ist die Exklusivlage Würzburger Steinharfe bzw. der darauf gewachsene Silvaner.

TIPP: Pinot Cuvée in klassischer Flaschengärung

WEINE

Rebsorten: Müller-Thurgau, Silvaner, Bacchus, Riesling, Scheurebe, Muskateller, grauer Burgunder, weißer Burgunder, Gewürztraminer, Rieslaner, Domina, Blaufränkisch, Spätburgunder. Weintipp/Empfehlung von Alexander Wiesenegg: Würzburger Steinharfe Silvaner Kabinett trocken.

KÜCHE

Warme Küche: Große Karte mit 30 Gerichten. Kalte Küche: Große Karte mit 30 Gerichten. Spezialitäten: Gefüllte Bauernenten, sämtliche Süßwasserfische lebend frisch aus dem Bassin.

ANSCHRIFT

Theaterstraße 19
97070 Würzburg
Tel.: 0931-352880
Fax: 0931-3528888

ÖFFNUNGSZEITEN

Ganzjährig geöffnet
Täglich ab 10 Uhr
Kein Ruhetag
(außer Heiligabend - einziger Ruhetag im Jahr)

Weinfest mitten in der Metropole

WWW.WEINPARADE.DE

Auch die Würzburger haben ihre Weinfeste. Eines der schönsten ist die Weinparade, die alljährlich im Spätsommer auf dem Würzburger Marktplatz stattfindet. Das Fest konzentriert sich ausschließlich auf Würzburger Weingüter, die dafür aber Weine aller Qualitätsstufen bis zum Eiswein ausschenken. Damit man auch alle durchprobieren kann, gibt es den jeweiligen Rebensaft auch im 0,1l-Glas.

Seit der ersten Weinparade 2002 sind die Würzburger begeistert von „Ihrem" Fest – immerhin können sie über 100 verschiedene Weine, gepaart mit einem variantenreichen kulinarischen Angebot mitten in ihrer Stadt genießen. Zu verdanken haben die Unterfranken das ürigens dem Verein Würzburger Festwirte, der auch für das Würzburger Weindorf verantwortlich zeichnet, eine weitere Traditionsveranstaltung auf dem Oberen und Unteren Markt, das wir Ihnen auf Seite 192 vorstellen.

Infos Weinparade:
Website: www.weinparade.de
2011: 25. August bis 4. September

Weinstube Fesel

WWW.FESEL.DE **Plätze (außen/innen): 20/100**

VOR DEN TOREN WÜRZBURGS

Heidingsfeld kennt man sonst nur aus dem Radio – von dauernden Staumeldungen. Da sind wir natürlich froh, das Image mal etwas aufpolieren zu können. Stefan Fesel ist nicht nur ein sehr erfolgreicher Winzer, sondern auch ein Vorbild an Engagement für Kultur und soziale Belange. Hauptattraktion für unsere Leserschaft: Die „Sonnenstube", eine Art „Heckenwintergarten", von der aus man auf die umliegenden Felder und Obstplantagen schauen kann. Wer auch mal zu Hochprozentigerem greifen möchte, dem legen wir die Erzeugnisse der Edelbrandbrennerei des Hauses ans Herz.

TIPP: Edelbrände

WEINE

Rebsorten: Ortega, Bacchus, Müller-Thurgau, Kerner, Silvaner, Riesling, Rieslaner, Weißburgunder, Dornfelder, Schwarzriesling, Domina. Weintipp/Empfehlung von Herrn Fesel: Roter Rebell (Domina, halbtrocken).

KÜCHE

Warme Küche: Mittelgroße Karte mit 11 Gerichten. Kalte Küche: Kleine Karte mit 8 Gerichten. Spezialitäten: Bratwürste mit Kraut, überbackener Camembert, Winzerplatte, angemachter Camembert.

ANSCHRIFT

Hinterer Kirchbergweg 6
97084 Würzburg
Tel.: 0931-65688
Fax: 0931-613639

ÖFFNUNGSZEITEN

Ganzjährig mittwochs ab 17 Uhr
1. WE im Sep. bis 1. Nov. und
ab dem 1. WE im März für 8 Wochen
Di bis Fr ab 17 Uhr
Sa ab 15 Uhr
So ab 11.30 Uhr
Montag Ruhetag

Weinstube Halbleib

WWW.WEIN.BY

Plätze (außen/innen): 50/50

DIE GROSSE LIEBE

Der Hähnchenklassiker in der Würzburger Innenstadt begleitet Inge Schulz nun schon ein ganzes Leben. Die Nürnbergerin kam vor vielen Jahren eigentlich nur zum Studium an den Main, aus dem Nebenjob in der Weinstube wurde dann aber die große Liebe, die 2010 in der Übernahme des nur wenige Jahre älteren Lokals durch die mittlerweile 54jährige Wirtin gipfelte. Die Traumehe ist nach wie vor glücklich und beschert den Gästen neben hervorragenden Weinen die beliebten Hähnchen, ein stadtbekanntes Schmankerl!

WEINE

Rebsorten: Silvaner, Müller-Thurgau, Bacchus, Scheurebe, Riesling, Domina, Schwarzriesling, Dornfelder. Weintipp/Empfehlung von Inge Schulz: Silvaner.

KÜCHE

Warme Küche: Kleine Karte mit ca. 10 Gerichten. Kalte: Kleine Karte mit ca. 10 Gerichten. Spezialitäten: Hähnchen, Matjes.

ANSCHRIFT

Kolpingstraße 9
97070 Würzburg
Tel.: 0931-51916

ÖFFNUNGSZEITEN

Täglich ab 16 Uhr
Sonntag und Montag Ruhetag

TIPP: Hähnchen

Weinstube Johanniterbäck

WWW.JOHANNITERBAECK.DE **Plätze (außen/innen): 20/50**

AUSNÜCHTERN MAL ANDERS

Zu den Zeiten der Johanniter, die 1179 hier in Würzburg eine ihrer ersten Niederlassungen gründeten, war es noch üblich, dass man den Morgengottesdienst nüchtern besuchte, um sich anschließend gemeinsam mit der Bevölkerung ein üppiges Frühstück zu gönnen. Zumindest letzteres hat sich auch nach der Auflösung der Herrschaft durch Napoleon erhalten und fand durch einen für Würzburg typischen Bäcker mit Schankrecht seine Fortsetzung. Der Johanniter Hauswein kommt übrigens von der staatlichen Hofkelterei und wird in Veitshöchheim angebaut.

TIPP: Bratkartoffelsalat

WEINE

Rebsorten: Johanniter, Silvaner, Bacchus, Müller-Thurgau, Kerner, Scheurebe, Rivaner, Riesling, Grauburgunder, Weißburgunder, Spätburgunder, Schwarzriesling, Domina, Portugieser. Weintipp/Empfehlung von Daniel Schädlbauer: Johanniter.

KÜCHE

Warme Küche: Mittelgroße Karte mit ca. 20 Gerichten. Kalte Küche: Mittelgroße Karte mit ca. 20 Gerichten. Spezialitäten: Bratkartoffelsalat, fränkisches Hochzeitsessen, saisonale Gerichte.

ANSCHRIFT

Johanniterplatz 3
97070 Würzburg
Tel.: 0931-54368

ÖFFNUNGSZEITEN

Ganzjährig geöffnet
Mo bis Sa ab 16.30 Uhr
Sonntag und Feiertage Ruhetag

Symbolerklärung s. vordere Klappe

ONLINE AUF WWW. Wein.BY

Weinstuben Juliusspital

WWW.JULIUSSPITAL.DE

Plätze (außen/innen): 120/150

WOHLTAT DIE ZWEITE

Für das „arme, abgearbeitete und unvermögliche Volk, auch alte, kranke und presthafte und verlassene Leute" stiftete Julius Echter 1579 das Juliusspital und stattete es mit umfangreichem Besitz aus, der bis heute die Grundlage für den Betrieb ist. Sehenswert sind nicht nur die gut erhaltenen bzw. restaurierten Gebäude, sondern vor allem auch der sensationelle Weinkeller des Spitals, mit unendlich langen Reihen großer Holzfässer, vielen alten Winzergerätschaften und auch Gelegenheiten zum Verkosten und Einkaufen. In den zugehörigen Weinstuben kann zu den wundervollen Weinen auch hochgenüsslich gespeist werden.

WEINE

Rebsorten: Müller-Thurgau, Silvaner, Riesling, Bacchus, Scheurebe, weißer Burgunder, grauer Burgunder, Traminer, Spätburgunder, Schwarzriesling, Domina, Rieslaner. Weintipp/Empfehlung von Frank Kulinna: Silvaner.

KÜCHE

Warme Küche: Große Karte mit 35 Gerichten. Kalte Küche: Mittelgroße Karte mit 15 Gerichten. Spezialitäten: Fisch- und Wildgerichte.

ANSCHRIFT

Juliuspromenade 19
97070 Würzburg
Tel.: 0931-54080
Fax: 0931- 571723

ÖFFNUNGSZEITEN

Ganzjährig geöffnet
Täglich ab 10 Uhr
Kein Ruhetag

TIPP: Kellermeister-Cuvée

S 5 Juliuspromenade, Würzburg

DB

Weinstube Maulaffenbäck

WWW.WEINSTUBE-MAULAFFENBAECK.DE Plätze (außen/innen): 40/100

DER BOMSTERER UND SEINE MAULAFFEN

Die Endung „-bäck" ist allen Würzburger Traditionsweinstuben gemein. Sie stammt aus der Zeit, als es noch üblich war, zur Vesper in die örtlichen Bäckereien zu gehen und dort bei einem Schoppen Wein und Brot mitgebrachtes Fleisch und Wurst zu verzehren. Der besondere Name dieses Bäcks stammt von einem Spottlied der Studenten, die den von ihnen „Bomsterer" genannten Bäckermeister beim Umherschauen vor seinem Laden als „Maulaffenbäck" bezeichneten. Die Versöhnung folgte prompt, der Spitzname aber blieb.

TIPP: Lactose- und glutenfreie Gerichte auf Wunsch

WEINE

Rebsorten: Müller-Thurgau, Silvaner, Bacchus, Scheurebe, Riesling, grauer Burgunder, Kerner, Domina, Schwarzriesling, Spätburgunder. Weintipp/Empfehlung von Birgit Hofmann: „Der Wirtin ihr Nummer 1" -Spätburgunder und „Dem Wirt sei Maulaffenschoppen" -Silvaner.

KÜCHE

Warme Küche: Mittelgroße Karte mit 19 Gerichten. Kalte Küche: Kleine Karte mit 9 Gerichten. Spezialitäten: Blaue Zipfel, Weißwürste, Maulaffenvesper.

ANSCHRIFT

Maulhardgasse 9
97070 Würzburg
Tel.: 0931-52351
Fax: 0931-54157

ÖFFNUNGSZEITEN

Ganzjährig geöffnet
Täglich ab 10 Uhr
So und Feiertage Ruhetag

Symbolerklärung s. vordere Klappe

ONLINE AUF WWW. Wein.BY

Weinstube Popp

WWW.POPP-WUERZBURG.DE

Plätze (außen/innen): 16/80

DIE WELT ZU GAST IN WÜRZBURG

Die Familie Popp hat große Gastronomietradition in Würzburg. So betrieb Josef Popps Vater zum Beispiel die Weinstube Juliusspital und die Würzburger Weinstuben. Josef selbst nennt neben der Weinstube auch das gegenüberliegende Hotel „Poppular" sein eigen. In seinem Lokal veranstaltet er regelmäßig Themenabende mit Spezialitäten aus vielen Regionen. Dazu gehört auch immer eine Weinprobe. Kürzlich standen zum Beispiel Spanien, das Elsaß und Südtirol auf dem Programm.

WEINE

Rebsorten: Silvaner, Riesling, Weißburgunder, Scheurebe, Spätburgunder, Blaufränkisch, Regent und weitere. Weintipp/Empfehlung von Josef Popp: Weißburgunder.

KÜCHE

Warme Küche: Große Karte mit 20 Gerichten + 5-6 wechselnden Gerichten. Kalte Küche: Mittelgroße Karte mit 20 Gerichten. Spezialitäten: Gourmet-Weinprobe, Winzerpfanne.

ANSCHRIFT

Textorstraße 12
97070 Würzburg
Tel.: 0931-52425

ÖFFNUNGSZEITEN

Ganzjährig geöffnet
Täglich ab 16 Uhr
Im Juli und August täglich ab 17 Uhr
Kein Ruhetag

TIPP: Gourmet-Weinprobe

Riemenschneider Weinstuben

WWW.RIEMENSCHNEIDER-WEINSTUBEN.DE Plätze (außen/innen): 0/80

WO RIEMENSCHNEIDER WERKELTE

Leider ist von der ehemaligen Riemenschneider-Werkstatt nur noch der Gewölbekeller im Original erhalten, der gehört aber zur heutigen Gastronomie und ist besonders für Feierlichkeiten aller Art sehr beliebt. Doch auch das neu gebaute Haus auf dem Keller kann sich durchaus sehen lassen und lässt in Sachen Gemütlichkeit so manchen alten Schinken hinter sich. Viel dunkler Nussbaum und ein Kachelofen sorgen für das richtige Flair zum leckeren Wein und Essen.

TIPP: Meerrettichschnitzel

WEINE

Rebsorten: Müller-Thurgau, Silvaner, Bacchus, Scheurebe, Riesling, Spätburgunder, Domina.

KÜCHE

Warme Küche: Mittelgroße Karte mit 10-12 Gerichten. Kalte Küche: Mittelgroße Karte mit 10-12 Gerichten. Spezialitäten: Meerrettichschnitzel mit Bratkartoffeln und Salat, Schäuferle, Brotzeitteller.

ANSCHRIFT

Franziskanergasse 1a
97070 Würzburg
Tel.: 0931-571487

ÖFFNUNGSZEITEN

Täglich ab 16 Uhr
Sonntag Ruhetag

Symbolerklärung s. vordere Klappe

ONLINE AUF WWW. Wein.BY

Wein-, Bier- und Speisehaus Schnabel

WWW.WEINHAUS-SCHNABEL.DE Plätze (außen/innen): 0/65

WEINE

Rebsorten: Bacchus, Silvaner, Müller-Thurgau, Rivaner, Riesling, Scheurebe, Schwarzriesling, Domina, Acolon, Kerner, Dornfelder, grauer Burgunder, Spätburgunder, Traminer, Rieslaner.

KÜCHE

Warme Küche: Mittelgroße Karte mit ca. 12 Gerichten. Kalte Küche: Mittelgroße Karte mit ca. 12 Gerichten. Spezialitäten: Würzburger Zwiebelrostbraten, hausgemachte Würzburger Blausudsulz.

ANSCHRIFT

Haugerpfarrgasse 10
97070 Würzburg
Tel.: 0931-53314
Fax: 0931-4652779

ÖFFNUNGSZEITEN

Täglich ab 10.30 Uhr
So 10.30 bis 14 Uhr
Montag Ruhetag
August wegen Betriebsferien komplett geschlossen

MEHR ALS 110 JAHRE TRADITION

Auch wenn das alte Haus von 1899 im Zweiten Weltkrieg komplett zerstört wurde, hielt die Familie die Tradition des Wein-, Bier- und Speisehauses aufrecht. So ganz gleichberechtigt sind die beiden Lieblingsgetränke der Franken dabei allerdings nicht. Den zahlreichen Weinen stehen nur die Biere der Würzburger Hofbräu und des Klosters Andechs gegenüber, doch das tut der Freude des Weinfreundes keinerlei Abbruch, denn sein Herz schlägt beim Anblick der Weinkarte gleich mal höher. Für Gourmets gibt es dazu dann auch echte Leckerbissen aus der Küche!

TIPP: Hausgemachte Würzburger Blausudsulz

Restaurant und Weinhaus „Zum Stachel“

WWW.WEINHAUS-STACHEL.DE

Plätze (außen/innen): 90/90

ÜBER 600 JAHRE GASTLICHKEIT

Seit 1413 schon liest man in Urkunden von diesem Gasthaus, wahrscheinlich aber ist es noch wesentlich älter. Allerdings merkt man das Alter dem Haus nur vom Ambiente her an, das Angebot ist absolut up to date. Schließlich kocht man ohne Zusatzstoffe (die Fußnoten auf der Karte wurden nicht vergessen, es gibt keine!) und ist bio-zertifiziert. Die Angebotspalette wechselt alle zwei Monate vollständig und so kommen auch die Stammgäste immer wieder gerne, um sich neu inspirieren zu lassen. Besonderes Highlight ist der Barock-Innenhof, in dem man wie in einer Shakespeare-Kulisse sitzt und von Romeo und Julia träumt.

TIPP: Waller aus dem Wurzelsud

WEINE

Rebsorten: Müller-Thurgau, Bacchus, Silvaner, Riesling, Weißburgunder, Grauburgunder, Scheurebe, Schwarzriesling, Spätburgunder und weitere. Weintipp/Empfehlung von Petra Huth: Silvaner, weil er für Franken steht.

KÜCHE

Warme Küche: Mittelgroße Karte mit ca. 15 Gerichten. Kalte Küche: Kleine Karte mit 3 Gerichten. Spezialitäten: Saisonale Gerichte, gehobene Küche, lebend frischer Waller aus dem Wurzelsud nach altüberliefertem Rezept der Familie Hochrein.

ANSCHRIFT

Gressengasse 1
97070 Würzburg
Tel.: 0931-52770
Fax: 0931-52777

ÖFFNUNGSZEITEN

Ganzjährig geöffnet
Täglich ab 11 Uhr
Sonntag Ruhetag
(24.12. und 1.1. immer geschlossen)

Das Weindorf in der Weinmetropole

WWW.WEINDORF-WUERZBURG.DE

Seit 1987 dürfen die Würzburger ein ganz rustikales und dennoch hochklassiges Weinfest feiern. Am letzten Freitag im Mai bauen 16 renommierte Gastronomen aus Würzburg das urige Weindorf auf dem Marktplatz der Bischofsstadt auf. Hier treffen sich dann vor allem die Einheimischen zwischen 11 und 23.30 Uhr auf einen gemütlichen Plausch nebst Schoppen und Spanferkel oder Mainzander.

Die 39 Hüttchen bieten eine erfreulich bunte Abwechslung, die immer wieder auf's Neue zum Probieren einlädt und auch mit echten Besonderheiten wie frischen Holunderküchle aufwarten kann. Ein absoluter Pflichttermin für alle Würzburger und Würzburg-Besucher!

Infos Weindorf:
Website: www.weindorf-wuerzburg.de
2011: 27. Mai bis 5. Juni

Schlosshotel Steinburg

WWW.STEINBURG.COM

Plätze (außen/innen): 200/120

TOP ÜBER WÜRZBURG

Auf der Steinburg befindet man sich in einem der schönsten Schlosshotels Europas, zudem bietet sich ein einmaliger Blick auf die Würzburger Innenstadt. Auf der schönen Terrasse tanzte man früher für 10 Pfennig Eintritt, heute schaut man auf die vielen Weinhänge um die Bischofsstadt. Direkt an der Burg liegt der Weinberg namens Würzburger Stein, dessen Ertrag wohl schon zu Goethes Lieblingstropfen zählte. Sie werden das nachvollziehen können, wenn Sie das erste Glas der Riesling Spätlese probiert haben!

TIPP: Riesling Würzburger Stein Spätlese trocken

WEINE

Rebsorten: Silvaner, Riesling, Traminer, Gewürztraminer, Rivaner, Grauburgunder, Bacchus, Scheurebe, Schwarzriesling, Spätburgunder, Domina und weitere. Weintipp/ Empfehlung von Katrin Schnitzer: Riesling Würzburger Stein Spätlese trocken.

KÜCHE

Warme Küche: Große Karte mit über 30-40 Gerichten. Kalte Küche: Große Karte mit ca. 30 Gerichten. Spezialitäten: Tatar (wird am Tisch mit Zutaten nach Wahl frisch zubereitet), Wildgerichte (Spessartreh), Mainzander.

ANSCHRIFT

Auf dem Steinberg
97080 Würzburg
Tel.: 0931-97020
Fax: 0931-97121

ÖFFNUNGSZEITEN

Ganzjährig geöffnet
Täglich ab 7 Uhr
Kein Ruhetag
(24.12. geschlossen)

DB

13 Steinburgstraße, Würzburg Bus

SW-P 205

Fluss
Autobahn
Weinort
Anbaugebiet
Ort mit Weinstube oder Heckenwirtschaft
Gastronomien beginnen ab dieser Seitenzahl im Buch
MSP
AB
MIL
Main
3
7
262 Michelbach
277 Wasserlos
273 Rottenberg
198 Aschaffenburg
275 Schweinheim
230 Großwallstadt
245 Kleinwallstadt
274 Rück
214 Erlenbach
260 Mechenhard
246 Klingenberg
269 Röllbach
272 Röllfeld
210 Dorfprozelten
Großheubach
221
200 Bürgstadt
Miltenberg
211 Eichenbühl
258 Lohr/Main
280 Wiesenfeld
220 Gössenheim
219 Eussenheim
242 Karlburg
244 Karlstadt
235 Himmelstadt
268 Retzstadt
265 Retzbach
Marktheidenfeld
259
212 Erlenbach b. M.
Triefenstein
Homburg
237

Am bayerischen Untermain

Die Region um Aschaffenburg und Miltenberg besticht durch ihre Architektur mit rotem Sandstein und natürlich die vielen romantischen Orte am Main. Und auch der Menschenschlag ist hier im Dreiländereck zwischen Bayern, Hessen und Baden-Württemberg ein bisschen anders als in der Würzburger Ecke. Die lokale Mundart beispielsweise hat fast nichts mehr mit dem fränkischen Dialekt zu tun, und auch der Fasching bzw. Karneval läuft gänzlich anders ab. Der Drang nach eigener Identität zeigt sich auch darin, dass vor kurzem 20 Orte am Main von Sulzbach bis Stadtprozelten sich zu einer neuen Tourismusregion namens Churfranken zusammengeschlossen haben. Diese Neukreation treibt allerdings auch interessante Blüten wie beispielsweise einen eigenen Zuchthengst. Ein wahres Highlight ist das wiederbelebte Weingut Fürst Löwenstein im Schloss Kleinheubach (S. 281). Mehr Informationen bietet die Website www.churfranken.de.

Mit dem Mainspessart zählt auch die wirtschaftlich stärkste Region Mainfrankens zu der folgenden Buchrubrik. Lieferte man früher vor allem Spessartholz zu den Sägewerken um Frankfurt, haben sich heute viele bedeutende Firmen hier niedergelassen. Deren Mitarbeiter bevölkern die vielen Weinstuben und Heckenwirtschaften entlang von Main und Fränkischer Saale, die bei Gemünden in den Main fließt.

Restaurant Schlossweinstuben

WWW.SCHLOSSWEINSTUBEN.DE **Plätze (außen/innen): 180/200**

EIN HOCH AUF DEN STAAT

So sollte man denken, wenn man hier im traumhaft schönen Schlossgarten sitzt und einen der vielen Weine verkostet. Schließlich gehören Schloss und Weingut (Hofkeller Würzburg) dem bayerischen Staat, also kann man gleich mal sehen, was man aus Steuergeldern so alles gewinnen kann. Zudem ist auch der Ausblick auf das Schloss und vom Schlossgarten herunter wirklich sensationell. Direkt beim Schloss wird der Aschaffenburger Pompejaner angebaut, ein eigenwilliger Frankenwein, der fast ausschließlich bei offiziellen Anlässen der Stadt Aschaffenburg erhältlich ist – und hier im Schloss, solange der Vorrat reicht!

WEINE

Rebsorten: Müller-Thurgau, Bacchus, Silvaner, Riesling, Rotling, Portugieser, Spätburgunder, Scheurebe, Rieslaner, weißer Burgunder, Domina, Grauburgunder. Weintipp/Empfehlung von Peter Schweickard: 2009er Aschaffenburger Pompejaner Riesling (ein rassiger und fruchtiger Wein).

KÜCHE

Warme Küche: Mittelgroße Karte mit 16 Gerichten. Kalte Küche: Kleine Karte mit ca. 10 Gerichten. Spezialitäten: Carvenada (Streifen vom Rinderrücken in delikater Trauben-Kräutersoße, Butterspätzle, bunter Salatteller).

ANSCHRIFT

Schlossplatz 4
63739 Aschaffenburg
Tel: 06021-12440

ÖFFNUNGSZEITEN

Di bis Fr ab 11 Uhr
Sa, So und Feiertage ab 10 Uhr
November bis März Montag Ruhetag
April bis Oktober kein Ruhetag
Öffnungszeiten der Schloßterrasse (nur im Sommer geöffnet):
Täglich ab 12 Uhr
Kein Ruhetag

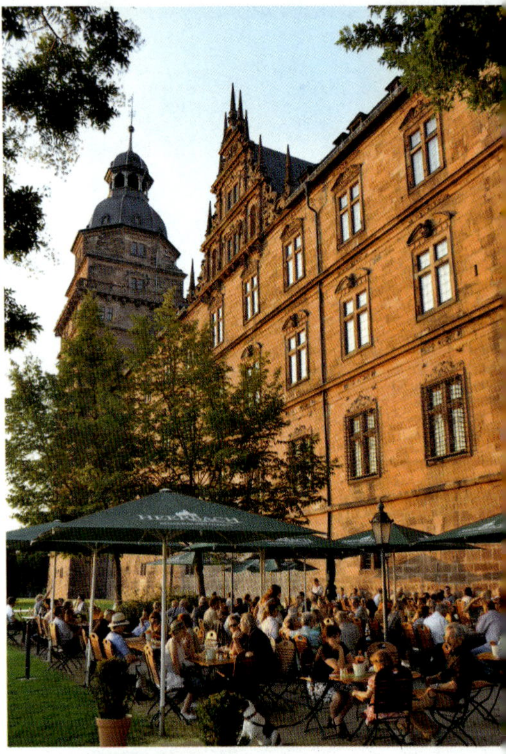

TIPP: Aschaffenburger Pompejaner Riesling

Weinstube zum Windfang

WWW.WINDFANG-ASCHAFFENBURG.DE **Plätze (außen/innen): 12/45**

IMMER FRISCHE LUFT

Lange hatte die ehemalige Hauptverkehrsstraße Aschaffenburgs gar keinen eigenen Namen, der untere Teil allerdings zwischen Metzgerpforte und Mainbrücke war trichterförmig und wurde deswegen als „Windfang" bezeichnet. So kam die urige Weinstube zu ihrem Namen. Ein weiteres Markenzeichen sind die vielen alten Fotografien und Zeichnungen an den Wänden, die jeweils eine Nummer tragen, unter der man dann in der Speisekarte die passende Erklärung findet. Dieser Laden ist ein echtes Muss und wurde nicht umsonst 2007 und 2010 mit Gastronomiepreisen ausgezeichnet.

TIPP: Fränkischer Sauerbraten mit Lebkuchensoße

WEINE

Rebsorten: Müller-Thurgau, Silvaner, Kerner, Bacchus, Portugieser (trocken und halbtrocken), Dornfelder, Domina. Weintipp/Empfehlung von Bettina Barthold: Domina vom Weingut Kapraun in Großostheim.

KÜCHE

Warme Küche: Kleine Karte mit ca. 10 Gerichten. Kalte Küche: Kleine Karte mit 6 Gerichten. Spezialitäten: Fränkischer Sauerbraten mit Lebkuchensoße, saisonale Gerichte.

ANSCHRIFT

Dalbergstraße 55
63739 Aschaffenburg
Tel.: 06021-29092

ÖFFNUNGSZEITEN

Di bis Sa ab 17 Uhr
So und Feiertage ab 11.30 Uhr
Montag Ruhetag

Symbolerklärung s. vordere Klappe

ONLINE AUF WWW. Wein.BY

Häckerwirtschaft Klaus Elbert

WWW.WEINBAU-ELBERT.DE

Plätze (außen/innen): 80/40

DAS AUFGEWÄRMTE WEINGUT

Eigentlich sollte 1966 die letzte Stunde der Familienweine geschlagen haben, doch Klaus Elbert fasste sich ein Herz und nahm die von seinem Vater abgelegte Tradition wieder auf. Glücklicherweise, sonst könnten wir Ihnen nicht die 2003 eröffnete Häckerwirtschaft vorstellen. Im Angesicht der historischen Pfarrkirche von Bürgstadt können Sie nun die fünf Weine des Hauses verkosten, wenn Sie mittwochs, samstags oder sonntags kommen, dann sogar mit einer leckeren Schweinshaxe vom Grill, für die der Laden im weiten Umkreis bekannt ist.

WEINE

Rebsorten: Müller-Thurgau, Silvaner, Bacchus, Portugieser, Spätburgunder. Weintipp/Empfehlung von Nadja Martin: Bacchus.

KÜCHE

Warme Küche: Kleine Karte mit 8 Gerichten. Kalte Küche: Mittelgroße Karte mit 14 Gerichten. Spezialitäten: Gebackenes Leiterchen mit Zwiebel und Bratkartoffeln, Hausmacher Schwartenmagen mit Zwiebel und Bratkartoffeln, geräuchertes Wacholderbauchbrot, geräucherte Forelle mit Sahnemeerrettich.

ANSCHRIFT

Freudenberger Straße 11
63927 Bürgstadt
Tel.: 09371-1653

ÖFFNUNGSZEITEN

Um den 10. Juni (ab Mittwoch für 12 Tage) und Ende Aug./Anfang Sep. (für 6 Tage)
Täglich ab 11 Uhr
Kein Ruhetag

TIPP: Gebackenes Leiterchen

Bus 82 Alte Kirche, Bürgstadt

DB

Häckerwirtschaft Erwin und Gisela Gall

WWW.WEIN.BY **Plätze (außen/innen): 25/55**

MINIWINZER MIT FROSCH

Erwin und Gisela Gall verfügen über den kleinsten Weinberg der Gegend, haben aber ein riesengroßes Herz für ihre Gäste – und die Fische. Schließlich ist Erwin passionierter Aquarist, was man spätestens beim Betrachten des Teiches im Garten bemerkt. Darüber thront ein großer Keramikfrosch. Einige der Gäste setzen spätestens dann ein noch breiteres Grinsen als der grüne Hausfreund auf, wenn sie die Speisekarte sehen: Feine hausmacher Brotzeiten machen den Besuch zum echten Erlebnis.

TIPP: Züngchen mit Kartoffelsalat

WEINE

Rebsorten: Müller-Thurgau, Silvaner, Spätburgunder, Dornfelder. Weintipp/Empfehlung von Erwin Gall: Spätburgunder Rotwein.

KÜCHE

Warme Küche: Kleine Karte mit 5 Gerichten. Kalte Küche: Mittelgroße Karte mit 17 Gerichten. Spezialitäten: Leiterchen mit Sauerkraut, Blut- und Leberwürste mit Sauerkraut, Hausmacher Wurstplatte, Winzerplatte, Handkäse mit Musik, selbstgemachter Kochkäse, Züngchen mit Kartoffelsalat.

ANSCHRIFT

Jahnstraße 7
63927 Bürgstadt
Tel.: 09371-5618

ÖFFNUNGSZEITEN

Ab Fr vor Pfingsten 16 Tage lang
Ab Fr des 1. WE im August für ein WE
Täglich ab 12 Uhr
So und Feiertage ab 11 Uhr
Kein Ruhetag

Symbolerklärung s. vordere Klappe

ONLINE AUF WWW. Wein.BY

Häckerwirtschaft Bernart Helmstetter

WWW.WEIN.BY

Plätze (außen/innen): 0/40

WEINBAU

Helmstetter Bernart

WEINE

Rebsorten: Müller-Thurgau, Bacchus, Riesling, Weißburgunder, Silvaner, Spätburgunder, Dornfelder, Regent, Cabernet Dorsa. Weintipp/Empfehlung von Werner Helmstetter: Spätburgunder (wächst auf Buntsandstein-Sandboden, roter Wein und roter Stein passen sehr gut zusammen).

KÜCHE

Warme Küche: Kleine Karte mit 3-4 Gerichten. Kalte Küche: Kleine Karte mit 6-8 Gerichten. Spezialitäten: Grillrippchen mit Röstzwiebeln, selbstgeräucherter, Hausmacher Schinken, Hausmacher Wurst.

ANSCHRIFT

Martinsgasse 38
63927 Bürgstadt
Tel.: 09371-8471
Fax: 09371-989647

ÖFFNUNGSZEITEN

Anfang bis Ende Feb.
Täglich ab 11.30 Uhr
Kein Ruhetag

IMMER DIE BEAMTEN...

Eigentlich hieß der Vater von Werner, Martin und Rita Helmstetter, die heute zusammen den Weinbau im Nebenerwerb betreiben, Bernhard. Doch ein zweifelhafter Standesbeamter war wohl der Rechtschreibung nur bedingt mächtig – oder dem Wein sehr zugetan, wer weiß... Jedenfalls war bis zur Heirat ein falscher Name – Bernart – eingetragen, was Bernhard dann zum Anlass nahm, seine Heckenwirtschaft so zu benennen. Das alles ist schon viele Jahre her, aber immer noch eine gerne erzählte Anekdote, die aber über die hervorragende Qualität der Weine und auch des kulinarischen Angebotes nicht hinwegtäuschen sollte.

TIPP: Grillrippchen mit Röstzwiebeln

Bus 82 Alte Kirche, Bürgstadt

DB

Häckerwirtschaft Erhard und Maximilian Helmstetter

WWW.WEINGUT-HELMSTETTER.DE Plätze (außen/innen): 100/70

IN ALTEM GEMÄUER

Hier ist es einfach immer schön: Im Sommer, wenn man im rebenumrankten Innenhof sitzt, aber eben auch an kälteren Tagen, wenn der Kachelofen in der holzvertäfelten Zentgrafenstube dem guten Wein beim Einheizen hilft. Unsere Empfehlung: Der weiß gekelterte Spätburgunder, in der Fachsprache Weißherbst genannt. Hier werden die roten Traubenbestandteile früh vom Most getrennt, so dass sich im späteren Wein bestenfalls eine leichte Rosénote ergibt. Momentan befindet sich übrigens ein neues Vinotel im Bau, nach der Fertigstellung könnten sich die Öffnungzeiten etc. ändern (siehe Internetseite).

TIPP: Zentgrafenpraline

WEINE

Rebsorten: Müller-Thurgau, Bacchus, Silvaner, Riesling, Portugieser, Spätburgunder, Frühburgunder, Sauvignon Blanc, Weißburgunder, Domina. Weintipp/Empfehlung von Frau Helmstetter: Spätburgunder, weiß gekeltert (dabei handelt es sich um rote Trauben, die hell gekeltert werden).

KÜCHE

Warme Küche: Kleine Karte mit 6-8 Gerichten. Kalte Küche: Mittelgroße Karte mit ca. 10 Gerichten. Spezialitäten: Züngchen mit Sauerkraut, Schnitzel mit Bratkartoffeln, Flammkuchen mit Speck und Zwiebeln, Zentgrafenpraline (= Rinderschinken, gefüllt mit Schafskäse, dazu Rucola und Kürbiskernöl).

ANSCHRIFT

Bainweg 1-3
63927 Bürgstadt
Tel.: 09371-3341

ÖFFNUNGSZEITEN

Im März, Juli, Sep. und Nov.
jeweils für ca. 18 Tage
Täglich ab 11.30 Uhr
Kein Ruhetag

DB 82 Danziger Straße, Bürgstadt Bus

Weinstube Erhard Hofmann

WWW.WEIN.BY **Plätze (außen/innen): 70/50**

WO SICH MAIN UND ERF GUTEN TAG SAGEN

Da liegen Bürgstadt und die Weinlage Centgrafenberg mit ihren steilen Südhängen. Und seit 30 Jahren bauen die Hofmanns hier auch ihre Weine an, die man auf der Terrasse bzw. im ruhigen Hinterhof der Erf-Idylle verkosten kann. Der Fluss hat seinen Namen übrigens aus dem Althochdeutschen. „Erpf" bedeutete schlicht und einfach „braun" und stand wohl für die Farbe des alljährlich Hochwasser führenden Flusses. Normalerweise ist die Erf natürlich blau wie jeder andere Fluss, wovon sich auch Bustouristen gerne überzeugen, wenn sie hier Station machen.

WEINE

Rebsorten: Müller-Thurgau, Silvaner, Bacchus, Spätburgunder. Weintipp/ Empfehlung von Margarete Hofmann: Spätburgunder aus dem Holzfass.

KÜCHE

Warme Küche: Mittelgroße Karte mit über 10 Gerichten. Kalte Küche: Mittelgroße Karte mit ca. 10 Gerichten. Spezialitäten: Ringerle Fleischwurst mit Sauerkraut oder Kartoffelsalat, selbstgemachter Kochkäse, Blut- und Leberwürste (nur im Winter), Speckflammkuchen.

ANSCHRIFT

Erfstraße 5
63927 Bürgstadt
Tel.: 09371-5682
Fax: 09371-3731

ÖFFNUNGSZEITEN

Nach den Weihnachtsfeiertagen bis zum WE um 3König
Mitte bis Ende Juni (für 2 Wochen)
Mitte Okt. bis Anfang Nov. (für 3 Wochen)
Täglich ab 12 Uhr

TIPP: Speckflammkuchen

Gutsausschank „Im Löwen"

WWW.WEINGUT-STICH.DE

Plätze (außen/innen): 50/100

DIE SCHÄNKE DER ANSTALT

Zweimal im Jahr öffnet der Gutsausschank im ehemaligen Gasthof Zum Löwen. Dann ist jeder Platz belegt und die Gäste genießen die hochklassigen Weine und das Angebot der Küche. Spätestens für die einmal im Jahr stattfindende Veranstaltung „Kabarett, Wein & Kunst im Löwensaal" sollten Sie rechtzeitig reservieren. Dann nämlich kommen Größen wie Urban Priol (Neues aus der Anstalt) nach Bürgstadt und trainieren die Lachmuskeln der Gäste.

TIPP: Rindfleischsalat

WEINE

Rebsorten: Spätburgunder, Müller-Thurgau, Silvaner, Bacchus, Weißburgunder. Weintipp/Empfehlung von Helga Stich: Churfranken Spätburgunder.

KÜCHE

Warme Küche: Kleine Karte mit 6 Gerichten. Kalte Küche: Mittelgroße Karte mit 10 Gerichten. Spezialitäten: Heimischer Rindfleischsalat mit Kürbiskernöl, fränkische Mostsuppe, frischer Ziegenkäse.

ANSCHRIFT

Freudenberger Straße 73
63927 Bürgstadt
Tel.: 09371-5705
Fax: 09371-80973

ÖFFNUNGSZEITEN

Ab Ostermontag für 3 Wochen und Ende Juni für 2 Wochen
Täglich ab 11.30 Uhr
Kein Ruhetag

Symbolerklärung s. vordere Klappe

Bacchusstube Erich Meisenzahl

WWW.WEINBAU-MEISENZAHL.DE

Plätze (außen/innen): 30/50

WO DER SECCO WOHNT

Neben den Weinen, darunter viele prämierte, erzeugen die Meisenzahls eine erhebliche Menge Secco, beispielsweise den Secco Moonlight, das Lieblingsgetränk von Erich Meisenzahl. Verkosten kann man das dann in der 2001 zugekauften Bacchusstube, idealerweise zu einem der vielen Feste, die hier stattfinden. Ein echtes Highlight ist sicher die Weinkulturnacht Bürgstadt, bei der man auch in anderen Örtlichkeiten des Städtchens Kunst, Musik und guten Wein genießen kann.

WEINE

Rebsorten: Müller-Thurgau, Bacchus, Silvaner, Riesling, Kerner, Scheurebe, Spätburgunder, Frühburgunder, Dornfelder, Merlot. Weintipp/Empfehlung von Stefan Meisenzahl: Secco Moonlight.

KÜCHE

Warme Küche: Mittelgroße Karte mit 14 Gerichten. Kalte Küche: Mittelgroße Karte mit 15 Gerichten. Spezialitäten: Centgrafenweck (Baguette mit Knoblauchbutter, Schinken und Käse überbacken), Burgunder-Bratwürste.

ANSCHRIFT

Freudenberger Straße 32
63927 Bürgstadt
Tel.: 09371-67672
Fax: 09371-650742

ÖFFNUNGSZEITEN

14 Tage vor Ostern bis Ostern, letzte Woche im Sep. und 1. Woche im Okt. und Anf. Dez bis So vor Weihnachten
Täglich ab 12 Uhr
Kein Ruhetag

TIPP: Centgrafenweck

Bus 82 Alte Kirche, Bürgstadt

Häckerstube Neuberger

WWW.WEINGUT-NEUBERGER.DE **Plätze (außen/innen): 180/60**

KLASSE STATT MASSE

Das ist die Philosophie der Neubauers, deren Weinbetrieb die Spitze einer langjährigen Familientradition darstellt. Dementsprechend finden Sie hier viele gehaltvolle Weine, allen voran den in Franken eher seltenen Frühburgunder, der durch kleinere Beeren einen geringeren, dafür aber oft intensiveren Ertrag bringt als sein älterer Bruder, der Spätburgunder. Für einen Besuch legen wir Ihnen Montag, Mittwoch oder Samstag ans Herz, dann verwöhnen Sie Andrea und Burhard Neuberger mit frisch gegrilltem Schäuferla.

TIPP: Hausgemachter Flammkuchen

WEINE

Rebsorten: Müller-Thurgau, Silvaner, Riesling, Weißburgunder, Bacchus, Kerner, Rieslaner, Spätburgunder, Domina, Frühburgunder, Dornfelder, Cabernet Dorsa. Weintipp/Empfehlung von Andrea Neuberger: Die gehaltvollen und samtigen Frühburgunder und Spätburgunder, die hier auf Buntsandsteinböden hervorragend gedeihen.

KÜCHE

Warme Küche: Kleine Karte mit 7 Gerichten. Kalte Küche: Mittelgroße Karte mit 18 Gerichten. Spezialitäten: Gegrilltes Schäufele (nur Mo, Mi und Sa zum Mittagessen), hausgemachter Flammkuchen, Pellkartoffeln mit Kräuterquark (Familienrezept), Räucherspeck mit Kraut.

ANSCHRIFT

Freudenberger Straße 7
63927 Bürgstadt
Tel.: 09371-2562
Fax: 09371-7008

ÖFFNUNGSZEITEN

Ab dem 3. WE im Jan. (für 3 Wochen), 2 Wochen vor Christi Himmelfahrt (für 2 Wochen) und ab dem 3. WE im Juli (für 3 Wochen)
Täglich ab 12 Uhr
Kein Ruhetag

Symbolerklärung s. vordere Klappe

ONLINE AUF WWW. Wein.BY

Hotel Weinhaus Stern

WWW.HOTEL-WEINHAUS-STERN.DE

Plätze (außen/innen): 50/50

WO DIE TRAUBEN IN DEN MUND WACHSEN

Das Haus von 1638 hat sich seit seiner Erbauung kaum verändert und bildet eine wahre Oase an der Bürgstadter Hauptstraße. Im Sommer sitzt man auf der ruhigen Terrasse und kann mit etwas Glück einen leckeren Träubel erhaschen. Die Geschwister Heidi und Klaus Markert übernahmen das Hotel 1982 und bieten ihren Gästen neben den Klassikern auch viel Selbstgemachtes, von der Marmelade bis zum Edelbrand.

WEINE

Rebsorten: Müller-Thurgau, Bacchus, Silvaner, Kerner, St. Laurent, Weißburgunder, Riesling, Rieslaner Scheurebe, Sauvignon Blanc, Domina, Spätburgunder und weitere.

KÜCHE

Warme Küche: Mittelgroße Karte mit ca. 20 Gerichten. Kalte Küche: Kleine Karte mit ca. 10 Gerichten. Spezialitäten: Schmorgerichte, Gans (im Herbst), saisonale Gerichte (wie Wild, Spargel, ...).

ANSCHRIFT

Hauptstraße 23/25
63927 Bürgstadt
Tel.: 09371-40350
Fax: 09371-403540

ÖFFNUNGSZEITEN

Sa, So, Mo und Di 12 bis 13.30 Uhr und ab 17 Uhr
Fr ab 17 Uhr
Mittwoch und Donnerstag Ruhetag

TIPP: Saisonale Gerichte

Bus 82, 90, 8070 Hauptstr., Bürgstadt

DB

Winzerstube Sturm

WWW.WEINGUT-STURM.COM

Plätze (außen/innen): 100/130

GEMÜTLICHKEIT AM ORTSRAND

In puncto Historie kann der Dreiseithof der Sturms noch nicht wirklich punkten, schließlich siedelten die Vorbesitzer erst 1993 hierhin aus. Dafür bieten Michaela und Christian eine stattliche Weinpalette, darunter vor allem den Spätburgunder, der hier in Bürgstadt quasi seine fränkische Heimat hat. Außerdem lagert in den Kellern auch ein hervorragender Frankensekt (Silvaner brut und Spätburgunder Weißherbst brut), der nach der traditionellen Champagnermethode noch handgerüttelt wird – ein Schluck für ganz besondere Anlässe!

TIPP: Eingelegter Odenwälder Ziegenkäse

WEINE

Rebsorten: Müller-Thurgau, Bacchus, Silvaner, Weißer Burgunder, Riesling, Spätburgunder, Portugieser, Frühburgunder, Regent. Weintipp/ Empfehlung von Michaela Sturm: Frühburgunder 2008.

KÜCHE

Warme Küche: Kleine Karte mit 6 Gerichten. Kalte Küche: Große Karte mit ca. 20 Gerichten. Spezialitäten: Grillrippchen mit Bratkartoffeln, Leberknödel mit Sauerkraut, eingelegter Odenwälder Ziegenkäse mit Balsamico-Vinaigrette.

ANSCHRIFT

Freudenberger Straße 91
63927 Bürgstadt
Tel.: 09371-67854
Fax: 09371-959725

ÖFFNUNGSZEITEN

27. Dez. bis Mitte Jan.
Ab Di vor Pfingsten für ca. 2 Wochen
Ab Anfang Aug. für 3 Wochen
Täglich ab 12 Uhr
Neujahr geschlossen
Kein Ruhetag

Symbolerklärung s. vordere Klappe

ONLINE AUF WWW. Wein.BY

Häckerwirtschaft Prechtl

WWW.WEIN.BY Plätze (außen/innen): 20/40

SPÄTBURGUNDER UND WEINSUPPE

Bei Prechtls kombiniert man das Beste der unterfränkischen Genusstradition: Feine Weine und hausgemachte Wurst- und Käsespezialitäten. Im Herbst serviert Marita Prechtl den Rebensaft sogar als leckere Weinsuppe – ein echter Hochgenuss! In der urigen Häckerstube sitzt man dann zwischen Antiquitäten und träumt vom nächsten Schoppen und Bratwurst oder Kochkäse, die als zweiter Gang den Abend perfekt machen.

WEINE

Rebsorten: Bacchus, Müller-Thurgau, Spätburgunder. Weintipp/Empfehlung von Marita Prechtl: Spätburgunder Weißherbst.

KÜCHE

Warme Küche: Kleine Karte mit ca. 6 Gerichten. Kalte Küche: Kleine Karte mit ca. 8 Gerichten. Spezialitäten: Hausgemachte Bratwürste, hausgemachter Kochkäse, Weinsuppe (im Herbst).

ANSCHRIFT

Höhbergstraße 12
97904 Dorfprozelten
Tel.: 09392-6392
Fax: 09392-984809

ÖFFNUNGSZEITEN

Mitte Apr. bis Anfang Mai (für 3 Wochen) und
Mitte Okt. bis Anfang Nov. (für 3 Wochen)
Täglich ab 16 Uhr
So und Feiertage ab 14 Uhr
Montag und Dienstag Ruhetag
Genaue Termine und Öffnungszeiten bitte telefonisch erfragen

TIPP: Weinsuppe

Häckerwirtschaft Dumerth

WWW.WEIN.BY

Plätze (außen/innen): 0/40

HIER IST SOGAR DER KNÖDEL VOLL

Im Familienbetrieb der Familie Lutz (Viola Lutz hat den Weinbau und die Häckerwirtschaft von ihrem Vater Werner Dumerth übernommen) setzt auch die Küche viele interessante Akzente zum Wein des Hauses. Immer frische Bratwürste und gefüllte Knödel locken regelmäßig eine große Schar Stammgäste an die rustikalen Eichentische, an denen dann das aktuelle Tagesgeschehen in wechselnder Besetzung analysiert wird.

TIPP: Gefüllter Knödel

WEINE

Rebsorten: Müller-Thurgau, Portugieser, Spätburgunder. Weintipp/Empfehlung von Herrn Lutz: Spätburgunder Hoher Berg.

KÜCHE

Warme Küche: Mittelgroße Karte mit 13 Gerichten. Kalte Küche: Mittelgroße Karte mit ca. 15-16 Gerichten. Spezialitäten: Gefüllter Knödel mit Kraut, Flammkuchen, Brätbrot, angemachter Camembert, immer frische grobe Bratwürste, Käseschnitzel.

ANSCHRIFT

Hauptstraße 123
63928 Eichenbühl
Tel.: 09371-7105 o. -65911
Fax: 09371-9496360

ÖFFNUNGSZEITEN

26. Dez. über 3 Wochenenden und
Eine Woche vor Ostern bis eine Woche nach Ostern (über drei Wochenenden)
Mo bis Sa ab 11.30 Uhr
So und Feiertage ab 10 Uhr
Kein Ruhetag

DB

83 Alte Post, Eichenbühl Bus

Kracken-Nest

WWW.WEINHAUS-WIRSCHING.DE Plätze (außen/innen): 0/55

AUSSCHANK IM WEINBERG

Rechts ein Weinstock, links ein Weinstock und dazwischen eine Menge gut gelaunter Weinbergsbesucher. So sieht das Leben der Wirschings in Erlenbach drei Mal im Jahr in der wärmeren Jahreszeit (siehe Öffnungszeiten der Weinbergsscheune) aus. Die Gäste bedienen sich selbst, unter anderem mit dem in Franken relativ seltenen Blauen Zweigelt, einer im Jahr 1922 aus Blaufränkischem und St. Laurent neu gezüchteten Rebe. Die Umbenennung von „Rotburger" in „Zweigelt" von 1975 ist angesichts der NS-Vergangenheit des Namensgebers Friedrich Zweigelt bis heute sehr umstritten.

WEINE

Rebsorten: Müller-Thurgau, Silvaner, Spätburgunder, Dornfelder. Weintipp/Empfehlung von Erwin Gall: Spätburgunder Rotwein.

KÜCHE

Warme Küche: Kleine Karte mit ca. 4 Gerichten. Kalte Küche: Mittelgroße Karte mit 10 bis 15 Gerichten. Spezialitäten: Kracken-Toast (Toast mit Schinken, Champignons und Käse überbacken), Bauchfleisch mit Weinsauerkraut (im Winter), Bratwürste mit Weinsauerkraut, Häckerbrotzeit.

ANSCHRIFT

Ketteltor 3
97837 Erlenbach (bei Markth.)
Tel.: 09391-6192 (Kracken-Nest) und 09391-9088915 (Weinbergsscheune)

ÖFFNUNGSZEITEN

Öffnungszeiten Kracken-Nest:
Ende Jan. bis Ende März und
Ende Okt. bis Anfang Dez.
Do bis Sa ab 18 Uhr
So und Feiertage ab 15 Uhr
Montag bis Mittwoch geschlossen
Reservierung erforderlich!
Öffnungszeiten Weinbergsscheune in den Weinbergen (ausgeschildert): siehe Website

TIPP: Bratwürste mit Weinsauerkraut

Weinstube-Hotel Neubauer

WWW.WEINGUT-NEUBAUER.DE **Plätze (außen/innen): 25/100**

AM NASSEN LIMES

So bezeichnet die Geschichte den Main, an dem die Römer viele Kastelle errichteten. Hier liegt Erlenbach, in dessen Umgebung aber auch schon Hügelgräber aus der Zeit um 1500 vor Christus entdeckt wurden. Der Weinbau hat hier eine lange Tradition, die sich heute in so renommierten Betrieben wie dem Weingut Neubauer widerspiegelt. Ideale Besuchszeitpunkte sind das Hofschoppenfest am Wochenende nach Christi Himmelfahrt oder der traditionelle vorweihnachtliche Markt, bei dem sich das Weingut in einen Mini-Basar verwandelt.

TIPP: Zwiebelsteak

WEINE

Rebsorten: Bacchus, Silvaner, Müller-Thurgau, Kerner, Ortega, Spätburgunder, Domina. Weintipp/ Empfehlung von Lioba Neubauer: Bacchus trocken 2009.

KÜCHE

Warme Küche: Kleine Karte mit ca. 6 Gerichten. Kalte Küche: Kleine Karte mit 6-8 Gerichten. Spezialitäten: Zwiebelsteak, Käsespätzle, Haspel mit Sauerkraut, Häckerplatte.

ANSCHRIFT

Brückentor 28/30
97837 Erlenbach (bei Markth.)
Tel.: 09391-2130
Fax: 09391-2158

ÖFFNUNGSZEITEN

Anfang bis Ende Jan.,
Ende Feb. bis Ende März,
Anfang Mai, Anfang Sep. bis Okt. (für 5 Wochen) und Mitte Nov. (für 1 Wochenende)
Fr, Sa, So und Feiertage ab 14 Uhr
Montag bis Donnerstag geschlossen

Symbolerklärung s. vordere Klappe

Weinbau Reinhold Hillerich

WWW.WEINBAU-HILLERICH.DE — **Plätze (außen/innen): 50/90**

WEINE

Rebsorten: Kerner, Silvaner, Müller-Thurgau, Bacchus, Riesling, Spätburgunder, Portugieser, Domina, Dornfelder, Regent. Weintipp/ Empfehlung von Reinhold Hillerich: Spätburgunder, Portugieser.

KÜCHE

Warme Küche: Kleine Karte mit 3 Gerichten. Kalte Küche: Kleine Karte mit 7-9 Gerichten. Spezialitäten: Warmer Kümmelbauch, hausgemachte Wildschweinbratwürste, belegte Winzerstange (Salat, Käse, Schinken, Salami), Odenwälder Ziegenkäse.

ANSCHRIFT

Klingenberger Straße 16
63906 Erlenbach am Main
Tel.: 09372-6999
Fax: 09372-135899

ÖFFNUNGSZEITEN

Ende Juli/Anfang August für 10 Tage
Täglich ab 11 Uhr
Kein Ruhetag

BARRIQUE AM ROTWEIN WANDERWEG

Schon die Römer fanden das Gebiet am Mainviereck traumhaft und legten zahlreiche Kastelle und Siedlungen an, von denen auch viele bereits über Weinberge verfügten. Winzer Reinhold Hillerich ist also aktueller Vertreter einer langen Tradition von Weinbauern, wagt sich aber auch an moderne Themen wie beispielsweise den Ausbau der Weine im Barrique heran. Der wichtigste Termin für Weinfreunde ist der Palmsonntag, wenn in unregelmäßigen Abständen der Tag der offenen Weinkeller stattfindet und man stündlich die Weinkeller besichtigen kann, und eine Weinprobe der anderen folgt.

TIPP: Warmer Kümmelbauch

Häckerwirtschaft Werner Ott

WWW.WEINBAU-OTT.DE

Plätze (außen/innen): 0/40

KOCHKÄSE UND WINZERSTANGE

Bei der Winzerstange handelt es sich um ein Baguette aus etwas dunklerem Teig, mit Salz und Kümmel bestreut, das entweder pur oder mit Schinken und Käse belegt zum Wein genossen wird. Die gibt es dann in der klassischen Heckenwirtschaft, die nach der alten Tradition ohne Konzession betrieben wird, zu den guten Tropfen des Hauses. Auf den Weinbergen, die teils im Ort selbst liegen, stehen Rebstöcke mit Portugieser- und Burgunderpflanzen, die über 70 Jahre alt sind. Ein Beleg für die lange Rotweintradition hier im Ort, weswegen wir diese Weine auch zum Verkosten empfehlen.

TIPP: Winzerstange

WEINE

Rebsorten: Spätburgunder, Portugieser, Müller-Thurgau, Silvaner, Riesling, Kerner, Rieslaner. Weintipp/Empfehlung von Ingrid Ott: Die roten Weine, weil sie in der Gegend eine lange Tradition haben.

KÜCHE

Warme Küche: Kleine Karte mit 3 Gerichten. Kalte Küche: Mittelgroße Karte mit 10 bis 11 Gerichten. Spezialitäten: Blaue Zipfel im Zwiebelsud, Kochkäse, Winzerstange.

ANSCHRIFT

Dr.-Strube-Platz 27
63906 Erlenbach am Main
Tel.: 09372-6744
Fax: 09372-94258

ÖFFNUNGSZEITEN

02. bis 07. Jan. und
über Palmsonntag (für 6 Tage)
Mo bis Sa ab 11 Uhr
So und Feiertage ab 10 Uhr
Kein Ruhetag

Symbolerklärung s. vordere Klappe

ONLINE AUF WWW. Wein.BY

Weinbau Stratil

WWW.WEINBAU-STRATIL.DE

Plätze (außen/innen): 50/50

WEINE

Rebsorten: Müller-Thurgau, Bacchus, Silvaner, Portugieser, Spätburgunder, Regent. Weintipp/Empfehlung von Werner Stratil: Summertime, TriTerra-Sylvaner, Spätburgunder „K".

KÜCHE

Warme Küche: Kleine Karte mit 5 Gerichten. Kalte Küche: Mittelgroße Karte mit 11 Gerichten. Spezialitäten: Hausgemachter Heringssalat mit Pellkartoffeln (Fr), Salat mit Putenbruststreifen, hausgemachter Kochkäse.

ANSCHRIFT

Frühlingstraße 15
63906 Erlenbach
Tel.: 09372-73311 o. 0175-4972528

ÖFFNUNGSZEITEN

Für 5 Tage um den 15. Aug.
Täglich ab 10.30 Uhr
Kein Ruhetag

ERFOLG AUS DEM NICHTS

Als 15jähriger war Werner Stratil schon vom Thema Wein begeistert und begann, seinen eigenen Weinberg zu kaufen. Das komplett verwilderte Gebäude rodete er mit eigener Hand und schuf 0,04 ha eigene Anbaufläche. Der spätere Gärtnermeister absolvierte noch eine Winzerlehre und baut heute auf 0,7 ha mit seinem kompetenten Team sechs Rebsorten am Erlenbacher Hochberg an. Nach der Jahrtausendwende kam noch die eigene Heckenwirtschaft dazu, in der dann die eigenen Kreationen wie „Summertime" oder „TriTerra-Sylvaner" verkostet werden können.

TIPP: Summertime

Bus 65 Strubeplatz, Erlenbach a. Main

DB

Weingut A. Waigand

WWW.WAIGAND-WEIN.DE — **Plätze (außen/innen): 40/70**

PRINZESSIN MIT FANCLUB

Da haben die Kissinger nicht schlecht geschaut, als Verena Waigand, die amtierende Erlenbacher Weinprinzessin, 2010 zur Königinnenwahl mit einem eigenen Fanclub angereist ist. Leider hat es für die charmante Dame mit dem Motto „Klein aber oho!" nicht ganz gereicht, ihrer lokalen Berühmtheit hat das aber keinerlei Abbruch getan. Kurz vor ihrem Amtsantritt hat ihre Majestät sogar ein eigenes Herrschaftsgebiet erhalten: Seit 2007 heißt der unterste Zipfel von Unterfranken offiziell Churfranken (www.churfranken.de).

TIPP: Haspel im Weinsud

WEINE

Rebsorten: Müller-Thurgau, Silvaner, Riesling, Kerner, Weißer Burgunder, Portugieser, Spätburgunder. Weintipp/Empfehlung von Frau Weigand: 2007er Erlenbacher Hochberg (Weißer Burgunder Kabinett trocken).

KÜCHE

Warme Küche: Kleine Karte mit 4 Gerichten. Kalte Küche: Mittelgroße Karte mit ca. 10 Gerichten. Spezialitäten: Haspel im Weinsud, geräucherte Forelle, Variation von Bio-Käse, ofenfrisches Spanferkel (So).

ANSCHRIFT

Dr. Vits-Straße 8
63906 Erlenbach am Main
Tel.: 09372-4596
Fax: 09372-940230

ÖFFNUNGSZEITEN

Mitte Jan. (für 10 Tage)
Mitte bis Ende Feb. (für 10 Tage)
Anfang April (für 10 Tage)
Mitte bis Ende Nov. (für 10 Tage)
Täglich ab 11 Uhr
Kein Ruhetag

Symbolerklärung s. vordere Klappe

Häckerwirtschaft Heribert Zöller

WWW.WEIN.BY

Plätze (außen/innen): 40

WEINE

Rebsorten: Silvaner, Kerner, Perle-Morio, Müller-Thurgau, Portugieser, Spätburgunder. Weintipp/Empfehlung: Perle-Morio.

KÜCHE

Warme Küche: Kleine Karte mit 7 Gerichten. Kalte Küche: Mittelgroße Karte mit ca. 15 Gerichten. Spezialitäten: Selbstgemachter Kochkäse, Hausmacher Wurstwaren aus Erlenbach.

ANSCHRIFT

Seeweg 38
63906 Erlenbach am Main
Tel.: 09372-5890
Fax: 09372-8661

ÖFFNUNGSZEITEN

Über Pfingsten (für ca. 10 bis 12 Tage) und Mitte bis Ende Aug. (für ca. 7 Tage)
Täglich ab 11 Uhr
So und Feiertag ab 10 Uhr
Kein Ruhetag

URLAUB IN DER BLUMENWIESE

Im Sommer gibt es wohl kaum einen schöneren Platz als den Garten der Zöllers. Man sitzt inmitten einer Blütenpracht und kann sich getrost eine kleine Auszeit vom Alltagstrubel nehmen. Doch auch an kälteren Tagen lohnt ein Besuch bei dem 40jährigen Weingut. Alte Möbel und Holzwände vermitteln ein uriges Flair. Die Besonderheit des Hauses ist der Perle-Morio, eine Cuvée von Morio-Muskat und Perle von Alzey. Diese beiden Weine harmonieren wunderbar und ergeben ein Geschmackserlebnis mit allen Aspekten dieser Kreuzungen aus Silvaner und Gelbem Muskateller bzw. Gewürztraminer und Müller-Thurgau.

TIPP: Perle-Morio

Bus 61 Saarlandstr., Erlenbach a. Main

Weingut und Weinstube Höfling

WWW.WEINGUT-HOEFLING.FWO.DE

Plätze (außen/innen): 30/40

WAS DU TUST, TUE GANZ!

So lautet das Motto der Familie Höfling, die demzufolge auch ganz viel macht. So gibt es eigene Brände und Liköre, Honig, Wurst (aus eigener Mast und Schlachtung) und Marmelade, sowie jede Menge Leckereien aus der kleinen Küche. Unser Favorit war das Knusperbrot, quasi ein Schwarzbrot-Kräuter-Toast, dazu einer der Barrique-Weine, die es sowohl weiß (z.B. Silvaner) als auch rot (z.B. Domina) gibt.

TIPP: Knusperbrot

WEINE

Rebsorten: Müller-Thurgau, Silvaner, Kerner, Bacchus, Scheurebe, Gewürztraminer, Weißburgunder, Riesling, Spätburgunder, Frühburgunder, Domina. Weintipp/Empfehlung von Marianne Höfling: Barrique ausgebaute Rot- und Weißweine.

KÜCHE

Warme Küche: Kleine Karte mit 3 Gerichten + Tagesangebote.
Kalte Küche: Kleine Karte mit 8-10 Gerichten. Spezialitäten: Knusperbrot (Dünn aufgeschnittenes Schwarzbrot, mit Kräutern und Öl beträufelt und geröstet), selbstgebackene Pfeffernüsse.

ANSCHRIFT

Kellereigasse 14
97776 Eussenheim
Tel.: 09353-7632
Fax: 09353-1264

ÖFFNUNGSZEITEN

Nach Weihnachtsfeiert. bis Ende Jan.
Bis Mitte Jan. täglich ab 14 Uhr
So und Feiertage ab 12 Uhr
Ab Mitte Jan. Sa, So und Feiertage ab 12 Uhr
Mo bis Fr geschlossen
Mitte Sep. bis Mitte Okt.
Sa, So und Feiertage ab 12 Uhr
Montag bis Freitag geschlossen
Auf Bestellung für Gruppen auch außerhalb dieser Zeiten geöffnet

Symbolerklärung s. vordere Klappe

ONLINE AUF WWW. Wein.BY

Weingut und Winzerstube Hack

WWW.HACK-WEINE.DE

Plätze (außen/innen): 60/60

WEINE

Rebsorten: Müller-Thurgau, Bacchus, Silvaner, Weißburgunder, Scheurebe, Riesling, Domina. Weintipp/Empfehlung von Ute Hack: Silvaner und Bacchus.

KÜCHE

Warme Küche: Kleine Karte mit 6 Gerichten. Kalte Küche: Kleine Karte mit 9 Gerichten. Spezialitäten: Frisches Forellenfilet in Kräuterbutter gebraten, Sülze in Weinessigmarinade mit Bratkartoffeln, Hühnernest.

ANSCHRIFT

Hauptstraße 36a
97780 Gössenheim
Tel.: 09358-901289
Fax: 09358-970148

ÖFFNUNGSZEITEN

Januar (ab 3König), März, 1. Mai bis Christi Himmelfahrt, 10. bis 12. Sep. und Ende Oktober
Sa ab 17 Uhr
So und Feiertage ab 14 Uhr
Bitte die aktuellen Öffnungszeiten vorher telefonisch erfragen oder im Internet unter www.hack-weine.de nachlesen
Für Gruppen, Busse sowie Feiern jeder Art nach Absprache geöffnet

AUCH WEIN MACHT WARM

Der gelernte Heizungsbauer Gunder Hack entdeckte 1984 seine Liebe zu den Reben. Also pflanzte er einen eigenen Weinberg mit Bacchus-Reben an, zwei Jahre später kam ein Fass dazu und die Ausbildung zum Winzer in Veitshöchheim folgte. Mittlerweile bewirtschaftet die Familie stolze zwei Hektar und betreibt zudem noch eine Brennerei, die unter anderem einen köstlichen Weinhefebrand aus dem Holzfass anzubieten hat, alles natürlich in der gemütlichen Winzerstube zu verkosten!

TIPP: Sülze in Weinessigmarinade

Bus 8060 Gemeindehaus, 8060, 8154 Schule Gössenheim

DB

Bernd und Roman Dauber

WWW.WEIN-DAUBER.DE   Plätze (außen/innen): 0/40

WO DER WEIN STEIL WÄCHST

Die Sonne scheint satt am Südhang des Großheubacher Bischofsberges. Das schmeckt man auch in den Weinen der Daubers, vor allem in den Spätburgundern. Das können Sie auch bei einer Weinbergsführung oder Weinbergswanderung hautnah erleben, natürlich in kompetenter Begleitung von Bernd oder Roman Dauber. In der Küche der Häckerwirtschaft regiert Helga Dauber und zaubert unter anderem phantastische Kartoffelpuffer.

TIPP: Gebackener Kassler

WEINE

Rebsorten: Müller-Thurgau, Kerner, Riesling, Bacchus, Silvaner, Spätburgunder. Weintipp/Empfehlung von Helga Dauber: Riesling Kabinett.

KÜCHE

Warme Küche: Mittelgroße Karte mit 10 Gerichten. Kalte Küche: Mittelgroße Karte mit 10-12 Gerichten. Spezialitäten: Kassler gebacken mit Zwiebeln, Lachs mit Kartoffelpuffern, angemachter Camembert.

ANSCHRIFT

Beim Trieb 11
63920 Großheubach
Tel.: 09371-6115 oder -5603 oder 0151-59249746 oder 0160-5014193

ÖFFNUNGSZEITEN

Ende Apr. bis Mitte Mai (für 3 Wochenenden) und Anfang bis Mitte Aug. (für 3 Wochenenden)
Täglich ab 11 Uhr
So und Feiertage ab 10 Uhr
Kein Ruhetag

DB 80 Beim Trieb, Großheubach Bus

Symbolerklärung s. vordere Klappe

ONLINE AUF WWW. Wein.BY

Häckerwirtschaft Grosch

WWW.WEIN.BY

Plätze (außen/innen): 32/50

WÜRZIGE GARNITUR

So heißt die deftige selbstgemachte Wurstmischung der Groschs, da landen dann Brat-, Blut- und Leberwurst auf einem Teller. Dazu trinkt der Gast zum Beispiel einen Grauburgunder. Diese Rebsorte ist in Franken eher selten, dafür in Baden, der Pfalz und Rheinhessen ein echter Renner. Obwohl die Trauben rot bzw. rötlich sind, zählt man den Tropfen zu den Weißweinen, das Ergebnis ist meistens säurearm und in jeder Hinsicht sehr gehaltvoll.

WEINE

Rebsorten: Kerner, Spätburgunder, Bacchus, Müller-Thurgau, Silvaner, Grauburgunder, Riesling. Weintipp/Empfehlung von Nicole Grosch: Bacchus (halbtrocken), Grauburgunder, Spätburgunder.

KÜCHE

Warme Küche: Kleine Karte mit ca. 10 Gerichten. Kalte Küche: Kleine Karte mit ca. 10 Gerichten. Spezialitäten: Gebackenes Zwiebelleiterchen, Hacksteak mit Zwiebelsoße, Garnitur (Blut-, Brat- und Leberwurst), Ofenkäse.

ANSCHRIFT

Langgasse 29
63920 Großheubach
Tel.: 09371-5160

ÖFFNUNGSZEITEN

Im Februar, Juni und November
Jeweils für ca. 21 Tage
Täglich ab 11 Uhr
So ab 9.30 Uhr
Kein Ruhetag
(Genaue Zeiten bitte vorher telefonisch nachfragen)

TIPP: Zwiebelleiterchen

Bus 80, 81 Gh. Rose, Großheubach, 81 Cafe König, Großheubach

DB

Karl Otto und Jutta Kempf

WWW.KOKEMPF.DE

Plätze (außen/innen): 20/80

IM WEINBERG GROSS GEWORDEN

Wie auf dem Foto von 1966 zu sehen, hat Karl-Otto Kempf den Weinbau schon mit der Muttermilch aufgesogen. Schon damals einer der Schlager: Der Müller-Thurgau, die weltweit erfolgreichste Wein-Neuzüchtung aus dem Jahr 1882. Der Forscher Hermann Müller aus dem schweizer Kanton Thurgau war Erfinder und zugleich Namensgeber für diesen – mittlerweile – Frankenweinklassiker, der auch Rivaner genannt wird. Die ergiebige Traube kann und sollte jung getrunken werden, aber das ist angesichts der Beliebheit des milden, fruchtigen Weines auch kein Problem.

TIPP: Wengerts-Schtee

WEINE

Rebsorten: Kerner, Müller-Thurgau, Portugieser.

KÜCHE

Warme Küche: Kleine Karte mit 9 Gerichten. Kalte Küche: Mittelgroße Karte mit ca. 13 Gerichten. Spezialitäten: Saumaise, Wengerts-Schtee.

ANSCHRIFT

Beim Trieb 99
63920 Großheubach
Tel.: 09371-68779

ÖFFNUNGSZEITEN

März/Apr. (immer um Ostern) für 2 Wochen und Ende Okt./Anfang Nov. für 2 Wochen
Täglich ab 11 Uhr
Kein Ruhetag

ONLINE AUF WWW. Wein.BY

Kremers Winzerstuben

WWW.KREMERS-WINZERHOF.DE **Plätze (außen/innen): 40/130**

VOM MEHL ZUM WEIN

Eigentlich haben wir die guten Rebensäfte einem eher traurigen Umstand zu verdanken: Wegen einer Mehlstauballergie musste umstrukturiert werden, aus der Kremermühle wurde ein stattliches Weingut. Nachdem sich allerdings in den Urkunden schon 1379 Hinweise auf Weinbau zeigen, ist man wohl eher zu den Wurzeln zurückgekehrt. Und das ist gut so! Schließlich bieten Stefan und Christine Kremer wahre Spitzenweine und dazu gute Gerichte aus eigener Schlachtung. Ein echtes Highlight ist der Blanc de Noir Sekt brut, der nach der klassischen Champagner-Flaschengärung hergestellt wird.

WEINE

Rebsorten: Müller-Thurgau, Silvaner, Kerner, Riesling, Chardonnay, Weißburgunder, Spätburgunder, St. Laurent, Regent, Portugieser. Weintipp/Empfehlung von Christine Kremer: Schöne, kräftige und samtige Burgunderweine vom Buntsandstein.

KÜCHE

Warme Küche: Mittelgroße Karte mit ca. 10 Gerichten. Kalte Küche: Mittelgroße Karte mit ca. 10 bis 12 Gerichten. Spezialitäten: Gebackenes Fischfilet mit hausgemachtem Kartoffelsalat, geräucherte Forelle, Schweinskopfsülze, Brat-, Blut- und Leberwürste (nur aus Schinkenfleisch), verschiedene Käsevarianten.

ANSCHRIFT

Mühlgasse 12
63920 Großheubach
Tel.: 09371-3270
Fax: 09371-3271

ÖFFNUNGSZEITEN

12 Tage vor Ostern bis zum weißen Sonntag
Um den 20. Juli bis 10. August
Anfang bis Mitte November
Täglich ab 10.30 Uhr
Kein Ruhetag

TIPP: Würste und Kartoffelsalat

Bus 81 Gh. Rose, Großheubach

DB

Weinbau Mathias Münch

WWW.WEIN.BY

Plätze (außen/innen): 0/40

LEIDENSCHAFTLICHE WINZER

Angelika und Mathias Münch haben in den letzten zehn Jahren aus dem kleinen Winzerbetrieb der Eltern von Mathias ein junges Weingut mit vielen Ambitionen und einer eigenen Philosophie gemacht. So widmet man sich nur den traditionell fränkischen Rebsorten, baut die Weißweine fruchtig und frisch, die Rotweine mit traditioneller Maischegärung und im Holzfass aus. In der Heckenwirtschaft gibt es besonders Deftiges zum Wein, wie etwa Haxe oder Blutleberwurst mit Kraut.

TIPP: Gebackene Blutleberwurst

WEINE

Rebsorten: Müller-Thurgau, Silvaner, Bacchus, Spätburgunder, Domina, St. Laurent. Weintipp/Empfehlung von Mathias Münch: Domina oder Spätburgunder.

KÜCHE

Warme Küche: Kleine Karte mit 10 Gerichten. Kalte Küche: Mittelgroße Karte mit 15 Gerichten. Spezialitäten: Ofenfrisch gegrillte Haxen, gebackene Blutleberwurst mit Kraut, hausgemachte Brotzeitwurst mit Kartoffelgemüse.

ANSCHRIFT

Frankenring 12
63920 Großheubach
Tel.: 09371-65556

ÖFFNUNGSZEITEN

Um Fasching für 3 Wochen und November/Dezember bis Nikolaus für 3 Wochen
Täglich ab 11 Uhr
Kein Ruhetag

Symbolerklärung s. vordere Klappe

ONLINE AUF WWW. Wein.BY

Der Weinhof Paul

WWW.WEIN.BY

Plätze (außen/innen): 120/150

WEINE

Rebsorten: Müller-Thurgau, Silvaner, Riesling, Bacchus, Spätburgunder, Dornfelder, Regent, Frühburgunder. Weintipp/Empfehlung von Peggy Müller: 2009 Spätburgunder rosé Spätlese lieblich (hat 2010 die Goldmedaille bei der fränkischen Weinprämierung gewonnen).

KÜCHE

Warme Küche: Große Karte mit ca. 25 Gerichten. Kalte Küche: Mittelgroße Karte mit 17 Gerichten. Spezialitäten: Leberwurstpfännchen, Weinhofs Allerlei.

ANSCHRIFT

Klotzenhof 11
63920 Großheubach
Tel.: 09371-948183
Fax: 09371-948178

ÖFFNUNGSZEITEN

Vom 2. Weihnachtsfeiertag bis Mitte Januar (für 2 1/2 Wochen), von Ende Januar bis Anfang Februar (für 1 Woche), von Ende April bis Mitte Mai (für 2 1/2 Wochen), von Mitte bis Ende Juni (für 2 Wochen), von Ende Juli bis Anfang August (für 2 1/2 Wochen), von Mitte bis Ende Oktober (für 2 Wochen) und von Anfang bis Mitte November (für 2 Wochen)
Täglich ab 11.30 Uhr
Kein Ruhetag

GÄNSEMARSCH MIT ANMELDUNG

Seit über 700 Jahren pilgern die Wallfahrer schon zum Kloster Engelberg bzw. seinen Vorgängern. Auf dem Weg kommen sie am Weinhof in Klotzenhof vorbei und genehmigen sich gerne vor dem Franziskanerbier (Echtes Klosterbier aus großen 100l-Holzfässern) noch einen leckeren Schluck Wein. Dafür sind Peggy Müller und Alexander Paul zuständig, die hier allerlei gute Tropfen keltern. Eine der weiteren Attraktionen sind die vielen freilaufenden Tiere, vor allem Gänse, denen es allerdings im November an den Kragen geht. Die Anmeldeliste der Gäste zum Gänse-Essen ist lang, bitte bei Interesse vorher anrufen!

TIPP: Gans im November

Bus 81 Abzw. Klotzenhof, Großheubach

DB

Häckerwirtschaft Ernst Reinhardt

WWW.WEIN.BY **Plätze (außen/innen): 50/80**

DAS KÜCHENWUNDER

Die gesamte Häckerwirtschaft der Reinhardts ist nach und nach entstanden, weswegen man die Entwicklungsschritte noch heute nachvollziehen kann. Nicht mitwachsen konnte jedoch die Küche – die Gäste wundern sich immer wieder, wie so viele verschiedene Gerichte aus so einem kleinen Raum kommen können. Spannend ist zudem die Dekoration der Räume, die mit historischen Winzergerätschaften und Fotos fast ein kleines Museum darstellen.

TIPP: Selbstgemachtes Käsetrio

WEINE

Rebsorten: Silvaner, Müller-Thurgau, Kerner, Spätburgunder, Bacchus. Weintipp/Empfehlung von Frau Reinhardt: Silvaner.

KÜCHE

Warme Küche: Kleine Karte mit ca. 6 Gerichten. Kalte Küche: Mittelgroße Karte mit ca. 15 Gerichten. Spezialitäten: Selbstgemachtes Käsetrio (Kochkäse, Knoblauchkäsecreme, Häckercreme), Häckerweck (heißer Pressack im Brötchen), selbstgemachter Kochkäse.

ANSCHRIFT

Staudenweg 7
63920 Großheubach
Tel.: 09371-1810

ÖFFNUNGSZEITEN

Anfang Sep. für 2 Wochen
Täglich ab 11 Uhr
So und Feiertage ab 10 Uhr
Kein Ruhetag

Symbolerklärung s. vordere Klappe

ONLINE AUF WWW. Wein.BY

Küferstube Straub

WWW.LORENZKELLEREI.DE **Plätze (außen/innen): 150/50**

IN DER LORENZKELLEREI

Da geht es ganz nach dem Shakespeare-Motto zu: „Der Wein steigt in das Gehirn, macht es sinnig, schnell und erfinderisch, voll von feurigen und schönen Bildern." Jedes Detail in Vinothek und Küferstube ist liebevoll gestaltet, die Theke zum Beispiel besteht aus lauter Fassdauben. Bereits in der siebten Generation steht Lothar Straub hier seinen Mann und ist besonders stolz auf seinen St. Laurent. Diese hocharomatische dunkle Rebe stammt ursprünglich aus Frankreich und war in Deutschland fast ausgestorben. Heute gibt es immerhin vier Hektar Anbaufläche in Franken.

WEINE

Rebsorten: Müller-Thurgau, Silvaner, Riesling, Kerner, Bacchus, weißer Burgunder, Spätburgunder, Portugieser, Dornfelder, Domina, Merlot, St. Laurent. Weintipp/Empfehlung von Lothar Straub: St. Laurent, Riesling Bocksbeutel.

KÜCHE

Warme Küche: Kleine Karte mit 8 Gerichten. Kalte Küche: Mittelgroße Karte mit 11 Gerichten. Spezialitäten: Verschiedene Flammkuchen (klassisch, vegetarisch, süß), Französischer Comté-Käse, Tafelspitz mit Meerrettich.

ANSCHRIFT

Röllfelder Straße 18/20
63920 Großheubach
Tel.: 09371-3204
Fax: 09371-3200

ÖFFNUNGSZEITEN

Mitte März bis Ende Apr. und
Anfang bis Ende Juli und
Anfang bis Ende Nov.
Täglich ab 11.30 Uhr
Kein Ruhetag

TIPP: St. Laurent

Zum Wengertsknecht

WWW.WENGERTSKNECHT.ORG

Plätze (außen/innen): 40/100

WENN DER BAUM BRENNT...

... dann ist bei Familie Straub die Heckenwirtschaft geöffnet. Natürlich steht der alte Nussbaum vor dem Haus nicht wirklich in Flammen, aber viele kleine Lämpchen zeigen dem potentiellen Gast, wo er Station machen sollte. Durch die große Konkurrenz kann man sich in Großheubach recht sicher sein, immer ein optimales Qualitätsniveau zum akzeptablen Preis zu erhalten, hier empfehlen sich besonders die hausgemachten Liköre und vor allem Rot- und Weißweingelee, die aus purem Wein hergestellt werden.

TIPP: Huble Duble

WEINE

Rebsorten: Bacchus, Silvaner, Kerner, Riesling, Spätburgunder, Portugieser. Empfehlung/Weintipp: Empfehlung von Gudrun Straub: Bacchus Jungfernwein, Rotling (aus Spätburgunder und Portugieser), Weißherbst (aus Portugieser).

KÜCHE

Warme Küche: Große Karte mit ca. 25 bis 28 Gerichten. Kalte Küche: Mittelgroße Karte mit ca. 15 Gerichten. Spezialitäten: Schnitzelvariationen, Häckerblaatz, Spundekäs mit Pellkartoffeln, Winzerplatte.

ANSCHRIFT

Fasanenallee 12
63920 Großheubach
Tel.: 09371-67248
Fax: 09371-6694923

ÖFFNUNGSZEITEN

Ende Aug. bis Anfang Nov.
Fr ab 16 Uhr
Sa, So und Feiertage ab 11.30 Uhr
Montag bis Donnerstag nur Gruppen
Ende Nov. bis Weihnachten
Täglich ab 11.30 Uhr
Ab Hl. 3König für ca. 3 Wochen
Täglich ab 11.30 Uhr
Ende Feb. bis Ende März
Täglich ab 11.30
Anfang Apr. bis Ende Mai
Fr ab 16 Uhr
Sa, So und Feiertage ab 11.30 Uhr
Montag bis Donnerstag nur Gruppen

Symbolerklärung s. vordere Klappe

ONLINE AUF WWW. Wein.BY

Häckerstube Weingut Klaus und Helga Giegerich

WWW.WEINGUT-GIEGERICH.DE Plätze (außen/innen): 100/55

ABWECHSLUNGS-, LEHRREICH UND SPANNEND...

... Ist es, wenn man an einem der Themenabende bei den Giegerichs zu Gast ist. So gibt es Theater, Kabarett, Krimis, Märchen und Weinverkostungen. Ansonsten sitzt man in der Häckerstube rund um ein echtes Weinurgestein, einen alten Rebstock mit gut 15 Metern Länge und jeder Menge Verzweigungen. Auf den Schiefertafeln an den Wänden finden sich allerlei poetische Lebensweisheiten, die dann auch zur fortgeschrittenen Weinseligkeit noch neue Gesprächsthemen liefern.

WEINE

Rebsorten: Müller-Thurgau, Silvaner, Bacchus, Spätburgunder, Portugieser, Frühburgunder, Chardonnay, Riesling, Dornfelder, Kerner, Weißburgunder. Weintipp/Empfehlung von Helga Giegerich: Frank und Frei Müller-Thurgau, Bacchus.

KÜCHE

Warme Küche: Kleine Karte mit ca. 8 Gerichten. Kalte Küche: Kleine Karte mit ca. 10 Gerichten. Spezialitäten: Leberknödel, verschiedene Käsespezialitäten, saisonale Gerichte.

ANSCHRIFT

Weichgasse 19
63868 Großwallstadt
Tel.: 06022-655355
Fax: 06022-655366

ÖFFNUNGSZEITEN

Mitte bis Ende Jan., Mitte März (Fischwoche), Mitte Juni (Schmankerlwoche), Mitte bis Ende Aug. und Ende Okt. (Federweißer-WE)
Täglich ab 11.30 Uhr

TIPP: Leberknödel

Häckerwirtschaft Ludwig Giegerich

WWW.WEIN.BY

Plätze (außen/innen): 0/40

WINZER AUS PASSION

Der bald 75 Jahre alte Ludwig Giegerich kaufte sich schon mit 18 Jahren seinen ersten Weinberg. Seitdem ließen ihn die Reben nicht mehr los. Noch heute geht er mit Ehefrau Irene und den zwei Kindern regelmäßig in den Weinberg, um die Reben zu hegen und zu pflegen. In der Heckenwirtschaft bringt ein alter Specksteinofen auch an den kältesten Tagen gute Wärme in die Stube, und die Gäste genießen die hausgemachte Wurst aus eigener Schlachtung zu Ortega, Bacchus & Co.

TIPP: Knusperwinzerstange

WEINE

Rebsorten: Müller-Thurgau, Bacchus, Ortega, Spätburgunder, Dornfelder. Weintipp/Empfehlung von Irene Giegerich: Ortega Spätlese.

KÜCHE

Warme Küche: Kleine Karte mit 5 Gerichten. Kalte Küche: Mittelgroße Karte mit 13 Gerichten. Spezialitäten: Warme Knusperwinzerstange, Lachshäppchen, Salatteller, Hausmacher Wurst.

ANSCHRIFT

Am alten Brunnen 3
63868 Großwallstadt
Tel.: 06022-22479
Fax: 06022-22479

ÖFFNUNGSZEITEN

Ende April bis Anfang Mai (7 bis 10 Tage)
Täglich ab 11.30 Uhr
Kein Ruhetag
4. Wochenende im Juli: Weinbergs-Hüttenfest im Weinberg
Fr, Sa und Mo ab 16 Uhr
So ab 11 Uhr

DB 60 Obernburger Str., Großwallstadt Bus

Symbolerklärung s. vordere Klappe

Weinstube Sabine Gunther

WWW.WEINGUTGUNTHER.DE

Plätze (außen/innen): 100/80

WEINE

Rebsorten: Müller-Thurgau, Silvaner, Bacchus, Riesling, Weißburgunder, Rieslaner, Kerner, Spätburgunder, Domina, Portugieser, Dornfelder, Frühburgunder, Regent. Weintipp/ Empfehlung von Sabine Gunther: Silvaner und Riesling.

KÜCHE

Warme Küche: Kleine Karte mit ca. 10 Gerichten. Kalte Küche: Kleine Karte mit ca. 10 Gerichten. Spezialitäten: Wildbratwürste, gegrillte Paprikawürste, selbstgemachter Kochkäse.

ANSCHRIFT

Flurbereinigungsweg 1
63868 Großwallstadt
Tel.: 06022-2631852
Fax: 06022-2631856

ÖFFNUNGSZEITEN

Jeden Monat für 8 - 10 Tage, z. B. um Pfingsten, zwischen den Jahren und ab 2. Januar
Genaue Termine bitte jeweils telefonisch erfragen
Täglich ab 11.30 Uhr
In der Häckerzeit kein Ruhetag

AM ROTWEIN-WANDERWEG

Bis 2004 lag das Weingut Gunther noch mitten in Großwallstadt, dann aber entschloss man sich auszusiedeln und vor dem Ort einen Aussiedlerhof am Rotweinwanderweg daraus zu machen. Nomen es Omen: Es gibt viele gute Rotweine, teils auch in der Barrique-Version. Diese französische Bezeichnung leitet sich vom Namen für die klassischen 255-Liter-Fässer der Grande Nation ab. Die Idee der Winzer dabei ist, dass sich der Wein beim Ausbau im Holzfass möglichst mit Komponenten aus dem Holz anreichert, zum Beispiel Vanillin. Je neuer das Fass, umso intensiver diese Wirkung. Nicht verwechseln mit barriqué, hier wird nur der fertige Wein im Fässchen gelagert.

TIPP: Wildbratwürste

Bus 60 Gewerbegebiet, Großwallstadt

Mehr zu den Kutschfahrten auf Seite 109

Symbolerklärung s. vordere Klappe

ONLINE AUF WWW. Wein.BY

Häckerwirtschaft Peter, Günther, Nikolas Scherer

WWW.WEIN.BY Plätze (außen/innen): 0/40

WEINE

Rebsorten: Spätburgunder, Portugieser, Dornfelder, Domina, Müller-Thurgau, Silvaner, Bacchus. Weintipp/Empfehlung von Erna Scherer: Rotling, halbtrocken ausgebaut.

KÜCHE

Warme Küche: Kleine Karte mit 5 Gerichten. Kalte Küche: Mittelgroße Karte mit 10-15 Gerichten. Spezialitäten: Belegte Winzerstangen, Leiterchen, Lachs- und Forellenfilet, Häckerplatte für 2 Personen.

ANSCHRIFT

Friedhofstraße 1
63868 Großwallstadt
Tel.: 06022-24864
Fax: 06022-2089316

ÖFFNUNGSZEITEN

Eine Woche vor Fasching für 2 Wochen und eine Woche vor Allerheiligen für 12 Tage
Täglich ab 11.30 Uhr
So und Feiertage ab 10.30 Uhr
Kein Ruhetag

WO DER WOLPERTINGER WACHT

Erna Scherer bietet als Gästeführerin ein interessantes Rahmenprogramm rund um die Heckenwirtschaft. So kann man beispielsweise bei einer Walpurgisnacht-Führung auch die Mystik am Weinberg erleben. In der Hecke selbst legt man Wert auf gute Brotzeiten zum feinen Hauswein. So erhält der Gast ein eigenes Käseblatt, so heißt die Käse-Speisekarte. Es lohnen sich aber auch die Fleisch- und Wurstspezialitäten, die der Hausmetzger eigens für die Scherers anfertigt.

TIPP: Häckerplatte für Zwei

Bus 60 Kriegerdenkmal, Großwallstadt

DB

Heckenwirtschaft H. Maurer

WWW.WEIN.BY

Plätze (außen/innen): 40

DIE HEIMAT DES CHRISTKINDES

Während zur Adventszeit nur ein großes Thema das 1.700-Einwohner-Städtchen beherrscht, besinnt man sich darum herum auch auf die irdischen Genüsse wie beispielsweise den Wein. Helmut Maurer übernahm 1995 wieder alle (bisher teils verpachteten) Weinberge selbst und muss dann immer regelmäßig ans andere Ufer wechseln, denn die Reben befinden sich gegenüber vom Weingut auf der linken Flussseite. Bringen Sie auf jeden Fall genügend Hunger mit, wenn Sie hier vorbeischauen. Die Bacchusnudeln sind ein Gedicht!

WEINE

Rebsorten: Müller-Thurgau, Bacchus, Silvaner, Dornfelder. Weintipp/ Empfehlung von Helmut Maurer: Dornfelder, Silvaner.

KÜCHE

Warme Küche: Mittelgroße Karte mit 10-12 Gerichten. Kalte Küche: Mittelgroße Karte mit ca. 18 Gerichten. Spezialitäten: Geselchtes, Schweinsmaise mit Sauerkraut, Bacchusnudeln (werden gratiniert).

ANSCHRIFT

Untere Ringstraße 47
97267 Himmelstadt
Tel.: 09364-9379
Fax: 09364-814622

ÖFFNUNGSZEITEN

Mitte März bis Mitte Apr.,
Anfang Sep. bis Anfang Okt. und
Anfang bis Mitte Nov.
Di bis Sa ab 15 Uhr
So und Feiertage ab 11.30 Uhr
Montag Ruhetag
Reservierungen möglich

TIPP: Bacchusnudeln

Symbolerklärung s. vordere Klappe

ONLINE AUF WWW. Wein.BY

Winzerstube Diel

WWW.WEIN.BY

Plätze (außen/innen): 30/70

ZWEI MORGEN MACHEN EINEN SCHÖNEN TAG

Auf dem kleinen Weinberg (zwei Morgen) der Diels wächst ein typisch fränkischer Müller-Thurgau, den die Gäste der Heckenwirtschaft seit etwas mehr als zehn Jahren im Keller genießen können. Die Wände sind mit zahllosen Fotos von Himmelstadt und der Tochter des Hauses, die auch einmal Weinprinzessin war, dekoriert und erzählen so manche Geschichte von Weinberg und Gästen. Ein kleiner Tipp am Rande: Fragen Sie mal nach den selbstgebackenen Pfeffernüssen von Maria Diel – ein Traum mit Orangeat und Zitronat...

WEINE

Rebsorten: Müller-Thurgau. Weintipp/Empfehlung von Frau Diel: Natürlich Müller-Thurgau!

KÜCHE

Warme Küche: Mittelgroße Karte mit ca. 10 Gerichten. Kalte Küche: Mittelgroße Karte mit 10-12 Gerichten. Spezialitäten: Bratwürste mit Kraut, Knöchle mit Kraut, Bratkartoffeln mit roter und weißer Wurst.

ANSCHRIFT

Brückenstraße 17
97267 Himmelstadt
Tel.: 09364-4447

ÖFFNUNGSZEITEN

Ende Jan. bis Ende Feb. (4 Wochen)
Ende Sep. bis Ende Okt. (4 Wochen)
Mi bis Sa ab 15 Uhr
So und Feiertage ab 12 Uhr
Montag und Dienstag Ruhetag

TIPP: Bratwürste mit Kraut

Winzerhof Alfred Blank

WWW.WINZERHOF-BLANK.DE

Plätze (außen/innen): 0/40

MIT WEINWANDERTAG

Der Ortsteil Homburg des Marktes Triefenstein lädt jedes Jahr am letzten Sonntag im Juni zum Weinwandertag ein. Da machen sich dann Einwohner und Gäste auf in die Weinberge und folgen der Panoramaroute mit dem Winzermännchen als Kennzeichen. Unterwegs gibt es allerlei kulinarische Verführungen der ortsansässigen Winzer, zu denen auch Alfred Blank gehört. Er bietet nicht nur leckere Weine an, sondern auch Gutes aus der Hausschlachtung, wie zum Beispiel seine legendären Bratwürste.

TIPP: Weinwandertag am letzten Sonntag im Juni

WEINE

Rebsorten: Müller-Thurgau, Silvaner, Riesling, Domina, Spätburgunder, Blauburger. Weintipp/Empfehlung von Angelika Blank: Silvaner Kabinett.

KÜCHE

Warme Küche: Kleine Karte mit 2 Gerichten. Kalte Küche: Kleine Karte mit ca. 7-8 Gerichten. Spezialitäten: Hausmacher Bratwürste, selbstgemachter Kochkäse.

ANSCHRIFT

Maintalstraße 33
97855 Triefenstein-Homburg
Tel.: 09395-99319
Fax: 09395-878132

ÖFFNUNGSZEITEN

Mitte März bis Mitte Apr. und
Mitte Aug. bis Mitte Sep.
Do bis Sa ab 17 Uhr
So und Feiertage ab 15 Uhr
Montag bis Mittwoch Ruhetag

DB 8051 Homburg Gh. Krone, Triefenstein Bus

Symbolerklärung s. vordere Klappe

ONLINE AUF WWW. Wein.BY

Weinhaus zum Ritter

WWW.WEINHAUS-RITTER.DE **Plätze (außen/innen): 14/40**

WEINE

Rebsorten: Silvaner, Müller-Thurgau, Bacchus, Carbernet Dorsa, Spätburgunder, Domina, Schwarzriesling und weitere. Weintipp/Empfehlung von Thomas Hausin: Homburger Kallmuth Silvaner trocken.

KÜCHE

Warme Küche: Kleine Karte mit ca. 10 Gerichten. Kalte Küche: Kleine Karte mit ca. 4 Gerichten. Spezialitäten: Wolfsbarschfilet mit mediterranem Gemüse vom Grill mit Pestotomaten und Rosmarinkartoffeln, Rinderfiletsteak vom Aberdeen-Angusrind mit Sauce Bearnaise, Speckbohnen und Ofenkartoffeln.

ANSCHRIFT

Rittergasse 2
97855 Triefenstein-Homburg
Tel.: 09395-1506
Fax: 09395-877894

ÖFFNUNGSZEITEN

Ganzjährig geöffnet
Anfang Nov. bis Ende Apr.
Di bis Sa ab 17 Uhr
So 11 bis 14 Uhr und ab 17 Uhr
Montag Ruhetag
Anfang Mai bis Ende Okt.
Täglich 11 bis 14 Uhr und ab 17 Uhr
Montag Ruhetag
Feb./März für 3-4 Wochen geschlossen

SCHLEMMEN BEI THOMAS HAUSIN

Hier ist der Koch das Aushängeschild des Hauses. Der vielfach dekorierte Thomas Hausin konnte mit seinen Künsten dem über 500 Jahre alten Gemäuer neues Leben einhauchen und sorgt für einen spannenden Kontrast zwischen rustikalem Naturstein und Fachwerk auf der einen und einer gehobenen Gourmet-Küche auf der anderen Seite. Diese interessante Mischung hat immerhin schon in Gault Millau und Guide Michelin Aufnahme gefunden. Letzterer verlieh den BIB Gourmand, eine Auszeichnung für sorgfältig zubereitete und dennoch preiswerte Mahlzeiten.

TIPP: Aberdeen-Angusrind

Bus 8051 Homburg Gh. Krone, Triefenstein

DB

Landgasthof Wolzenkeller

WWW.WOLZENKELLER.DE

Plätze (außen/innen): 60/110

WEINE

Rebsorten: Silvaner, Müller-Thurgau, Riesling, Bacchus, Domina. Weintipp/ Empfehlung von Martin Hauber: Silvaner.

KÜCHE

Warme Küche: Mittelgroße Karte mit ca. 20 Gerichten. Kalte Küche: Mittelgroße Karte mit ca. 20 Gerichten. Spezialitäten: Fränkische Bratwürste, fränkisch-internationale Küche, saisonale Gerichte, Fischgerichte.

ANSCHRIFT

Julius-Echter-Platz 2
97855 Triefenstein-Homburg
Tel.: 09395-878384
Fax: 09395-878385

ÖFFNUNGSZEITEN

Ganzjährig geöffnet
Anfang Apr. bis 1. Nov.
Mo, Di u. Fr 12 bis 14 Uhr u. ab 17 Uhr
Do ab 17 Uhr
Sa und So ab 11.30 Uhr
Mittwoch Ruhetag
2. Nov. bis Ende März
Mo, Di, Do und Fr ab 17 Uhr
Sa und So ab 11.30 Uhr
Mittwoch Ruhetag

HUT AB!

Der 1798 erbaute Wolzenkeller überlebte viele Besitzer, zwei Weltkrieg und jede Menge Aufs und Abs. Doch gerade in den letzten Jahrzehnten dümpelte das Haus vor sich hin, bis zur Jahrtausendwende Martin Hauber und Björn Peterson das Ruder übernahmen und einen echten Vorzeigeladen daraus machten. Heute finden Gäste immer wieder eine Überraschung, ob der mehrere Meter hohe Wasserfall, das darunterliegende Koi-Becken oder die innovativen Akzente auf der Speisekarte – eine echte Erlebnisgastronomie eben...

TIPP: Traumhafte Terrasse genießen

Der Weinfest-Geheimtipp

WWW.HOMBURGER-WEINFEST.DE

An den letzten beiden Juli-Wochenenden feiern die Homburger sich und ihren Wein. Unter Kennern gilt das Weinfest als Kult-Klassiker, zu dem sich auch die weite Anreise wirklich lohnt. Schließlich sorgt das schmucke alte Fachwerk-Winzerdorf mit seinem Schloss für eine echte Traumkulisse.

Die Eröffnung findet am ersten Freitag Abend in „Frankens schönster Weinstube", Schlosshof und Schlossgarten, statt, gefolgt von einem weinseligen Abend am Samstag und dem großen Festzug am Sonntag. Nach einem gemütlichen Montag erholen sich die Weinfans bei der Arbeit, bis es dann am nächsten Freitag wieder weiter geht. Den Ausklang am Sonntag bildet ein großes Abschlussfeuerwerk am Kallmuth.

Zum Homburger Weinfest fährt übrigens eine eigene Buslinie, die über Bettingen, Dertingen, Erlenbach, Marktheidenfeld und Lengfurt führt und die Gäste bis nach Mitternacht für kleines Geld wieder nach Hause bringt.

Termin: Die beiden letzten Juli-Wochenenden (z.B. 2011: 22.-25. und 29.-31. Juli)

Infos:
Festleitung
Dietmar Schäfer
Tel.: 09395-755
Markt Triefenstein
Tel.: 09395-9701-0
www.homburger-weinfest.de

HERZLICH
WILLKOMMEN

Elena

ONLINE AUF WWW. Wein.BY

Heckenwirtschaft Familie Hessdörfer

WWW.WEIN.BY **Plätze (außen/innen): 0/40**

MIR GEFÄLLT'S

So beschreibt die Ehefrau von Gerhard Hessdörfer das Ambiente in der Heckenwirtschaft. Diese befindet sich genau genommen im Keller und verfügt nur über ein Fenster. Doch gerade diese Heimeligkeit macht die gute Atmosphäre aus – schließlich kann schon nach wenigen Minuten niemand mehr einschätzen, wie lange er schon hier ist. So steht es auch an der Wand: „Wenn wir froh beim Weine weilen und die Stunden schneller eilen, lasst die Stimmung ja nicht sinken – zammenrücken, weitertrinken!" In diesem Sinne: Prost!

WEINE

Rebsorten: Müller-Thurgau, Silvaner, Dornfelder.

KÜCHE

Warme Küche: Kleine Karte mit 5 Gerichten. Kalte Küche: Mittelgroße Karte mit 10-12 Gerichten. Spezialitäten: Bratwürste, blaue Zipfel, angemachter Käse.

ANSCHRIFT

Geisgrube 23
97753 Karlstadt-Karlburg
Tel.: 09353-4253

ÖFFNUNGSZEITEN

Ende Feb. bis Anfang März (für 2 Wochen) und Mitte Okt. bis Anfang Nov. (für 2 Wochen)
Täglich ab 14 Uhr
So und Feiertage ab 13 Uhr
Kein Ruhetag

TIPP: Blaue Zipfel

Bus 8067 Karlburg Siedlung, Karlstadt

DB

Das Buch der Königin

WWW.DUMBSKY-MARIENHOF.DE

Es entstand in ihrer Amtszeit und endlich hält sie es in den Händen. Die Volkacher Winzertochter Marlies Dumbsky, Deutsche Weinkönigin 2008/2009, bekam von uns ein eigens signiertes Exemplar unserer ersten Auflage „Frankens schönste Weinstuben und Heckenwirtschaften" überreicht.

Symbolerklärung s. vordere Klappe

ONLINE AUF WWW. Wein.BY

Heckenwirtschaft Maiberger

WWW.HECKENWIRTSCHAFT.COM

Plätze (außen/innen): 40

WEINE

Rebsorten: Müller-Thurgau, Silvaner, Perle, Riesling, Domina. Weintipp/Empfehlung von Frau Gleichmann: Perle (inzwischen seltene Rebsorte, weil nicht so ertragreich).

KÜCHE

Warme Küche: Sehr kleine Karte mit 1 Gericht (Bratwurst mit Sauerkraut). Kalte Küche: Kleine Karte mit 6 Gerichten. Spezialitäten: Häckerbrotzeit, Käseplatte.

ANSCHRIFT

Neuer Berg 1
97753 Karlstadt
Tel.: 09353-8992 (Gleichmann) o.
0170-5365544

ÖFFNUNGSZEITEN

Anfang Mai (für 3 Wochen)
Mitte bis Ende Sep. (für 2 Wochen)
Mo bis Fr ab 17 Uhr
Sa, So und Feiertage ab 14 Uhr
Kein Ruhetag
Für Wandergruppen nach telefonischer Rücksprache auch außerhalb dieser Zeiten geöffnet

OASE IM WEINBERG

Außerhalb von Karlstadt liegt mitten in den Weinbergen die Heckenwirtschaft der Geschwister Anita Gleichmann und Wolfgang Maiberger. Die Suche lohnt sich, wir fanden schließlich eines der schönsten Plätzchen in diesem Buch gerade noch vor dem Sonnenuntergang – ein unvergesslicher Moment. Direkt an das Häuschen grenzt noch der älteste Weinberg, der seit 1930 unverändert geblieben ist. Unter den Weinen finden Sie auch die relativ seltene Perle von Alzey, eine säurearme Kreuzung von Gewürztraminer und Müller-Thurgau. Seit ihrer züchterischen Nachbearbeitung 1950 heißt die Rebe nur noch Perle.

TIPP: Perle

Bus 8099 Sennrainstr., Karlstadt-Stetten

DB

Heckenwirtschaft Eckhard Becker

WWW.WEIN.BY

Plätze (außen/innen): 20/20

WENN DER ERSTE DA IST

So definiert Eckhard Becker die Öffnungszeiten seiner Heckenwirtschaft, die am Rande von Kleinwallstadt auf die vielen Stammgäste wartet. Insofern kann man sich auch darauf verlassen, dass geöffnet ist, denn die guten Tropfen lässt sich eigentlich kein örtlicher Weinfreund entgehen. Nachdem der Bruder von Eckhard Becker Metzger ist, sollten Sie auch etwas Appetit mitbringen. Es schmeckt wirklich vorzüglich!

TIPP: Rippchen mit Kraut

WEINE

Rebsorten: Portugieser, Spätburgunder, Regent, Silvaner, Riesling.
Weintipp/Empfehlung von Eckhard Becker: Spätburgunder.

KÜCHE

Warme Küche: Kleine Karte mit 3 Gerichten. Kalte Küche: Mittelgroße Karte mit ca. 15 Gerichten.
Spezialitäten: Häckerplatte, Rippchen mit Kraut.

ANSCHRIFT

Jahnstraße 40
63839 Kleinwallstadt
Tel.: 06022-23674

ÖFFNUNGSZEITEN

Ab Fr nach Pfingsten (für 10 Tage)
Täglich ganztags geöffnet
Kein Ruhetag

Symbolerklärung s. vordere Klappe

ONLINE AUF WWW. Wein.BY

Burgterrasse Clingenburg

WWW.BURGTERRASSE.DE

Plätze (außen/innen): 140/125

WEINE

Rebsorten: Müller-Thurgau, Silvaner, Riesling, Gewürztraminer, Bacchus, Regent, Zweigelt, Spätburgunder, Portugieser. Weintipp/Empfehlung von Lieselotte Schmitt: Klingenberger Spätburgunder.

KÜCHE

Warme Küche: Mittelgroße Karte mit ca. 20 Gerichten. Kalte Küche: Mittelgroße Karte mit ca. 20 Gerichten. Spezialitäten: Schäuferle, saisonale Gerichte, Fischgerichte, regionale, frische Küche.

ANSCHRIFT

Clingenburgstraße 5
63911 Klingenberg am Main
Tel.: 09372-2594
Fax: 09372-2594

ÖFFNUNGSZEITEN

Täglich ab 10 Uhr
März bis Oktober kein Ruhetag
November bis Februar Montag und Dienstag Ruhetag

PUBLIKUMSMAGNET MIT BURGFRÄULEIN

Der traumhafte Blick ins Klingenberger Maintal sorgt seit der Eröffnung für volles Haus in dem beliebten Café-Restaurant über dem Burggraben. Hier tummelten sich schon Berühmtheiten wie Uschi Glas und Ingrid Steeger, wie man im Gästebuch des Hauses nachlesen kann. Heute führt Lieselotte Schmitt das Traditionshaus, unterstützt von ihrem Sohn Alexander, der seine Kochausbildung 2010 mit einem super Abschluss beendete.

TIPP: Klingenberger Spätburgunder

Häckerwirtschaft Fenn

WWW.HEINZ-FENN.DE

Plätze (außen/innen): 0/40

BEEILEN SIE SICH!

Die Häckerwirtschaft von Heinz Fenn gehört zu den echten Geheimtipps der Region, weswegen viele Weine schon ausgetrunken sind, bevor sie der normale Gast überhaupt zu Gesicht bekommen kann. Auch nach 25 Jahren steht die gesamte Familie zusammen, wenn zwischen Pfingsten und Fronleichnam die kurze Öffnungszeit des Hauses ansteht. Dann kommen die besten Hausrezepte der Familienmitglieder zusammen auf die Speisekarte und bereichern das gute Weinangebot um die perfekte kulinarische Ergänzung. Planen Sie also einen Besuch auf jeden Fall mit ein!

TIPP: Salsa

WEINE

Rebsorten: Müller-Thurgau, Gutedel, Portugieser, Spätburgunder. Weintipp/Empfehlung von Maria Fenn: Gutedel.

KÜCHE

Warme Küche: Kleine Karte mit 4-5 Gerichten. Kalte Küche: Mittelgroße Karte mit ca. 20 Gerichten. Spezialitäten: Schimmelchen (Ziegencamembert mit hausgemachtem Johannisbeergelee), Salsa (Brotaufstrich mit Rotwein und verschiedenen anderen Zutaten, z. B. Bauchspeck und Salbei).

ANSCHRIFT

Jahnstraße 22-24
63911 Klingenberg
Tel.: 09372-1407
Fax: 09372-134099

ÖFFNUNGSZEITEN

Sa vor Pfingsten bis einschließlich Fronleichnam
Täglich ab 9.30 Uhr
Kein Ruhetag

Häckerwirtschaft Familie Heider

WWW.WEIN.BY

Plätze (außen/innen): 0/40

MIT BLICK AUF DEN MAIN

Die Weine von Johann und Sabine Heider gibt es nur hier zu verkosten. Nicht einmal in Flaschen können Sie sie mitnehmen. Das macht aber nichts, schließlich lohnt sich der Weg in die Heckenwirtschaft zusätzlich auch noch wegen des einmaligen Blickes auf den Main. Man sitzt fast auf der Höhe der Burg Clingenberg und kann deswegen die besonders steilen Weinberge und den Frankenfluss in aller Ruhe genau unter die Lupe nehmen.

WEINE

Rebsorten: Müller-Thurgau, Portugieser, Spätburgunder. Weintipp/ Empfehlung von Sabine Heider: Spätburgunder.

KÜCHE

Warme Küche: Kleine Karte mit 3 Gerichten. Kalte Küche: Mittelgroße Karte mit ca. 10-12 Gerichten. Spezialitäten: Selbstgemachter roher Schinken, selbstgemachter Kochkäse.

ANSCHRIFT

Johannesweg 37
63911 Klingenberg
Tel.: 09372-2714

ÖFFNUNGSZEITEN

Ende April bis Anfang Mai (eine Woche), Anfang Sep. (eine Woche)
Mo bis Fr ab 11 Uhr
Sa, So und Feiertage ab 10 Uhr
Kein Ruhetag

TIPP: Roher Schinken

Blick von der Clingenburg

Weinbaumuseum Klingenberg

WWW.KLINGENBERG-MAIN.DE

Seit bald 600 Jahren wächst nachweislich der Wein in Klingenberg. So eine lange Tradition bedeutet natürlich auch eine große Sammlung an damit verbundenen Gegenständen. Die und viele weitere Informationen finden sich in dem vom Förderverein Historisches Klingenberg liebevoll betreuten Museum.

Außerdem finden sich hier auch weitere Zeitzeugnisse zur Geschichte der Stadt. So haben die Museumsmacher auch ein kleines Bergwerk nachgebaut, eine Häckerwirtschaft, einen Krämerladen und alte Werkstätten im Originalzustand aufgebaut. Besonders wichtig für die Stadt war neben dem Weinbau auch die Tongrube. Denn auch heute noch ist in den meisten Bleistiften ein bisschen Klingenberger Ton enthalten. Für uns war natürlich die Weinabteilung am interessantesten, aber entscheiden Sie einfach selbst...

Öffnungszeiten:
1. April bis 31. Oktober
Mo bis Fr 9 bis 11 Uhr
Sa, So und Feiertage 14 bis 17 Uhr

Adresse:
Wilhelmstraße13 a
63911 Klingenberg am Main
Tel.: 09372-20305
eMail: museum@klingenberg-main.de

Auskünfte und Führungen auch in der Tourist-Information, Tel.: 09372-921259

Köhlich's Häckerwirtschaft

WWW.PARADEISMUEHLE.DE **Plätze (außen/innen): 0/40**

WEIN MIT WILD

Hinter den steilen Weinbergen Klingenbergs liegt nicht nur das ebenfalls von Pia und Bianca Köhlich bewirtschaftete Hotel-Restaurant Paradeismühle, sondern auch eine eigene Damwildzucht, die für die feinen Wildleckereien im Angebot auch der Heckenwirtschaft zuständig ist. Wer mag, kann sogar mitten im Weinberg im Anschluss an eine Weinprobe fein Gegrilltes genießen. Insgesamt versteht sich die Familie als Botschafter des Frankenweines, so gibt es auch im Hotel kaum ausländische Weine. Eine nach eigenen Worten sehr erfolgreiche Strategie: „Wir haben schon viele Gäste zum fränkischen Wein bekehrt!"

TIPP: Wildleckereienteller

WEINE

Rebsorten: Riesling, Weißburgunder, Müller-Thurgau, Silvaner, Traminer, Portugieser, Spätburgunder. Weintipp/Empfehlung von Pia Köhlich: Spätburgunder.

KÜCHE

Warme Küche: Kleine Karte mit 5-6 Gerichten. Kalte Küche: Kleine Karte mit ca. 10 Gerichten. Spezialitäten: Wildleckereienteller, Käsespezialitätenteller.

ANSCHRIFT

Weingartenstraße 5
63911 Klingenberg am Main
Tel.: 09372-4080
Fax: 09372-1587

ÖFFNUNGSZEITEN

Ende Jan. bis Anfang Feb. (2 1/2 Wochen) und im Nov. (2 1/2 Wochen)
Täglich ab 11 Uhr
Während dieser Zeit kein Ruhetag

Weinromantik pur

WWW.KLINGENBERG-MAIN.DE

In dem Städtchen mit den wohl steilsten Frankenweinhängen finden zahlreiche Weinfeste statt. Die wunderschönen Rotsandsteinhäuser geben dazu aber auch eine der schönsten Kulissen Frankens ab, insbesondere, wenn es Ende Mai heißt: „Weinberg in Flammen". Tausende Lichter und Fackeln verwandeln dann den Schlossberg in ein romantisches Lichtermeer.

Mit dem Klingenberger Winzerfest stehen zwei Monate später sechs Tage, verteilt über die zwei ersten August-Wochenenden, auf dem Plan, die als größtes Winzerfest am Bayerischen Untermain gelten (z.B. 2011: 5.-7. und 12.-15. August). Mehrere Shuttlebuslinien fahren von Großheubach, Miltenberg, Elsenfeld, Eschau und Obernburg zur großen Party, die am ersten Freitag mit einem sehenswerten Einmarsch auf dem Winzerfestplatz beginnt.

Weitere Weinfeste in Klingenberg sind das Historische Weinfest auf der Clingenburg um den 1. Mai (2011: 30. April und 1. Mai) und das Weinfest im Schlosshof Ende Juni (2011: 25. und 26. Juni).

Infos:
Tel.: 09372-921259
www.klingenberg-main.de

Häckerwirtschaft Familie Kühn

WWW.WEIN.BY

Plätze (außen/innen): 0/40

EHEDEM STEUERFREI

Die Klingenberger haben viele unterschiedliche Zeiten erlebt. Nach den Römern wurde der Ort zu Barbarossas Zeiten bekannt, weil er seinem Mundschenk gehörte. Der zänkische Alcibiades zerstörte die Stadt, mit dem Tonbergbau kam der Wohlstand, so dass die Bürger Ende des 19. Jahrhunderts nicht nur steuerfrei lebten, sondern sogar ein Bürgergeld bekamen. Ganz so gut geht es den Klingenbergern heute nicht mehr, aber sie leben immer noch in einem der schönsten Flecken Frankens. Ein Aushängeschild sind die Kühns, bei denen sich die Spezialitäten (vom Wein „Altrot" bis zu Schwartenmagen und Spundkäse) die Klinke in die Hand geben ...

TIPP: Schwartenmagen mit Musik

WEINE

Rebsorten: Spätburgunder, Portugieser, Müller-Thurgau, Regent, St. Laurent, Riesling, Silvaner, Traminer. Weintipp/Empfehlung von Wolfgang Kühn: Spätburgunder, Altrot (= gemischter Satz, aus verschiedenen Rebsorten, die durcheinander wachsen und zusammen geerntet werden), Riesling.

KÜCHE

Warme Küche: Kleine Karte mit 4-5 Gerichten. Kalte Küche: Kleine Karte mit 8 Gerichten. Spezialitäten: Schwartenmagen mit Pellkartoffeln (mit oder ohne Musik), selbstgemachter Spundkäse (Quark und Frischkäse mit Gewürzen).

ANSCHRIFT

Ludwigstraße 29
63911 Klingenberg
Tel.: 09372-3169
Fax: 09372-12365

ÖFFNUNGSZEITEN

Anfang März und Ende Nov. für jeweils 1 Woche
Täglich ab 11 Uhr
So ab 10 Uhr
Kein Ruhetag

ONLINE AUF WWW. Wein.BY

Häckerwirtschaft Max Lüft

WWW.WEIN.BY

Plätze (außen/innen): 40/40

TRADITION PUR

Winzer Max Lüft steht auch mit seinen 68 Jahren noch seinen Mann im Weinberg, der immerhin 40 Ar an den Klingenberger Hängen umfasst. Deren Steigung, die bis zu 100% beträgt, sorgt dafür, dass die hiesigen Winzer fast ausschließlich ohne maschinelle Hilfe arbeiten müssen. Eine Rarität gilt es bei Max Lüft besonders hervorzuheben: Den Gutedel. Diese Rebe ist vor allem in der Schweiz und im badischen Markgräflerland verbreitet und in Franken eher auf dem Rückzug (derzeit noch 50 Ar), für uns aber ein echter Geheimtipp: Sehr süffig und fruchtig!

WEINE

Rebsorten: Müller-Thurgau, Silvaner, Gutedel, Spätburgunder, Portugieser, Dornfelder. Weintipp/Empfehlung von Max Lüft: Spätburgunder.

KÜCHE

Warme Küche: Kleine Karte mit ca. 6 Gerichten. Kalte Küche: Kleine Karte mit ca. 10 Gerichten. Spezialitäten: Hausmacher Bratwürste, Rotweinbratwürste, selbstgemachter Kochkäse, belegte Winzerstange.

ANSCHRIFT

Jahnstraße 19
63911 Klingenberg am Main
Tel.: 09372-2944

ÖFFNUNGSZEITEN

Anfang Mai und Ende Okt.
Jeweils für 10 Tage
Täglich ab 11 Uhr
So und Feiertage ab 10 Uhr
In dieser Zeit kein Ruhetag

TIPP: Gutedel

Weingut und Häckerstube Lutz

WWW.WEIN.BY

Plätze (außen/innen): 50/290

IN DER KELTER

Andreas Lutz war schon immer Hobbywinzer und entschied sich zur Jahrtausendwende, daraus seinen Beruf zu machen. Er kaufte sein heutiges Weingut und die Gaststätte „Goldenes Fass" (ehemaliges Traditionslokal des Ortes, das 1945 abbrannte), aus der mittlerweile die urige Häckerstube geworden ist. In der Mitte des Raumes steht eine große Kelter, die er in einen Tisch verwandelt hat. Neben der umfangreichen Weinpalette gibt es auch hauseigene Brände, Liköre und einen feinen Spätburgunder Sekt.

TIPP: Spätburgunder Sekt

WEINE

Rebsorten: Weißburgunder, Bacchus, Riesling, Scheurebe, Silvaner, Müller-Thurgau, Dornfelder, Schwarzriesling, Portugieser, Spätburgunder. Weintipp/Empfehlung von Andreas Lutz: Bacchus, Spätburgunder Spätlese.

KÜCHE

Warme Küche: Mittelgroße Karte mit ca. 15 Gerichten. Kalte Küche: Kleine Karte mit ca. 10 Gerichten. Spezialitäten: Schweinhaxen, Leiterchen, Leberknödel, Bratwürste, Fischgerichte.

ANSCHRIFT

Ludwigstraße 35
63911 Klingenberg am Main
Tel.: 0152-06781067

ÖFFNUNGSZEITEN

Januar, Februar, April, Juni,
August, Oktober, November
Jeweils zwei Wochen
Täglich ab 11.30 Uhr
Fr ab 16 Uhr
Kein Ruhetag

Wanderheim & Aussichtsturm Klingenberg

WWW.SPESSARTBUND-KLINGENBERG.DE

Von der Clingenburg kann der geübte Wanderer in etwa einer halben Stunde bis zur Wanderhütte und dem dazugehörigen Aussichtsturm aufsteigen. Dazu muss man nur den kleinen Hinweisschildern an den Bäumen folgen. Der steile Aufstieg lohnt sich allerdings absolut!

Der Aussichtsturm erfordert nochmals 22 Höhenmeter, dann aber hat man einen einzigartigen Blick über das Maintal. Der Turm selbst wurde erst 1903 erbaut und nach schweren Kriegsschäden 1945 erst 2003 generalsaniert und wiedereröffnet.

Spätestens wenn man den Turm wieder hinabgestiegen ist, sollten Hunger und Durst sich gemeldet haben. Beides kann man bestens bei Familie Zöller im Wanderheim stillen. Geöffnet ist Mittwoch, Samstag und Sonntag (und alle Feiertage) ab 10 Uhr. Wer sichergehen will, kann unter 09372-20698 anrufen. Auf der Speisekarte stehen klassische Brotzeiten, Kuchen und Torten, zu trinken gibt es Distelhäuser Bier, Klingenberger Wein und Apfelwein.

Schenken-Weinstube

WWW.WEINBAU-HOFMANN-HERKERT.DE **Plätze (außen/innen): 110/60**

2.000 ARBEITSSTUNDEN PRO HEKTAR

So schaut der Arbeitseinsatz an einem typischen Klingenberger Weinberg aus. Dieser Aufgabe stellt sich die Familie Hofmann seit den 1980er Jahren in wechselnder Besetzung. Mit Christian Herkert hat nun schon die 3. Generation den Betrieb übernommen. Neben feinen Barrique-Weinen können die Gäste hier auch den Hunger gekonnt bekämpfen, zum Beispiel mit einem Stück des Hausklassikers Schokoladenkuchen, der eigentlich Torte heißen müsste und zwingend mit einem Schoppen Spätburgunder bestellt werden muss.

TIPP: Heidschnucken-Bratwürste

WEINE

Rebsorten: Müller-Thurgau, Bacchus, Silvaner, Gewürztraminer, Portugieser, Regent, Dornfelder, Spätburgunder. Weintipp/Empfehlung von Friedrich Herkert: Spätburgunder „Jugendstil" (ausgesuchte Traube, die bereits im Herbst selektiert wurde, im Barriquefass gereift; besitzt im Geschmack einen Holzton, der durch das Barrique deutlich schmeckbar ist) oder Silvaner (biologischer Säureabbau, der bisher sonst nur bei Rotweinen üblich ist).

KÜCHE

Warme Küche: Kleine Karte mit 4-5 Gerichten. Kalte Küche: Kleine Karte mit 7-9 Gerichten (mit Schwerpunkt auf Käse). Spezialitäten: Heidschnucken-Bratwürste, gebackene Leiterchen, mittelgrobe fränkische Bratwürste, Conradusteller.

ANSCHRIFT

Schenkenstraße 8-10
63911 Klingenberg am Main
Tel.: 09372-3747 oder -408418
Fax: 09372-134691

ÖFFNUNGSZEITEN

Mitte bis Ende März, Mitte bis Ende Juli und Mitte bis Ende Okt.
Jeweils für ca. 10 bis 14 Tage
Täglich ab 11 Uhr
In der Häckezeit kein Ruhetag

Symbolerklärung s. vordere Klappe

ONLINE AUF WWW. Wein.BY

Weinhaus Mehling

WWW.WEINHAUS-MEHLING.DE

Plätze (außen/innen): 65/80

WEINKELLER MIT KULTUR

Bis vor etwa 30 Jahren schenkte die Familie Mehling in der von ihr seit 1887 betriebenen Schenke ihre eigenen Weine aus. Mittlerweile gab man allerdings den Weinbau auf und eröffnete stattdessen mit dem Kulturkeller eine Heimstadt für Künstler aller Art, die hier eine kleine Bühne für ihre Vorstellungen finden. Eine erhaltene Tradition des Hauses ist die Bäckerei, in der Josef Mehling auch heute noch viele Klassiker bäckt, allen voran die Mehlingsbrezeln, ein Hefeblätterteiggebäck, das sowohl zum Wein als auch zum Kaffee hervorragend mundet (in der Gaststätte warm serviert).

WEINE

Rebsorten: Silvaner, Müller-Thurgau, Riesling, Weißburgunder, Scheurebe, Traminer, Kerner, Bacchus, Spätburgunder, Dornfelder, Portugieser, Domina, Regent.

KÜCHE

Warme Küche: Mittelgroße Karte mit ca. 20 Gerichten. Kalte Küche: Mittelgroße Karte mit ca. 15 Gerichten. Spezialitäten: Josefs Brezel, Schinken im Brotteig, Coburger Rostbratwürste.

ANSCHRIFT

Hauptstrasse 30
97816 Lohr am Main
Tel.: 09352-2602
Fax: 09352-5009045

ÖFFNUNGSZEITEN

Ganzjährig geöffnet
Mo bis Fr ab 16 Uhr
Sa, So und Feiertage ab 11 Uhr
Kein Ruhetag

TIPP: Josefs Brezel

Bus 8046 Parkdeck, 8050, 8096 Obere Brückenstraße

DB

Weinkeller Schöpple

WWW.HOTEL-ANKER.DE Plätze (außen/innen): 0/50

DER LUXUS-WEINKELLER

Nach mehr als 300 Jahren widmete sich Johannes Deppisch dem alten Gewölbekeller unter dem Gasthaus Anker. Heraus kam ein Juwel aus Spessart-Eiche mit schmiedeeisernen Kerzenleuchtern und Fußbodenheizung. Das perfekte Ambiente begeistert jeden Besucher auf Anhieb und führte auch schon zu vielen amüsanten Abenden mit Musik und Kabarett. Den separaten Eingang des „Schöpple" finden Sie in der Glasergasse, die hinunter zum Mainkai führt.

TIPP: Homburger Kallmuth Silvaner

WEINE

Rebsorten: Müller-Thurgau, Silvaner, Bacchus, Riesling, Kerner, Weißburgunder, Ehrenfelser, Grauburgunder, Spätburgunder, Regent, Domina, Portugieser, Dornfelder, Schwarzriesling. Weintipp/Empfehlung von Johannes Deppisch: Homburger Kallmuth Silvaner trocken.

KÜCHE

Warme Küche: Kleine Karte mit 9-10 Gerichten. Kalte Küche: Kleine Karte mit 9-10 Gerichten. Spezialitäten: Hausgemachter Kochkäse, blaue Zipfel im Wurzelsud, überbackener Schafskäse.

ANSCHRIFT

Obertorstraße 13, Eing. Glasergasse
97828 Marktheidenfeld
Tel.: 09391-3060
Fax: 09391-5158

ÖFFNUNGSZEITEN

Ganzjährig geöffnet
Täglich ab 18 Uhr
Dienstag Ruhetag
Nach Voranmeldung auch am Ruhetag geöffnet

DB 8050, 8091 Kupschmarkt, Marktheidenfeld Bus

Symbolerklärung s. vordere Klappe

Häckerwirtschaft Dieter Schwinn

WWW.WEIN.BY

Plätze (außen/innen): 0/40

WEINE

Rebsorten: Müller-Thurgau, Silvaner, Portugieser. Weintipp/Empfehlung von Annette Schwinn: Portugieser Barrique.

KÜCHE

Warme Küche: Kleine Karte mit 8 Gerichten. Kalte Küche: Mittelgroße Karte mit 10 Gerichten. Spezialitäten: Leberknödel mit Kraut, Flammkuchen, Hausmacher Wurst und Schinken, Winzerbraten (So und Feiertage).

ANSCHRIFT

Weinbergstraße 36
63906 Erlenbach-Mechenhard
Tel.: 09372-74162
Fax: 09372-74162

ÖFFNUNGSZEITEN

Anfang Juni (für 4 Tage),
Ende Okt./Anfang Nov. (für 10 Tage)
und von 25. bis 30. Dezember
Mo bis Sa ab 11.30 Uhr
So und Feiertage ab 10.30 Uhr
Kein Ruhetag

BEQUEM UND GEMÜTLICH

So lautet das Fazit der vielen Stammgäste bei den Schwinns. Und das ist auch kein Wunder, schließlich bemühen sich die Winzersleute viel um das Ambiente in der Heckenwirtschaft. Zu verkosten gibt es vor allem feine Portugieser Weine, auch als Barrique-Variante (sehr gehaltvoll). Interessanterweise ist diese Traube in Portugal völlig unbekannt, weswegen die Legende, die Rebe sei 1772 von Porto nach Österreich gekommen, eher unwahrscheinlich erscheint. Vielmehr stammt der Wein wahrscheinlich aus dem Donauraum selbst.

TIPP: Portugieser Barrique

Bus 65 Mechenhard Kirche, Erlenbach a. Main

Mechenharder Woischeuer

WWW.WOISCHEUER.DE **Plätze (außen/innen): 50/40**

AUS NEU MACH ALT

Die Woischeuer (hochdeutsch: Weinscheune) gibt es zwar erst seit 2002, das Gebäude seit ca. 20 Jahren, trotzdem hat Dieter Zöller es geschafft, ein uriges Ambiente in die jungen Mauern einziehen zu lassen. Holzfachwerk, Kaminofen, Rebstöcke im Hof und eine immer wieder liebevoll erneuerte Dekoration lassen echtes Weinstubenflair aufkommen. In seinem Weinberg kultiviert Zöller übrigens auch die in Franken sehr seltene Rebe Muskat Ottonel, eine alte Kreuzung aus Gutedel und Muskateller, die vor allem im österreichischen Burgenland verbreitet ist.

TIPP: Ofenkäse

WEINE

Rebsorten: Portugieser, Spätburgunder, Müller-Thurgau, Bacchus, Silvaner, Kerner, Muskat Ottonel.
Weintipp/Empfehlung von Dieter Zöller: Muskat Ottonel.

KÜCHE

Warme Küche: Kleine Karte mit ca. 5 Gerichten. Kalte Küche: Mittelgroße Karte mit ca. 10 - 14 Gerichten.
Spezialitäten: Ofenkäse, gebackener Kümmelbauch mit Kartoffelsalat, Ziegenteller (verschiedene Ziegenkäse).

ANSCHRIFT

Mechenharder Straße 193
63906 Erlenbach-Mechenhard
Tel.: 09372-10966

ÖFFNUNGSZEITEN

Anfang bis Mitte März (für 2 Wochen), Anfang Sep. (für 1 Woche), Anfang bis Mitte Dez. (für 2 Wochen)
Täglich ab 11 Uhr
Kein Ruhetag

Symbolerklärung s. vordere Klappe

ONLINE AUF WWW. Wein.BY

Häckerstube Goldberghof

WWW.WEINGUT-GUENDLING-GOLDBERGHOF.COM Plätze (außen/innen): 60/100

SECCO, SEKT UND EDELBRÄNDE

So heißt das Motto, wenn die Gründlings alljährlich im Juni zum Weinfest laden. Früher marschierten sogar echte Sambatänzerinnen auf. Die Gäste können es sich bei Wein, Perlwein, Likören und Edelbränden gut gehen lassen. Wer da noch nicht genug hat, kann einen Monat später zum Hoffest wiederkommen, ebenfalls mit jeder Menge Hochgenuss. Die stattliche Sammlung an Auszeichnungen und Medaillen kann übrigens vor Ort besichtigt werden.

WEINE

Rebsorten: Riesling, Silvaner, Blauer Silvaner, Müller-Thurgau, Bacchus, Weißburgunder, grauer Burgunder, Spätburgunder, Dornfelder, Portugieser. Weinempfehlung von Andrea Gündling: Rieslingsekt (2008), grauer Burgunder Kabinett trocken (2009).

KÜCHE

Warme Küche: Kleine Karte mit 2-3 Gerichten + ein tägliches Zusatzgericht. Kalte Küche: Kleine Karte mit 6-7 Gerichten. Spezialitäten: Selbstgemachter Kochkäse, selbstgemachter Winzerkäse (im Sommer).

ANSCHRIFT

63755 Alzenau-Michelbach
Tel.: 06023-1739
Fax: 06023-5861

ÖFFNUNGSZEITEN

Anfang bis Ende Jan., Anfang bis Ende Mai, Mitte Juli bis Anfang Aug. und Anfang bis Ende Nov.
Mi bis So ab 15 Uhr
Montag und Dienstag Ruhetag

TIPP: Winzerkäse

Bus 31 Michelbach (Ufr.) Rathaus, Alzenau i. UFr.

DB

Häckerwirtschaft „Zum Lukasse Seppl"

WWW.WEINGUT-HEILMANN.DE **Plätze (außen/innen): 40/40**

BEST OF RIESLING

Dies ist nur eine der Prämierungen, mit denen Armin Heilmann aufwarten kann und sicher einer der Gründe, warum man hier selten viele leere Plätze vorfindet. Allerdings trägt sicher auch die urige Einrichtung der zwei-etagigen Häckerwirtschaft bei, die aus einer über 200 Jahre alten Frankfurter Äppelwoi-Kneipe stammt. Der Name der Wirtschaft kommt übrigens von Armins Großvater. Der hieß Josef und war der Sohn von Lukas, also der Lukasse Seppl.

TIPP: Schwarzgasse-Steak

WEINE

Rebsorten: Riesling, Silvaner, Bacchus, Spätburgunder, Weißburgunder, St. Laurent, Frühburgunder. Weintipp/Empfehlung von Armin Heilmann: Michelbacher Riesling vom Apostelgarten.

KÜCHE

Warme Küche: Kleine Karte mit 4 Gerichten. Kalte Küche: Kleine Karte mit 4-5 Gerichten. Spezialitäten: Schwarzgasse-Steak (mit Zwiebeln, Speck und Trauben), angemachter Münsterkäse.

ANSCHRIFT

Bogenstraße 10
63755 Alzenau-Michelbach
Tel.: 06023-2502
Fax: 06023-310921

ÖFFNUNGSZEITEN

Ende Apr. bis Ende Juni und Mitte Aug. bis Mitte Sep.
Do, Fr und Sa ab 15 Uhr
So ab 12 Uhr
Montag bis Mittwoch Ruhetag

Symbolerklärung s. vordere Klappe

ONLINE AUF WWW. Wein.BY

Simon's Weingasthof

WWW.SIMONS-WINZERHOF.DE Plätze (außen/innen): 80/100

WO TINA DEFTIG KOCHT

In der Besenwirtschaft treffen uriges Ambiente, Kreuzgewölbe und die Kochkünste von Tina Schober aufeinander – eine perfekte Mischung, wie wir finden. Sogar dem Altbundeskanzler würde es hier geschmeckt haben – schließlich steht (fränkischer) Saumagen auf dem Tablett. Im Glas finden Sie unter anderem den in Franken (und auch anderswo) sehr seltenen Frühburgunder, eine eigenständige Rebsorte, die durch natürliche Mutation aus dem Spätburgunder entstand. Voll und würzig passt er perfekt zu den deftigen Gerichten der Küche.

WEINE

Rebsorten: Müller-Thurgau, Bacchus, Kerner, Riesling, Frühburgunder, Weißburgunder.

KÜCHE

Warme Küche: Mittelgroße Karte mit 10 bis 15 Gerichten. Kalte Küche: Kleine Karte mit ca. 7 Gerichten. Spezialitäten: Verschiedene Flammkuchen, Fränkischer Saumagen, selbstgemachter Kahlgründer Handkäse (Schöpfkäse).

ANSCHRIFT

Dörsthöfe 4
63755 Alzenau
Tel.: 06023-8902
Fax: 06023-5042667

ÖFFNUNGSZEITEN

Anfang Mai bis Ende Sept.
Fr ab 15 Uhr
Sa und So ab 11.30 Uhr
Mo ab 17 Uhr
Dienstag bis Donnerstag Ruhetag
Anfang Okt. bis Ende Apr.
Fr und Sa ab 15 Uhr
So und Feiertage ab 11.30 Uhr
Montag bis Donnerstag Ruhetag
Für Gruppen auf Anfrage auch an den Ruhetagen geöffnet

TIPP: Fränkischer Saumagen

Bus 25 Brücken Sägewerk, Mömbris

DB

Heckenwirtschaft Krieger

WWW.WEIN.BY

Plätze (außen/innen): 0/40

FRANKEN-DREIKLANG

So klingt die Weinkarte von Bernhard Krieger: Müller-Thurgau, Silvaner und Bacchus, wobei wie beim musikalischen Pendant die Betonung durchaus auf dem letzten liegen darf, dem Bacchus. Der Weinbau an sich hat in der Familie eine lange Tradition, doch erst die Flurbereinigung hatte die Möglichkeit geschaffen, den Weinbau deutlich zu vergrößern. Außerdem kommen auf den neuen Wegen auch viele Radfahrer vorbei, die hier gerne Station machen.

TIPP: Häckerplatte

WEINE

Rebsorten: Müller-Thurgau, Silvaner, Bacchus. Weintipp/Empfehlung von Bernhard Krieger: Bacchus, Silvaner.

KÜCHE

Warme Küche: Kleine Karte mit 4-5 Gerichten. Kalte Küche: Kleine Karte mit ca. 10 Gerichten. Spezialitäten: Blaue Zipfel, Bratwürste, Häckerplatte.

ANSCHRIFT

Oberdorfstraße 16
97225 Zellingen-Retzbach
Tel.: 09364-3540
Fax: 09364-810522

ÖFFNUNGSZEITEN

Nach Fasching (4 Wochen) und
Ende Sep./Anfang Okt. (4-5 Wochen)
Do bis Sa ab 15 Uhr
So und Feiertage ab 12 Uhr
Montag bis Mittwoch geschlossen
Für Gruppen ab 20 Personen nach Anmeldung auch außerhalb dieser Zeiten geöffnet

14

Winzerhütte am Benediktusberg

WWW.WEIN.BY

Plätze (außen/innen): 30/20

GUT AUSGESCHILDERT

Zumindest, wenn man es mal bis Retzbach geschafft hat, ist der Weg in den Weinberg am Benediktusberg dank der vielen Schilder leicht zu finden. Dort dann mitten drin liegt die Winzerhütte der Hessdörfers. Hier gibt es die Weine, die in der Regel schon vor Ende der Heckensaison ausgetrunken sind. Deswegen gibt es auch kaum Flaschenwein – Sie sollten sich also beeilen. Zum Rebensaft empfehlen wir den selbstgemachten Kochkäse und die Wurst, die der Hausmetzger speziell für die Heckenwirtschaft herstellt.

TIPP: Angemachter Käse

WEINE

Rebsorten: Müller-Thurgau, Silvaner, Scheurebe. Weintipp/Empfehlung von Irmgard Hessdörfer: Silvaner.

KÜCHE

Warme Küche: Es gibt keine warmen Gerichte. Kalte Küche: Kleine Karte mit 8-10 Gerichten. Spezialitäten: Angemachter Käse, selbstgemachter Kochkäse, Leberwurst, Weinbeisser mit Meerrettich, Häckerplatte.

ANSCHRIFT

97225 Zellingen-Retzbach
Tel.: 09364-4567

ÖFFNUNGSZEITEN

Anfang Apr. bis Anfang Aug.
Sa ab 15 Uhr
So und Feiertage ab 13 Uhr
Montag bis Freitag nur auf Bestellung für Gruppen ab 15 Personen geöffnet

Symbolerklärung s. vordere Klappe

ONLINE AUF WWW. Wein.BY

Weinhaus am Riesen

WWW.WEIN.BY

Plätze (außen/innen): 20/50

HOME OF RIESECCO

Bei Müllers sitzt man ganz besonders schön an lauen Spätsommertagen vor dem Häuschen. Zu den Weinklassikern bereitet Monika Müller sehr schmackhafte Käseplatten, zu denen der Interessierte auch ein Gläschen Riesecco schlürfen kann. Dieser Perlwein, ein Cuvée Bacchus/ Müller-Thurgau mit zugesetzter Kohlensäure hat bei uns einen bleibenden Eindruck hinterlassen. Wenn es Ihnen auch so geht: Man kann im Internet nachbestellen!

WEINE

Rebsorten: Müller-Thurgau, Silvaner, Bacchus, Kerner, Ortega, Spätburgunder, Dornfelder. Weintipp/Empfehlung von Monika Müller: Silvaner trocken oder Bacchus halbtrocken.

KÜCHE

Warme Küche: Kleine Karte mit 6 Gerichten. Kalte Küche: Mittelgroße Karte mit ca. 15 Gerichten. Spezialitäten: Käseplatte, Blaue Zipfel, Lauchcremesuppe.

ANSCHRIFT

Hauptstraße 63 a
97282 Retzstadt
Tel.: 09364-5358
Fax: 09364-5371

ÖFFNUNGSZEITEN

2 Wochen nach Fasching (für 4 Wochen) und Ende Okt. (für 3 Wochen)
Do, Fr und Sa ab 15 Uhr
So und Feiertage ab 11.30 Uhr
Montag bis Mittwoch Ruhetag
(für Busse nach Anmeldung auch außerhalb dieser Zeiten geöffnet)

TIPP: Riesecco

Bus 61 Gh. Engel, Röllbach, 81 Hauptstr., Röllbach

Häckerwirtschaft Maik und Siegbert Hofmann

WWW.HOFMANNS-HÄCKE.DE

Plätze (außen/innen): 0/40

AUF DASS DER WEIN SCHMECKET!

Das ist der Lieblings- und Trinkspruch von Siegbert und Maik Hofmann, Papa und Sohn, die den Familienbetrieb gemeinsam führen. Die Einrichtung der Häckerwirtschaft haben die beiden großteils selbst gebaut und auch das drumherum sehr schön und individuell gestaltet. Die Trauben im Garten wachsen in der Tat bis in den Mund und dürfen auch gerne gegessen werden. Um die Ecke steht übrigens die Maria-Schnee-Kapelle, deren Tradition ins 16. Jahrhundert zurückgeht. Der Grundriss soll durch ein „Schneewunder" im Winter angezeigt worden sein.

TIPP: Selbstgemachter Presssack

WEINE

Rebsorten: Müller-Thurgau, Bacchus, Kerner, Portugieser, Spätburgunder. Weintipp/Empfehlung von Maik Hofmann: Portugieser.

KÜCHE

Warme Küche: Kleine Karte mit 8 Gerichten. Kalte Küche: Mittelgroße Karte mit 17 Gerichten. Spezialitäten: Limburger-Käsebrot, warme geräucherte Forelle mit Sahnemeerrettich.

ANSCHRIFT

Mönchberger Straße 14
63934 Röllbach
Tel.: 09372-130016

ÖFFNUNGSZEITEN

Ab Buß- und Bettag 12 Tage lang
Täglich ab 11 Uhr
Kein Ruhetag

Symbolerklärung s. vordere Klappe

Familie Klaus Meisel

WWW.WEIN.BY

Plätze (außen/innen): 0/40

FAMILIENBETRIEB MIT SCHIFFERKLAVIER

Hier in Röllbach geht's noch traditionell und gemütlich zu. Zur Lese am Weinberg in Großheubach versammeln sich alle Familienmitglieder, Nachbarn und Freunde. Zwischen dem Pflücken gibt es eine Vesper für alle mitten im Weinberg und abends klingen die Tage mit noch mehr Gästen aus der Umgebung fröhlich aus. Für Stimmung sorgt dann – und natürlich auch während der Heckenwirtschaftsöffnungszeit – der Senior der Familie mit seinem Schifferklavier. Der Weinverkauf spielte übrigens lange keine große Rolle, bis nach einer Erweiterung in den 1980ern auf einmal trotz der Feste etwas übrig blieb. Ein Glück für jeden Weinliebhaber!

WEINE

Rebsorten: Kerner, Riesling, Spätburgunder. Weintipp/Empfehlung von Annemarie Meisel: Spätburgunder.

KÜCHE

Warme Küche: Kleine Karte mit 7 Gerichten. Kalte Küche: Kleine Karte mit 6-8 Gerichten. Spezialitäten: Kartoffelwurst gebacken mit gedünsteten Zwiebeln, Winzerbrot, Winzerknödel.

ANSCHRIFT

Mönchberger Straße 7
63934 Röllbach
Tel.: 09372-3985

ÖFFNUNGSZEITEN

Vor Allerheiligen (Mitte bis Ende Okt. für 10 Tage) und Februar/März (um Fasching für 10 Tage)
Täglich ab 11 Uhr
So und Feiertage ab 10 Uhr
Kein Ruhetag

TIPP: Gebackene Kartoffelwurst

Bus 81 Hauptstr., Röllbach

Katrin Stahl, Weigenheim (Weingut S. 105)

Winzerstube Wengerter

WWW.WEINGUT-WENGERTER.DE **Plätze (außen/innen): 70/110**

JUNGER WEIN UND ALTE AUTOS

Jeden ersten Mittwoch im Monat findet von Mai bis September bei den Wengerters eine Oldtimerparade statt, bei der dann auch mal der Parkplatz vor der Gastwirtschaft eine echte Attraktion darstellt. Ein anderes Highlight ist die Aktion „Gänse und Wein" von Mitte November bis Mitte Dezember, wenn auf Vorbestellung frische Gänse den Backofen verlassen und direkt auf dem Teller des Gastes landen.

WEINE

Rebsorten: Müller-Thurgau, Bacchus, Silvaner, Kerner, Weißburgunder, Regent, Portugieser, Spätburgunder, Blauburger, Zweigelt, Domina, Dornfelder, Blanc de Noir. Weintipp/Empfehlung von Isolde Müller: Blanc de Noir.

KÜCHE

Warme Küche: Kleine Karte mit ca. 10 Gerichten. Kalte Küche: Mittelgroße Karte mit ca. 10-12 Gerichten. Spezialitäten: Hausmacher Bratwürste mit Kartoffelsalat, Winzerplatte, Fischgerichte, saisonale Gerichte.

ANSCHRIFT

Himmeltalerstraße 42
63911 Klingenberg-Röllfeld
Tel.: 09372-921154
Fax: 09372-922352

ÖFFNUNGSZEITEN

Ganzjährig geöffnet
Mi bis So und Feiertage ab 12 Uhr
Montag und Dienstag Ruhetag

TIPP: Winzerplatte

Bus 61 Röllbacher Str., Klingenberg a. Main-Röllfeld

Weingut Holler

WWW.WEINGUTHOLLER.DE

Plätze (außen/innen): 100/50

WOHLFÜHLEN IN WEINBERGEN

Die liebenswerte Eva-Maria Schaffernicht und ihr kleiner Zoo sind eine absolute Attraktion. Die Gäste kommen, vom Senior-Labrador begrüßt, in eine liebevoll und sehr persönlich eingerichtete Heckenwirtschaft, die ein fast toscanisches Flair aufkommen lässt. Unter anderem auch Pfaue schauen dann beim Verkosten der verschiedenen Weine und Winzersekte zu, nebenbei können Sie auch eigene Säfte, Brände, Essig, Marmeladen und selbstgebackene Kuchen und Torten probieren und erwerben. Jeden Sonntag gibt es einen Mittagstisch. Im Advent steht sogar Gans auf der Karte, und die Wirtin wäre nicht sie selbst, wenn sie nicht am Heiligen Abend die Alleingebliebenen zu Gulaschsuppe und Kartoffelsalat in ihre Schänke einladen würde.

TIPP: Tolles Ambiente für besondere Anlässe

WEINE

Rebsorten: Riesling, Bacchus, Silvaner, Müller-Thurgau, Kerner, Weißburgunder, Rieslaner, Domina, Spätburgunder. Weintipp/Empfehlung von Eva-Maria Schaffernicht: Domina und Bacchus.

KÜCHE

Warme Küche: Kleine Karte mit 2 Gerichten. Kalte Küche: Kleine Karte mit 5-6 Gerichten. Spezialitäten: Gänsebraten-Essen (im November und Dezember), Fränkische Brotzeit.

ANSCHRIFT

Am Boppengraben 4
63768 Hösbach-Rottenberg
Tel.: 06024-9301 oder
0179-2287517

ÖFFNUNGSZEITEN

Nov. bis Apr.
Fr, Sa, So und Feiertage ab 12 Uhr
Montag bis Donnerstag geschlossen
Mai bis Okt.
Täglich ab 12 Uhr
Kein Ruhetag
Nach Vereinbarung immer geöffnet (für Veranstaltungen, Familienfeiern, Hochzeiten)

Symbolerklärung s. vordere Klappe

ONLINE AUF WWW. Wein.BY

Weinbau Hefner - Schalkhaus

WWW.SCHALKHAUS.DE **Plätze (außen/innen): 35/58**

WEINE

Rebsorten: Müller-Thurgau, Silvaner, Bacchus, Kerner, Chardonnay, Scheurebe, Riesling, Muskateller, Gewürztraminer, Portugieser, Dornfelder, Spätburgunder. Weintipp/ Empfehlung von Jürgen Hefner: Silvaner Spätlese, Kerner Kabinett.

KÜCHE

Warme Küche: Mittelgroße Karte mit 10 festen und 4 monatlich wechselnden Gerichten. Kalte Küche: Mittelgroße Karte mit 10 festen und 4 monatlich wechselnden Gerichten. Spezialitäten: Argentinische Rumpsteaks, Churfranken-Teller (mit Käse und Wurst aus regionalem Anbau).

ANSCHRIFT

Schippacher Strasse 11
63820 Elsenfeld-Rück
Tel.: 06022-5083877
Fax: 06022-5083878

ÖFFNUNGSZEITEN

Ab jedem 1. Mi im Monat für 18 Tage am Stück
Täglich ab 17 Uhr
Mi, So und Feiertage ab 11 Uhr
Kein Ruhetag

SINGEN, SPRINGEN, FLIEGEN, HOPSEN ODER LIEGEN

So soll es einem Gedicht nach den Rückern gegangen sein, als 2009 das Schalkhaus seine Tore öffnete. Immerhin brauchte das Kreativteam um Marion und Jürgen Hefner über zehn Jahre, um die komplett aus Naturmaterialien erbaute Gaststätte zu schaffen. Neben Wein gibt es auch Brände aus der eigenen Brennerei und Bier aus Jürgens Hobbybrauerei. Diese Köstlichkeiten genießt man am besten im Sommer unter dem riesigen, über 100 Jahre alten Nussbaum im Hof (im August gibt es jedes Jahr zehn Tage Hofschoppenfest am Stück!).

TIPP: Rumpsteaks

Bus 69 Schippach St.-Antonius-Kirche, Elsenfeld

DB

Weinstube Giegerich

WWW.WEINSTUBE-GIEGERICH.DE

Plätze (außen/innen): 20/75

WEINSTUBE MIT BARKEEPER

Frank Reinhardt holt den Shaker zwar nur noch an Fasching raus, dann aber zeigt der Absolvent diverser Barmixer-Schulungen, was in ihm steckt. Er und seine Frau Catherine sind sowieso ein Segen für die Schweinheimer, schließlich wüssten die Einwohner sonst gar nicht, was sie mit ihrer Ausgehlaune anstellen sollten. Die Liebe zu Gast und Gastlichkeit brachte die Weinstube Giegerich sogar schon ins Fernsehen, auch die Fernsehleute waren schwer beeindruckt von den Statements der Gäste à la „Schöner als bei Euch kann ich meinen Feierabend gar nicht beginnen!"

TIPP: Bauernbrett

WEINE

Rebsorten: Müller-Thurgau, Bacchus, Riesling, Silvaner, Schwarzriesling und viele mehr. Weintipp/Empfehlung von Frank Reinhardt: Großwallstädter Lützeltaler Berg Bacchus trocken oder Abtswinder Herrenberg Bacchus halbtrocken oder Ritter vom Dalberg rosé.

KÜCHE

Warme Küche: große Karte mit ca. 35 Gerichten. Kalte Küche: Mittelgroße Karte mit ca. 20 Gerichten. Spezialitäten: Rumpsteak, Winzerteller, Bauernbrett, frisches Tatar, ofenfrische Schweinehaxen.

ANSCHRIFT

Marienstraße 27
63743 Aschaffenburg-Schweinheim
Tel.: 06021-980272 oder
0170-3009136

ÖFFNUNGSZEITEN

Ganzjährig geöffnet
Di bis Sa und Feiertage ab 15 Uhr
So ab 10 Uhr
Montag Ruhetag

DB 4 Schweinheim Hensbachstr., Aschaffenburg Bus

GEL

Weinstube Erna Simon

WWW.WEINSIMON.DE **Plätze (außen/innen): 70/80**

WIE DIE JUNGFRAU ZUM KINDE

So kamen die Simons zu ihrer Weinstube. Denn als sie in Wasserlos ihr neues Eigenheim bezogen, hatte der Vorbesitzer die damals einzige Weinstube des Ortes gerade aus Altersgründen aufgegeben.Somit war klar: Hier muss man weitermachen. Nachdem auch ein Metzger in der Winzerfamilie weilt, kann man sich getrost darauf verlassen, dass die gesamte Angebotspalette selbstgemacht ist. Unter den Weinen wollen wir besonders den Riesling hervorheben, da die Gegend um Alzenau ideale Bedingungen für diese Rebe aufweist, was man eben auch schmeckt.

WEINE

Rebsorten: Bacchus, Kerner, Müller-Thurgau, Silvaner, Riesling, Weißburgunder, Rieslaner, blauer Silvaner, Spätburgunder, Schwarzriesling, Domina. Weintipp/Empfehlung von Ester Simon: Riesling, weil die Gegend für den Riesling perfekt ist. Wer hierher kommt, sollte unbedingt einen Riesling probieren.

KÜCHE

Warme Küche: Kleine Karte mit ca. 10 Gerichten. Kalte Küche: Mittelgroße Karte mit ca. 10-15 Gerichten. Spezialitäten: Hausgemachter Kochkäse, Kurzgebratenes, hausgemachte Bratwürste, Hausmacher Wurst, saisonale Gerichte.

ANSCHRIFT

Schloßbergstraße 1a
63755 Alzenau-Wasserlos
Tel.: 06023-5477
Fax: 06023-5420

ÖFFNUNGSZEITEN

Ganzjährig geöffnet
Fr ab 17 Uhr
Sa, So und Feiertage ab 15 Uhr
Montag bis Donnerstag geschlossen
Für Gruppen nach Voranmeldung auch außerhalb dieser Zeiten geöffnet, Weihnachtsfeiertage und Silvester geschlossen

TIPP: Hausgemachte Bratwürste

Symbolerklärung s. vordere Klappe

ONLINE AUF WWW. Wein.BY

Winzerstübchen Simon

WWW.SIMON-WEINGUT.DE Plätze (außen/innen): 120/80

SCHNITZEL UND WEIN...

... das muss sein! Meinen zumindest die Gäste von Jürgen Simon, der den Panaden-Plattling gleich in drei verschiedenen Variationen anbietet. Der Weinbau an sich war in Wasserlos im letzten Jahrhundert nach und nach zum Erliegen gekommen, bis dann vor etwa 50 Jahren wieder neues Grün an den Lagen Schloßberg und Luhmännchen gedieh. Daran haben auch die Simons einen großten Anteil, gemeinsam mit weiteren Familienbetrieben des Ortes. Wer möchte, kann die nur wenige Minuten vom Winzerstübchen entfernten Weinberge zu Fuß erwandern.

WEINE

Rebsorten: Müller-Thurgau, Bacchus, Weißburgunder, Riesling, Domina, Regent. Weintipp/Empfehlung von Jennifer Simon: Riesling und Regent.

KÜCHE

Warme Küche: Kleine Karte mit ca. 6 Gerichten. Kalte Küche: Mittelgroße Karte mit 10-12 Gerichten. Spezialitäten: Hausgemachter Kochkäse, grobe fränkische Bratwürste mit Sauerkraut, verschiedene Schnitzel.

ANSCHRIFT

Schloßbergstraße 2
63755 Alzenau-Wasserlos
Tel.: 06023-7493
Fax: 06023-993279

ÖFFNUNGSZEITEN

Ganzjährig geöffnet
Mo, Fr und Sa ab 17 Uhr
So und Feiertage ab 13 Uhr
Dienstag bis Donnerstag Ruhetag

TIPP: Schnitzelvariationen

Bus 31 Wasserlos Krankenhaus, Alzenau i. UFr.

DB

Wenzels Weinscheune

WWW.WENZEL-WEIN.DE

Plätze (außen/innen): 60/220

SINFONIE IN W

Wenzels Weinscheune Wasserlos erblickte 1987 Jahren das Licht der Welt und überrascht die Gäste mit einer guten Mischung aus fränkischer und österreichischer Küche. Für alle Gernedraußensitzer empfehlen wir die Palmenterrasse, die sogar einen Hauch Mittelmeer nach Alzenau bringt – zumindest wenn das Wetter stimmt, versteht sich. Mehrmals im Jahr gibt es Live-Musik, dann wird aus der Scheune schnell ein echter Tanzschuppen.

TIPP: Wildgerichte

WEINE

Rebsorten: Müller-Thurgau, Bacchus, Weißburgunder, Grauburgunder, Riesling, Sauvignon Blanc, Spätburgunder, Portugieser, Dornfelder. Weintipp/Empfehlung von Ernst Wenzel: 2009er Weißburgunder Spätlese trocken.

KÜCHE

Warme Küche: Mittelgroße Karte mit ca. 20 Gerichten. Kalte Küche: Kleine Karte mit ca. 10 Gerichten. Spezialitäten: Saisonale Gerichte, wie Spargelgerichte, Pfifferlingsgerichte oder Wildgerichte (aus dem Spessart).

ANSCHRIFT

Schlossbergstraße 5
63755 Alzenau-Wasserlos
Tel.: 06023-5947

ÖFFNUNGSZEITEN

Ganzjährig geöffnet
Di bis Sa ab 16 Uhr
So und Feiertage ab 11.30 Uhr
Montag Ruhetag

DB 31 Wasserlos Krankenhaus, Alzenau i. UFr. Bus

Symbolerklärung s. vordere Klappe

ONLINE AUF WWW. Wein.BY

Heckenwirtschaft Bernd Marschall

WWW.WEIN.BY

Plätze (außen/innen): 0/40

WEINE

Rebsorten: Müller-Thurgau, Kerner, Spätburgunder (rot und rosé). Weintipp/Empfehlung von Rita Marschall: Spätburgunder Rotwein.

KÜCHE

Warme Küche: Kleine Karte mit 2 Gerichten. Kalte Küche: Mittelgroße Karte mit ca. 10 Gerichten. Spezialitäten: Rippchen mit Sauerkraut, Häckerplatte.

ANSCHRIFT

Hallgartenstraße 5
97753 Karlstadt-Wiesenfeld
Tel.: 09359-374
Fax: 09359-597

ÖFFNUNGSZEITEN

10 Tage nach Fasching (für 2 Wochen) und Mitte bis Ende Nov.
Täglich ab 14 Uhr
Kein Ruhetag

UNTER DEN GEWEIHEN

Die Raumdekoration entspringt den Tagen, als der Vater von Bernd Marschall noch als Jäger durch die umliegenden Wälder streifte und jede Menge Trophäen nach Hause brachte. Besonders lecker bei den Marschalls ist der Spätburgunder, der einerseits als Edelrebe gilt, andererseits aber nie besonders lange aufgehoben werden sollte – er kann sich zu einem geschmacklichen Überraschungsei entwickeln. Der Anbau dieser Rebsorte geht schon auf die Römer zurück, die sie vor allem im (ähnlich wie Franken) kühleren Burgund einsetzten (dort: Pinot Noir).

TIPP: Rippchen mit Sauerkraut

Bus 8067 Karlstadter Str., Karlstadt-Wiesenfeld

Wenn aus dem Schloss ein Weingut wird

WWW.LOEWENSTEIN.DE

Die Ära der Fürsten zu Löwenstein in Kleinheubach begann 1721 mit dem Kauf des Gebietes, auf dem das heutige Schloss, gebaut nach Plänen von Baumeister Remy de la Fosse, steht. Plünderungen am Ende des Zweiten Weltkrieges und die Übernahme durch die Bundespost folgten, bis sich die Fürsten nach der Jahrtausendwende ein Herz nahmen und beschlossen, ihr Weingebiet von Kreuzwertheim in ihren Kleinheubacher Sitz zu verlegen.

2008 öffnete die Vinothek ihre Pforten, 2009 wurde der Marstall saniert und zum Weinkeller umgebaut, 2010 feierte Erbprinzessin Stephanie zu Löwenstein die Einweihung und vollendete damit den Herzenswunsch ihres kurz davor plötzlich verstorbenen Mannes Prinz Carl Friedrich.

Sie sollten einen Zwischenstopp in diesem ganz besonderen „neuen" Weingut einplanen, idealerweise Ende Juli, wenn man beim Weinfest im Schlosshof selbst ein bisschen Fürst und Fürstin spielen kann. Aber auch drumrum lohnt ein Besuch, schließlich können Sie in der Vinothek die Weine des Weingutes aus Franken und dem Rheingau verkosten. Für eine kleine Gruppe lohnt auch die Vorbestellung einer Weinprobe.

Infos: www.loewenstein.de
Tel.: 09371-948 66 00
geöffnet: Mo-Fr 10-12 und 13-18 Uhr, Sa 10-15 Uhr

Ludwig I. von Löwenstein,
1513 gemalt von Hans Baldung

Sonnenuntergang im Main-Spessart

Von Bamberg bis Bad Kissingen

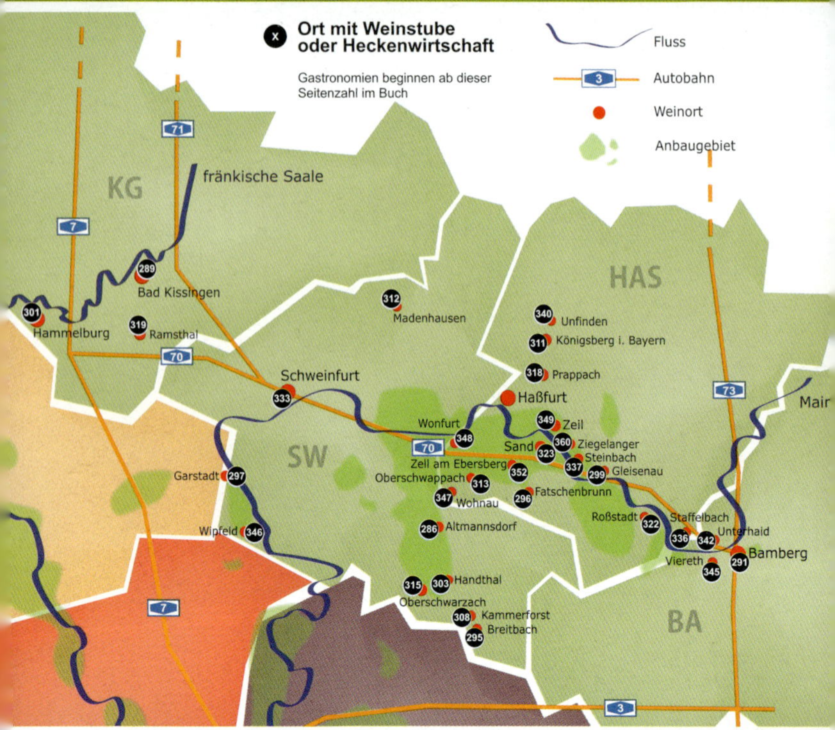

Bahnhöfe und Liniennetz siehe **Seite 20**, Haltestellen bei der jeweiligen Gastronomie!

Nördliches Frankenweinland

Der Norden des Fränkischen Weinlandes zieht sich von der ältesten Weinstadt Frankens, Hammelburg, bis in die alte Bistums- und Reichshauptstadt Bamberg, die seit kurzem sogar selbst wieder über einen eigenen Weinberg verfügt (S. 298). Dazwischen liegen die Industriemetropole Schweinfurt und die Haßberge. Auch wenn hier nach und nach der Gerstensaft den Rebensaft ablöst, so dominieren die Winzer doch bis kurz vor die Tore Bambergs und halten einige wunderschöne Heckenwirtschafts-Kleinodien für Sie bereit, beispielsweise das Örtchen Handthal, die schönste Sackgasse der Welt.

Wichtige Stationen in Ihrem Terminkalender sollten die Weinfeste von Sand und Zeil sein (S. 330 und S. 350), bei denen Sie das Lebensgefühl in der Region hautnah erleben, sei es auf dem Sander Festplatz oder in der historischen Altstadt von Zeil, das 2010 seinen Maibaum mit 6.000 Küssen auslösen musste. 2012 wird übrigens der erste Wein vom Bamberger Michaelsberg seit Hunderten von Jahren zu verkosten sein. Vielleicht schaffen Sie es ja, sich eine der Flaschen zu sichern, es könnte eine gute Geldanlage sein. Über den zu erwartenden Geschmack streiten sich bereits jetzt die Fachleute. Früher war der Bamberger Wein jedenfalls eher als „Sauerampfer" verschrien.

ONLINE AUF WWW. Wein.BY

Gasthaus zum Falkenberg

WWW.WEIN.BY Plätze (außen/innen): 40/85

WEINE

Rebsorten: Müller-Thurgau, Bacchus, Scheurebe, Silvaner, Schwarzriesling.

KÜCHE

Warme Küche: Mittelgroße Karte mit ca. 15 Gerichten. Kalte Küche: Kleine Karte mit ca. 10 Gerichten. Spezialitäten: Hausmacher Wurst aus eigener Schlachtung, verschiedene Bräten (wechselnd, So).

ANSCHRIFT

Falkenbergstraße
97513 Altmannsdorf
Tel.: 09528-361
Fax: 09528-950621

ÖFFNUNGSZEITEN

Ganzjährig geöffnet
Fr und Sa ab 11 Uhr
So und Feiertage ab 10 Uhr
Montag bis Donnerstag geschlossen

UNTER DEN TRAUBEN

Vor allem aus Bamberg und Schweinfurt strömen die Stammgäste regelmäßig in den 70-Seelen-Ort Altmannsdorf, wo 1991 Werner Hauk sein Gasthaus öffnete. Der Familienbetrieb bietet neben den Weinen aus dem eigenen Anbau am Falkenberg (daher der Name des Hauses) auch Wurst aus eigener Schlachtung und klassischen fränkischen Mittagstisch am Sonntag.

TIPP: Hausmacher (eigene Schlachtung)

Weinstube Karl Fuchs

WWW.WEINGUTKARLFUCHS.DE **Plätze (außen/innen): 0/50**

SOLARSTROMWEIN

Viele Weinprämierungen und andere Auszeichnungen zeigen seit Jahren die Qualität der Weine von Karl Fuchs, die er im naturnahen Anbau, aber unter Verwendung neuester Technologien erzeugt. Das Weingut wuchs seit seiner Abnabelung von der Genossenschaft 1984 von ein paar kleinen Parzellen auf heute fünfeinhalb Hektar. Weitere Spezialitäten finden sich in der hauseigenen Brennerei und am Ende der Weinkarte, wenn auf Secco und roten Frankensekt verwiesen wird.

TIPP: Gebackene Blut- und Leberwurst

WEINE

Rebsorten: Müller-Thurgau, Silvaner, Bacchus, Weißburgunder, Gewürztraminer, Regent, Domina, Spätburgunder. Weintipp/Empfehlung von Karl Fuchs: Weißburgunder (sein Steckenpferd) und Gewürztraminer.

KÜCHE

Warme Küche: Kleine Karte mit ca. 4 Gerichten. Kalte Küche: Kleine Karte mit ca. 10 Gerichten. Spezialitäten: Gebackene Blut- und Leberwurst, blaue Zipfel.

ANSCHRIFT

Falkenbergstraße 5
97513 Michelau-Altmannsdorf
Tel.: 09528-631

ÖFFNUNGSZEITEN

Ab Anfang März (für ca. 7 Wochen) und ab Anfang Oktober (für ca. 6 Wochen)
Fr ab 16 Uhr
Sa, So und Feiertage ab 14 Uhr
Montag bis Donnerstag geschlossen

Symbolerklärung s. vordere Klappe

ONLINE AUF WWW. Wein.BY

Heckenwirtschaft am Sonnenwinkel Weinbau Oswald Kram

WWW.WEIN.BY

Plätze (außen/innen): 50/30

WEIN UND SPARGEL

Bei Anette Kram dreht sich nicht alles um den Wein, sondern auch um den Spargel – und vor allem um Sie, ihre Gäste. Schließlich ist sie offizielle Gästeführerin und kann Ihnen nicht nur ihre Weinberge zeigen, sondern in der Spargelzeit auch den Lieblingsschößling der Franken näherbringen. Das geht dann eben auch auf den Teller, im Glas könnte sich vorher bereits eine Weinprobe abgespielt haben, die wir Ihnen sehr ans Herz legen.

WEINE

Rebsorten: Müller-Thurgau, Bacchus, Kerner, Silvaner, weißer Burgunder, grauer Burgunder, Domina, Dornfelder, Regent, Portugieser. Weintipp/ Empfehlung von Anette Kram: Silvaner, Bacchus und Rotling.

KÜCHE

Warme Küche: Kleine Karte mit 3 Gerichten. Kalte Küche: Kleine Karte mit 5 Gerichten. Spezialitäten: Sonnenwinkel-Platte, Bratwurst mit Kraut.

ANSCHRIFT

Am Sonnenwinkel 6
97513 Michelau-Altmannsdorf
Tel.: 09528-426
Fax: 09528-981008

ÖFFNUNGSZEITEN

Ende Jan. bis Anfang März, Ende Apr. bis Anfang Juni und Mitte Sep. bis Ende Okt.
Sa und So ab 14 Uhr
Montag bis Freitag geschlossen
Für Gruppen ab 10 Personen nach Anmeldung auch außerhalb dieser Zeiten geöffnet

TIPP: Sonnenwinkel-Platte

Bus 9306 Altmannsdorf, Michelau i. Steigerwald

DB

Weinstube Hofmann

WWW.WEIN.BY

Plätze (außen/innen): 0/40

TRADITION TROTZ WECHSEL

Sabine und Peter Rößner wechselten 2010 vom Restaurant Wernerbräu (das verkauft wurde) zur Weinstube Hofmann. Hier servieren die beiden mit ihrer langjährigen Gastronomie-Erfahrung nun feine Rebensäfte und eine solide fränkische Küche. Die Gäste sitzen gerne hinter den vielen kleinen Butzenscheiben Fenstern und genießen die urige Atmosphäre, zu der auch die vielen alten Protraits an den Wänden beitragen.

TIPP: Variationsreiche Fischgerichte

WEINE

Rebsorten: Müller-Thurgau, Silvaner, blauer Silvaner, Riesling, Scheurebe, Kerner, Bacchus, Schwarzriesling, Domina, Portugieser.

KÜCHE

Warme Küche: Kleine Karte mit 9 Gerichten. Kalte Küche: Mittelgroße Karte mit 10-12 Gerichten. Spezialitäten: Verschiedene Fischgerichte, saisonale Gerichte, traditionsreiche, fränkische Küche.

ANSCHRIFT

Weingasse 4
97688 Bad Kissingen
Tel.: 0971-2619

ÖFFNUNGSZEITEN

Tägl. von 11.30 bis 14 u. ab 17.30 Uhr
Mittwoch und Donnerstag Ruhetag

Symbolerklärung s. vordere Klappe

ONLINE AUF WWW. Wein.BY

Weinstube Kirchner

WWW.WEIN.BY

Plätze (außen/innen): 40/108

DREI JÄGER AUS DER RHÖN ...

... Versorgen die Weinstube von Stephan Wenzel immer mit frischem Rehfleisch, aus dem der gelernte Koch immer wieder neue, interessante Gerichte zubereitet. Das Haus an sich ist schon seit über 100 Jahren in Familienbesitz, aus dieser Zeit stammt auch der Name, weil der Urgroßvater noch Kirchner hieß. Die vielen Stammgäste kommen vor allem wegen Reh und Wein – und wegen des guten Preis-Leistungsverhältnisses, wie sie sagen. Besonders gemütlich sitzt es sich im Nebenzimmer, der nach der Kirche um die Ecke benannten Jakobusklause.

WEINE

Rebsorten: Müller-Thurgau, Silvaner, Bacchus, Riesling, Ortega, Schwarzriesling, Domina. Weintipp/Empfehlung von Stephan Wenzel: Silvaner, sehr beliebt und gern getrunken.

KÜCHE

Warme Küche: Mittelgroße Karte mit 15-20 Gerichten. Kalte Küche: Kleine Karte mit 7 Gerichten. Spezialitäten: Rhöner Reh, saisonale Küche.

ANSCHRIFT

Obere Marktstraße 2
97688 Bad Kissingen
Tel.: 0971-5914

ÖFFNUNGSZEITEN

Täglich ab 10 Uhr
Dienstag Ruhetag

TIPP: Rhöner Reh

Bus 8142 Berliner Platz, Bad Kissingen

DB

Weinschänke Bischofsmühle

WWW.BISCHOFSMUEHLE-MUELLER.DE

Plätze (außen/innen): 55/75

DER REDUZIERTE DÄMMERSCHOPPEN

Die Bischofsmühle gehört zum Bamberger Feinkostimperium der Müllers, ist aber nicht nur wegen der hochklassigen Weine und Speisen einen Besuch wert. Auch das Haus an sich mit seinen Balken aus dem zwölften Jahrhundert (Bambergs älteste intakte Mühle) fasziniert bei jedem Besuch aufs Neue. Zudem hält „Geli" noch die alte Tradition des Dämmerschoppens aufrecht, allerdings gibt es mit Rücksicht auf die Autofahrer zwischen 17 und 18 Uhr nicht mehr einen Liter zum Preis von einem dreiviertel Liter, sondern einfach den Schoppen ein Viertel günstiger.

TIPP: Dämmerschoppen aller Art

WEINE

Rebsorten: Müller-Thurgau, Silvaner, Bacchus, Rivaner, Portugieser und andere.

KÜCHE

Warme Küche: Mittelgroße Karte mit ca. 10-12 Gerichten. Kalte Küche: Mittelgroße Karte mit 19-20 Gerichten. Spezialitäten: Steak oder Fleischspieß vom fränkischen Angusrind (Weidehaltung), Dosenfleisch, Sülze mit Bratkartoffeln, Hausmacher Brotzeiten.

ANSCHRIFT

Geyerswörthstraße 4
96047 Bamberg
Tel.: 0951-27570
Fax: 0951-2083213

ÖFFNUNGSZEITEN

Täglich ab 17 Uhr
Kein Ruhetag
Für Gruppen ab 30 Personen auf Anfrage auch Mittagstisch

DB 989 Schranne, Bamberg Bus

Symbolerklärung s. vordere Klappe

ONLINE AUF WWW. Wein.BY

Weinwirtschaft Fischerei

WWW.WEIN.BY | Plätze (außen/innen): 50/60

WEINE

Rebsorten: Silvaner, Müller-Thurgau, Riesling, Scheurebe, grauer Burgunder, Johanniter, Bacchus, Kerner, Spätburgunder, Portugieser, Domina, Dornfelder und weitere. Weintipp/ Empfehlung von Kurt Meier: Silvaner „Der Fischerei-Wein", Sulzfelder Cyriakusberg.

KÜCHE

Warme Küche: Mittelgroße Karte mit ca. 12 Gerichten. Kalte Küche: Mittelgroße Karte mit ca. 16 Gerichten. Spezialitäten: Paniertes Pfannenschnitzel mit selbstgemachtem Kartoffelsalat, blaue Zipfel, Fleischklüchla.

ANSCHRIFT

Fischerei 15
96047 Bamberg
Tel.: 0951-25013

ÖFFNUNGSZEITEN

Täglich ab 18 Uhr
Montag Ruhetag

MIT KUNST UND KURT

Kurt Meier, in Bamberg eher durch seine Umzugsfirma bekannt, erfüllte sich 1993 den Traum von der eigenen Kneipe und schuf die Weinwirtschaft Fischerei. Ein echter Volltreffer, wie wir (und auch die Gäste) meinen! Schließlich bietet sich hier ein echter Lichtblick mitten im historischen Fischerviertel Bambergs, „Klein Venedig". Anfangs etwas sehr alternativ, hat die Fischerei nun ihren Platz im Bamberger Nachtleben gefunden und bietet neben einer sehr gut sortierten Weinpalette vor allem auch einen guten Rahmen für Kleinkunst aller Art, was sich spätestens bei den alljährlichen Fischerei-Festspielen, die im romantischen Innenhof stattfinden, beweist.

TIPP: Fischerei-Festspiele im Juli und August

Bus 904, 906, 910, 915, 916, 938 Am Kranen

DB

Galerie am Stephansberg

WWW.WEIN.BY

Plätze (außen/innen): 10/42

DAS WUNDER VOM STEPHANSBERG

Hier hat sich in den vergangenen zehn Jahren eine echte Oase der Ruhe und Weinseligkeit entwickelt – völlig stressfrei und dabei auch noch künstlerisch ambitioniert. Wolfgang Müller, selbst Künstler und eben Wirt, hat sich hier sein Refugium geschaffen, das er seinen Gästen für ihre jeweilige Verweildauer gerne schenkt. Zwischen Wein und Käsehäppchen sollte man deswegen auch unbedingt einen Blick auf die vielen Kunstwerke im Raum werfen und seine Gedanken schweifen lassen, nirgends in Bamberg geht das so schön wie hier ...

TIPP: Frankenwein mit Käsewürfeln

WEINE

Rebsorten: Silvaner, Müller-Thurgau, Bacchus.

KÜCHE

Warme Küche: Keine warmen Gerichte, außer Currywurst jeden zweiten So im Monat. Kalte Küche: Snacks für den kleinen Hunger (Käsewürfel, Salzstangen & Co.). Spezialitäten: Currywurst am zweiten Sonntag im Monat.

ANSCHRIFT

Unterer Stephansberg 5
96049 Bamberg
Tel.: 0951-56000

ÖFFNUNGSZEITEN

Täglich ab 19 Uhr
Montag Ruhetag

DB 912, 918, 928, 937 Schranne Bus

Gaststätte Weinfass

WWW.WEINFASS-BAMBERG.DE **Plätze (außen/innen): 50/50**

WEINE

Rebsorten: Müller-Thurgau, Silvaner, Bacchus, Riesling, Domina oder Portugieser. Weintipp/Empfehlung von Karl-Heinz Berr: Sommerhäuser Oelspiel Silvaner.

KÜCHE

Warme Küche: Mittelgroße Karte mit 11 Gerichten. Kalte Küche: Mittelgroße Karte mit 11 Gerichten. Spezialitäten: Pfannenschnitzel, z. B. Waldschnitzel nach Art des Hauses, verschiedene Grillsteakspezialitäten, Schwammerlgerichte, verschiedene Salate.

ANSCHRIFT

Habergasse 12
96047 Bamberg
Tel.: 0951-23035

ÖFFNUNGSZEITEN

Täglich ab 10.30 Uhr
April bis Dez. kein Ruhetag
Jan. bis März Montag Ruhetag

WEINSELIG IN DER BIERHAUPTSTADT

Ein kleiner Exot ist das Weinfass schon, schließlich kommen die meisten Leute vor allem wegen des Gerstensaftes in die Weltkulturerbestadt. Doch das eine tun, heißt nicht, das andere zu lassen, weswegen Inhaber Karlheinz Berr neben den guten Tropfen im Schoppenglas auch Rauchbier & Co. anbietet. Angenehmer Nebeneffekt dieser besonderen Lage ist die deftige Speisekarte, die für keinen Frankenliebhaber Wünsche offen lässt. Wein und Schäuferla genießt man dann direkt am alten Ludwig-Donau-Main-Kanal, mit Blick auf Altes Rathaus, Schloß Geyerswörth und Klein Venedig.

TIPP: Schwammerlgerichte

Gasthaus und Pension „Zur Traube“

WWW.TRAUBE-BREITBACH.DE

Plätze (außen/innen): 36/100

GASTHAUS ZUM MITMACHEN

Über 200 Jahre währt die Geschichte des Hauses, das seinen Bau der Säkularisation des nahen Klosters Ebrach zu verdanken hat. Knapp die Hälfte davon zeichnet die Familie Schimmel für die Entwicklung verantwortlich, die heute eine vielfältige Erlebniswelt geschaffen hat. Kinder dürfen in der Landwirtschaft selbst dabei sein, vom Forellen füttern bis zur Schweinezucht. Erwachsene erfreuen hingegen besonders die (zubereiteten) Fische aus eigenen Gewässern und natürlich die Weine aus der Lage Kammerforster Teufel.

TIPP: Geräuchterte Forellen

WEINE

Rebsorten: Müller-Thurgau, Silvaner, Bacchus, Scheurebe, Kerner, blauer Portugieser, Schwarzriesling.
Weintipp/Empfehlung von Hans Schimmel: Müller-Thurgau trocken oder halbtrocken (aus eigenem Anbau).

KÜCHE

Warme Küche: Mittelgroße Karte mit 15-20 Gerichten. Kalte Küche: Mittelgroße Karte mit 15 Gerichten.
Spezialitäten: Geräucherte Forellen (aus eigener Zucht), Karpfen (in den Monaten mit „r“).

ANSCHRIFT

Breitbach 23
97516 Breitbach
Tel.: 09553-981090
Fax: 09553-981092

ÖFFNUNGSZEITEN

Täglich ab 8 Uhr
Donnerstag Ruhetag

Symbolerklärung s. vordere Klappe

ONLINE AUF WWW. Wein.BY

Weinstube-Weingut Nico und Salome Scholtens

WWW.WEINGUT-SCHOLTENS.COM

Plätze (außen/innen): 40/55

WEINE

Rebsorten: Müller-Thurgau, Silvaner, Perle, Kerner, Weißburgunder, Riesling, Portugieser, Schwarzriesling, Spätburgunder. Weintipp/Empfehlung von Nico Scholtens: Sehr trockene, sortenrein ausgebaute Weine.

KÜCHE

Warme Küche: Kleine Karte mit 2 kleinen Gerichten. Kalte Küche: Kleine Karte mit 7-8 Gerichten. Spezialitäten: Käsefondue, selbstgemachter Kochkäse, Gerupfter.

ANSCHRIFT

Rieneckstraße 6
97514 Oberaurach-Fatschenbrunn
Tel.: 09529-326
Fax: 09529-950268

ÖFFNUNGSZEITEN

Ganzjährig geöffnet
Sa ab 17 Uhr
So und Feiertage ab 14 Uhr
Montag bis Freitag geschlossen

BEIM HOLLÄNDER IN DER SCHULE

So könnte man einem Gast die Weinstube der Familie Scholtens beschreiben. Und es ist wirklich etwas Besonderes: Wo früher die Kinder ABC und Einmaleins lernten, genießen heute die Erwachsenen die guten Weine des Hauses mit Kochkäse und Käsefondue. Die Vorliebe für Milchprodukte könnte Nicol Scholtens in die Wiege gelegt sein, ist er doch stolzer Holländer, was auch die Dekoration in der Weinstube beweist. Im Garten des etwa 300 Jahre alten Hauses beginnt das Reich von Salome Scholtens, ein traumhafter Naturgarten mit jeder Menge seltener Pflanzen.

TIPP: Käsefondue

Bus 8178 Fatschenbrunn Kirche, Oberaurach

DB

Heckenwirtschaft Uwe und Ingeborg Gessner

WWW.WEINGUT-GESSNER.DE **Plätze (außen/innen): 0/40**

KLEIN, GEMÜTLICH & FEIN

Damit vereinigt die Heckenwirtschaft der Gessners alle wichtigen Attribute der Zunft auf sich. Außerdem zeigt man sich hier auch besonders feierfreudig. Immerhin sechs Termine im Jahr gilt es zu notieren: Hofschoppenfest (zweimal im Mai), Silvanertag (1. Mai), Rotweintag (August), Bremserfest (September) und Anfang Oktober der Weinherbst mit Federrotem. Für Weinkenner: Hier finden Sie einen der Shootings-Stars unter den Rebsorten, den Acolon. Erst 2002 zugelassen, stieg die Anbaufläche rasant von ca. 75 auf mittlerweile fast 500 ha an. Der füllige und harmonische Rotwein aus einer Kreuzung von Blaufränkischem und Dornfelder findet reißenden Absatz. Übrigens auch in der brandneuen hauseigenen Vinothek.

TIPP: Acolon

WEINE

Rebsorten: Müller-Thurgau, Silvaner, Riesling, Bacchus, grauer Burgunder, weißer Burgunder, Kerner, Dornfelder, Acolon, Schwarzriesling, Spätburgunder, Domina, Vagabund. Weintipp/Empfehlung von Uwe Gessner: Vagabund.

KÜCHE

Warme Küche: Kleine Karte mit 3-4 Gerichten. Kalte Küche: Kleine Karte mit ca. 10 Gerichten. Spezialitäten: Häckerplatte, hausgemachter Kochkäse.

ANSCHRIFT

Kirchsteig 2
97493 Bergrheinfeld-Garstadt
Tel.: 09722-6131
Fax: 09722-948320

ÖFFNUNGSZEITEN

Anfang Feb. bis Ende März und
Anfang Okt. bis Mitte Nov.
Fr ab 17 Uhr
Sa ab 15 Uhr
So und Feiertage ab 14 Uhr
Montag bis Donnerstag geschlossen
Für Gruppen ab 20 Personen nach Anmeldung auch außerhalb dieser Zeiten geöffnet

Wein auf dem Michaelsberg

BAMBERGERWEIN.BLOGSPOT.COM

Erstmal dachten alle, es wäre eine super Idee: Warum nicht anlässlich der anstehenden Landesgartenschau aus der maroden Streuobstwiese unterhalb des Bamberger Klosters auf dem Michaelsberg wieder einen ertragreichen Weinberg machen? Schließlich findet sich der Weinbau hier in vielen mittelalterlichen Urkunden.

Doch dann regte sich auf einmal unerwarteter Bürgerunmut: Die alten Obstbäume hatten mehr Freunde als gedacht, und auch die Wirtschaftlichkeit wurde angesichts des zu erwartenden „Sauerampfers" in Frage gestellt.

Am Ende der Leserbriefschlacht sollte sogar ein Bürgerbegehren stehen, kurz davor fand man nun einen Kompromiss: Einige Obstbäume bleiben, der Weinberg schrumpft von 100 auf 88 Ar Anbaufläche. Dort stehen nun seit Mai 2009 die Rebstöcke – und entwickeln sich wesentlich besser und schneller als erwartet. Statt erst 2010 oder 2011 hingen schon im August 2009 die ersten Trauben an den Stöcken. Winzer Martin Bauerschmitt aus Zeil (siehe Seite 117) zeigte sich verwundert und erfreut. Statt Sauerampfer wird auf dem Bamberger Südhang wohl ein richtig guter Tropfen reifen.

Freuen wir uns drauf!

Schäfer's Weinscheune

WWW.WEINSCHEUNE-SCHAEFER.DE **Plätze (außen/innen): 100/80**

WILDSCHWEIN AM SPIESS

Das gibt es zwar immer nur am letzten Juli-Wochenende, sollte aber eigentlich bei Ihnen unter den Pflichtterminen stehen. Schließlich steht der Klassiker von der letzten Seite jedes Asterix-Romanes seit einigen Jahren wieder vermehrt auf der Speisekarte, auch in unseren Breiten. Ein anderes Highlight bei den Schäfers sind die Weinbergswanderungen, die Senior Raimund als „Erlebnisführer" mit viel Liebe zum Detail durchführt. Als Abschluss des Besuches empfiehlt sich ein Schluck aus der hauseigenen Brennerei, zum Beispiel der Winzer Kaffee-Likör.

TIPP: Wildschwein am letzten Juli-Wochenende

WEINE

Rebsorten: Müller-Thurgau, Silvaner, Bacchus, Rieslaner, Portugieser, Dornfelder.

KÜCHE

Warme Küche: Kleine Karte mit ca. 5-6 Gerichten. Kalte Küche: Mittelgroße Karte mit ca. 15-20 Gerichten. Spezialitäten: Hausmacher Wurst, Kochkäse, Gerupfter, Bratwürste.

ANSCHRIFT

Kirchstraße 13
97500 Ebelsbach-Gleisenau
Tel.: 09522-950500
Fax: 09522-707925

ÖFFNUNGSZEITEN

Ganzjährig geöffnet
Mi bis Sa ab 16 Uhr
So und Feiertage ab 14 Uhr
Montag und Dienstag Ruhetag
(Reservierungen möglich)

Gasthaus Zehendner

WWW.WEIN.BY

Plätze (außen/innen): 25/80

IM HISTORISCHEN PAVILLON

Das Gleisenauer Schloss dient heute als Grundschule und Verwaltungsgebäude, und so fiel ein Teil des ehemaligen Gartens dem gegenüber liegenden Gasthaus Zehendner zu. Im Sommer sitzt man in dem historischen Pavillon vor dem über 150 Jahre alten Haus wunderbar und hat einen perfekten Blick auf das Ensemble. Aus der Küche kommen selbstgebackenes Brot sowie Fleisch und Wurst von eigenen Schweinen. Kenner sollten sich den vierwöchigen Schlachtschüsseltermin eintragen.

WEINE

Rebsorten: Müller-Thurgau, Silvaner, Bacchus, blauer Zweigelt , Regent. Weintipp/Empfehlung von Renate Zehendner: Silvaner direkt vom Fass.

KÜCHE

Warme Küche: Kleine Karte mit 5-10 kleinen Gerichten. Kalte Küche: Mittelgroße Karte mit 15 Gerichten. Spezialitäten: Hausmacher Bratwürste, Zwetschgenbames, selbstgemachter Kochkäse.

ANSCHRIFT

Obere Eichenleite 2
97500 Ebelsbach-Gleisenau
Tel.: 09522-1831

ÖFFNUNGSZEITEN

Mo bis Fr ab 15 Uhr
Sa ab 14 Uhr
So und Feiertage ab 9 Uhr
Mittwoch Ruhetag
Jeden 1. Sonntag im Monat geschlossen

TIPP: Silvaner vom Fass

Bus 8177 Gg.-Schäfer-Str., Ebelsbach-Gleisenau

Müller! Das Weingut und Weinhotel

WWW.WEINGUT-WEINHOTEL-MUELLER.DE **Plätze (außen/innen): 60/90**

EINMAL UM DIE GANZE WELT

Im Familienweingut setzt man auf Kontinuität. Deswegen sammelte der Sohn des Hauses, Florian, zwar umfangreiche Erfahrung in Neuseeland und Österreich, setzt diese aber nun als Winzer und Weinbautechniker im elterlichen Betrieb bereits tatkräftig um. Auf den Familienhängen wächst unter anderem der seltene Merzling, eine Kreuzung aus Riesling und Ruländer, die erst seit 1993 durch das Bundessortenamt zugelassen ist. Unsere Lieblingsspezialität aus der Küche: Das Silvanerrisotto!

TIPP: Merzling

WEINE

Rebsorten: Silvaner, Müller-Thurgau, Bacchus, weißer Burgunder, Merzling, Kerner, Spätburgunder, Dornfelder, Domina. Weintipp/Empfehlung von Thomas Müller: Merzling.

KÜCHE

Warme Küche: Kleine Karte mit 10 Gerichten. Kalte Küche: Kleine Karte mit 10 Gerichten. Spezialitäten: Sauerbraten, Saibling, Wildschweinkeulenbraten, Käsespätzle, Silvanerrisotto.

ANSCHRIFT

Am Marktplatz 12
97762 Hammelburg
Tel.: 09732-78770
Fax: 09732-787749

ÖFFNUNGSZEITEN

Ganzjährig geöffnet
Täglich 11.30 bis 14.30 u. ab 17 Uhr
Dienstag Ruhetag

DB 8165, 8167 Amtsgericht, Hammelburg Bus

Symbolerklärung s. vordere Klappe

ONLINE AUF WWW. Wein.BY

Weinhäusle Peter Plewe Bioland-Weinbau

WWW.BIOLANDWEINGUTPLEWE.DE Plätze (außen/innen): 60/30

WEINE

Rebsorten: Müller-Thurgau, Silvaner, Bacchus, Domina, Spätburgunder, Regent. Weintipp/Empfehlung von Peter Plewe: Silvaner, knochentrocken ausgebaut und jahrgangsbetonte, trockene Weine.

KÜCHE

Warme Küche: Kleine Karte mit 5-6 Gerichten. Kalte Küche: Mittelgroße Karte mit ca. 10-12 Gerichten. Spezialitäten: Knobline, selbstgemachter Kochkäse, Käsespezialitäten vom Naturlandhof, Kartoffelgemüse.

ANSCHRIFT

Dalbergstraße 14
97762 Hammelburg
Tel.: 09732-3147 oder
0171-4728704
Fax: 09732-782622

ÖFFNUNGSZEITEN

Ganzjährig geöffnet
Fr bis So ab 18 Uhr
Montag bis Donnerstag geschlossen
Für Gruppen ab 10 Personen auf Anfrage auch außerhalb dieser Zeiten geöffnet

VERGESSENE GERICHTE

Keine Angst, Sie werden hier gut bedient, mit den vergessenen Gerichten sind die vielen alten fränkischen Hausrezepte gemeint, nach denen der leidenschaftliche Hobbykoch und Bio-Winzer Peter Plewe seine Gerichte herstellt. Interessant für alle Besucher: Das Höflesfest im August, wenn jedermann in Hammelburg aus seinen Höfen kleine Gastronomien machen kann, solange er ein eigenes Gericht anbietet. Durch den ganzen Ort kreisen dann neben den Besuchern auch die Streumusiker, die immer nach einer Stunde die „Bühne" wechseln.

TIPP: Kartoffelgemüse

Bus 8167 Amtsgericht, Hammelburg

DB

Landgasthaus „Der Brunnenhof"

WWW.DER-BRUNNENHOF.DE Plätze (außen/innen): 120/130

AUF WALTHER VON DER VOGELWEIDES SPUREN

So kommt der Wanderer hier im Brunnenhof vorbei und kann es sich im Schatten des von Wein umrankten Hauses so richtig gemütlich machen. Im namensgebenden Brunnen ziehen mittlerweile Forellen ihre Kreise, die dann aber auch regelmäßig auf den Tellern der Gäste landen – fangfrischer geht es nicht. Die vielen hauseigenen Produkte, angereichert um die Erzeugnisse befreundeter Höfe, gibt es im Hofladen, von der handgeschöpften Seife bis zu Nudeln und Pesto.

TIPP: Fränkische Käse-Leckerei

WEINE

Rebsorten: Silvaner, Müller-Thurgau, Bacchus, Riesling, Weißburgunder, Johanniter, Scheurebe, Kerner, blauer Spätburgunder, Regent, Dornfelder, blauer Portugieser, Gewürztraminer, Acolon, Spätburgunder. Weintipp/ Empfehlung von Christian Hemmert: Kerner Kabinett Oberschwarzacher Herrenberg und Johanniter (Bio-Wein aus Wiesenbronn, pilzresistente Sorte)

KÜCHE

Warme Küche: Große Karte mit ca. 25 Gerichten. Kalte Küche: Mittelgroße Karte mit ca. 20 Gerichten. Spezialitäten: Saisonale Gerichte, fangfrische Forellen, Bachsaibling, fränkische Käse-Leckerei.

ANSCHRIFT

Handthal 6
97516 Oberschwarzach-Handthal
Tel.: 09382-99828
Fax: 09382-99827

ÖFFNUNGSZEITEN

Ganzjährig geöffnet
Täglich ab 11 Uhr
Anfang Apr. bis Ende Okt. Mo Ruhetag
Anfang Nov. bis Ende März Montag und Dienstag Ruhetag
Nach 3König für 4-5 Wochen geschl.

Symbolerklärung s. vordere Klappe

ONLINE AUF WWW. Wein.BY

Restaurant Forellenhof

WWW.FORELLENHOF-HANDTHAL.DE

Plätze (außen/innen): 255/110

DER GROSSE WEINGARTEN

Über 200 Fans finden im Weingarten des Forellenhofes Platz, meist sind es Wanderer, die zuvor die Weinberge des legendären Ortes durchstreift haben. Zusätzliche Attraktion des Hauses sind die Rehe im nebenan gelegenen Damwildgehege und die Forelle, die im eigenen Bassin auf ihre Veredelung warten. Besonders romantisch sind die vom Haus angebotenen Fackelwanderungen, ein wirklich einmaliges Erlebnis!

WEINE

Rebsorten: Silvaner, Weißburgunder, Müller-Thurgau, Kerner, Riesling, Domina, Dornfelder. Weintipp/Empfehlung von Marcel Adler: Rotling.

KÜCHE

Warme Küche: Große Karte mit ca. 35 Gerichten. Kalte Küche: Mittelgroße Karte mit ca. 15 Gerichten. Spezialitäten: Fisch- und Wildgerichte, Forellen in verschiedenen Variationen.

ANSCHRIFT

Handthal 28
97516 Oberschwarzach
Tel.: 09382-5467
Fax: 09382-903696

ÖFFNUNGSZEITEN

Ganzjährig geöffnet
Täglich ab 10 Uhr
Donnerstag Ruhetag

TIPP: Forellenvariationen

Bus 8163 Handthal, Oberschwarzach

DB

Weingasthof „Schoppenstübla"

WWW.SCHOPPENSTUEBLA.DE **Plätze (außen/innen): 95/60**

URIG-FRÄNKISCH-PREISWERT!

Das ist der Leitspruch von Dunja und Reiner Barth, die 2003 den neun Jahre vorher von Reiners Vater gegründeten Betrieb übernommen haben. Ausgeschenkt wird natürlich nur Handthaler Stollberg-Wein, dazu schmecken Omas hausgemachte Kuchen und die Wildgerichte aus eigenem Gehege. Das größte Fest des Jahres steigt am dritten Septemberwochenende, wenn auch viele Stammgäste von weit her zum Hofschoppenfest in den beliebten Weinort kommen.

TIPP: Damwild-Braten

WEINE

Rebsorten: Müller-Thurgau, Bacchus, Silvaner, Kerner, Spätburgunder. Weintipp/Empfehlung von Reiner Barth: Bacchus.

KÜCHE

Warme Küche: Mittelgroße Karte mit ca. 20 Gerichten. Kalte Küche: Mittelgroße Karte mit ca. 20 Gerichten. Spezialitäten: Damwild-Braten (aus eigenem Gehege), Gerupfter, Sauerbraten, vegetarische Gerichte.

ANSCHRIFT

Handthal 7
97516 Oberschwarzach-Handthal
Tel.: 09382-8976
Fax: 09382-8987

ÖFFNUNGSZEITEN

Ganzjährig geöffnet
Di bis Do ab 12 Uhr
Sa, So und Feiertage ab 11 Uhr
Montag und Freitag Ruhetag

Symbolerklärung s. vordere Klappe

ONLINE AUF WWW. Wein.BY

Staatliches Weingut - Weinausschank Stollberg

WWW.WEIN.BY

Plätze (außen/innen): 150/90

WEINE

Rebsorten: Müller-Thurgau, Silvaner, Kerner, Bacchus, Scheurebe, dazu kommt ein Handthaler Stollberg Rotwein (aus den Rebsorten Acolon, Cabernet Dorsa, Rondo, Roesler, Regent und Rathay). Weintipp/ Empfehlung von Hermann Kraiß: Trockener Silvaner.

KÜCHE

Warme Küche: Mittelgroße Karte mit 10-12 Gerichten. Kalte Küche: Mittelgroße Karte mit 12 Gerichten. Spezialitäten: Hausmacher Winzerplatte, Gerupfter, hausgemachter Schinken.

ANSCHRIFT

Stollberg 50
97516 Oberschwarzach-Handthal
Tel.: 09382-8418
Fax: 09382-8488

ÖFFNUNGSZEITEN

Ganzjährig geöffnet
Täglich ab 10.30 Uhr
So und Feiertage ab 9.30 Uhr
Anfang Apr. bis Ende Okt. Freitag Ruhetag
Anfang Nov. bis Ende März Donnerstag und Freitag Ruhetag
Bei schlechtem Wetter bitte vorher anrufen! Ab Mitte November für ca. 4 Wochen geschlossen

GANZ OBEN IN FRANKEN

Mitten im höchsten fränkischen Weinberg auf 440 Metern über dem Meeresspiegel steht der Weinausschank der Familie Kraiß. Seit über vier Jahrzehnten bieten sie ihren Gästen hier die richtigen Getränke zum schönsten Ausblick des Steigerwaldes, der bei guter Sicht bis nach Würzburg reicht. Vom fränkischen Mundpropaganda-Geheimtipp hat sich Handthal mittlerweile zum echten Klassiker gewandelt, aber dennoch seinen ganzen Charme behalten. Kosten sollten Sie unbedingt den Handthaler Stollberg Rotwein aus einem Versuchsanbau mit 2x6 Zeilen der Sorten Acolon, Cabernet Dorsa, Rondo, Roesler, Regent und Rathay.

TIPP: Handthaler Stollberg Rotwein

Bus 8163 Handthal, Oberschwarzach

DB

Weinstube **Winzermännle** Weingut Alois und Maria Kraiß

WWW.WEINGUT-WINZERMAENNLE.DE **Plätze (außen/innen): 90/115**

ALLE WEGE FÜHREN NACH ROM, IN HANDTHAL HÖREN SIE ALLE AUF

Ein wahrer Spruch, denn biegt man einmal von der Bundesstraße zu dem kleinen Ort ab, bleibt eigentlich nur der Halt vor einer der fünf Gastwirtschaften. Bei Familie Kraiß legt man auch sehr viel Wohl auf die feste Nahrung zu Silvaner, Kerner & Co. Schnitzel und Forelle gibt es immer, deswegen bilden sie auch den verbalen Rahmen auf der ehemaligen Schultafel, die nun die Speisekarte des Hauses darstellt. Die aktuellen Schmankerln stehen dann immer dazwischen und vollenden den ohnehin perfekten Eindruck der Weinstube. Geheimtipp: Nutzen Sie die Gelegenheit zu einer individuellen Weinprobe in der Vinothek (ab sechs Personen).

TIPP: Deftige Brotzeiten

WEINE

Rebsorten: Müller-Thurgau, Bacchus, Silvaner, Kerner, Riesling, Scheurebe, Grauer Burgunder, Dornfelder, Regent, Schwarzriesling, Carbernet Dorsa. Weintipp/Empfehlung von Herrn Kraiß: Trockener Silvaner, trockene Rotweine.

KÜCHE

Warme Küche: Mittelgroße Karte mit ca. 10 Gerichten. Kalte Küche: Mittelgroße Karte mit ca. 10 Gerichten. Spezialitäten: Hausmacher Wurst, selbstgemachter Gerupfter, deftige Brotzeiten, Käseplotz (Kuchen), Winzertorte.

ANSCHRIFT

Haus Nr. 51
97516 Oberschwarzach-Handthal
Tel.: 09382-1600

ÖFFNUNGSZEITEN

Ganzjährig geöffnet
Fr, Sa, So und Feiertage ab 9 Uhr
Montag bis Donnerstag Ruhetag
Auf Anfrage für Gruppen auch außerhalb dieser Zeiten geöffnet

ONLINE AUF WWW. Wein.BY

Weinstube Ebert

WWW.WEINE-EBERT.DE

Plätze (außen/innen): 0/40

WEIN AUS LEIDENSCHAFT

Seit 1665 pflanzen die Winzer in Kammerforst ihre Reben, zu denen von Beginn an der Silvaner gehörte. War früher der Weinberg nur eine Bereicherung von Land- und Forstwirtschaft, so haben mittlerweile immer mehr Betriebe komplett auf den Traubensaft umgestellt. So auch Werner und Waltraud Ebert, die 1973 Pflug und Rindviecher an den Nagel hängten und sich auf ihre große Leidenschaft konzentrierten: Den Frankenwein.

WEINE

Rebsorten: Müller-Thurgau, Bacchus, Silvaner, Gewürztraminer, Portugieser, Dornfelder. Weintipp/Empfehlung von Waltraud Ebert: Silvaner trocken, Gewürztraminer Spätlese.

KÜCHE

Warme Küche: Kleine Karte mit 4 Gerichten. Kalte Küche: Kleine Karte mit 6-7 Gerichten. Spezialitäten: Hausmacher Wurstplatte, hausgemachter Kochkäse.

ANSCHRIFT

Haus Nr. 9
97516 Kammerforst
Tel.: 09553-1208
Fax: 09553-1596

ÖFFNUNGSZEITEN

Anfang März bis Ende Apr. und
Anfang Sep. bis Ende Okt.
Sa ab 15 Uhr
So und Feiertage ab 13 Uhr
Montag bis Freitag geschlossen
Während dieser Zeiten für Gruppen nach Anmeldung jederzeit geöffnet

TIPP: Gewürztraminer Spätlese

Bus 8163 Breitbach, Oberschwarzach

DB

Weinbau Pfister

WWW.WEINBAU-PFISTER.DE **Plätze (außen/innen): 0/56**

DAS ORIGINAL

Heutzutage dürfen Heckenwirtschaften nur 40 Sitzplätze haben, die wenigen erhaltenen alten Vertreter wie beispielsweise die Hecke der Pfisters, dürfen aber ihre alte Größe behalten, weswegen hier an die 60 Personen unterkommen. Der Weg nach Kammerforst ist seit jeher eine Art Ameisenstraße für Bamberger Weinfreunde, die entlang der ehemals fürstbischöflichen Chaussee von Bamberg nach Würzburg, der heutigen Bundesstraße 22, hierher kommen und sich ihre Vorräte für zuhause einpacken. Traditionell verbindet man das natürlich mit einer zünftigen Vesper, die man hier bei Pfisters im Keller schon immer wunderbar genießen konnte.

TIPP: Blauer Zweigelt

WEINE

Rebsorten: Müller-Thurgau, Silvaner, Bacchus, Kerner, Riesling, Blauer Zweigelt, Merlot, Domina.
Weintipp/Empfehlung von Johannes Pfister: Blauer Zweigelt, Merlot.

KÜCHE

Warme Küche: Kleine Karte mit 4 Gerichten. Kalte Küche: Kleine Karte mit 6-8 Gerichten. Spezialiäten: Gerupfter, Hausmacher Wurst.

ANSCHRIFT

Kammerforst 19
97516 Oberschwarzach
Tel.: 09553-1519

ÖFFNUNGSZEITEN

Mitte März bis Ende Apr. und Mitte Sep. bis Ende Okt.
So und Feiertag ab 13 Uhr
Montag bis Samstag geschlossen
Während dieser Zeiten Mo bis Sa für Gruppen auf Anfrage jederzeit geöffnet

Symbolerklärung s. vordere Klappe

Weinstube mit Freisitz Jürgen Rebhann

WWW.REBHANN.DE

Plätze (außen/innen): 35/40

WEINE

Rebsorten: Silvaner, Müller-Thurgau, Bacchus, Scheurebe, Kerner, Johanniter, Weißburgunder, Grauburgunder, Domina, Frühburgunder, Spätburgunder, Regent. Weintipp/ Empfehlung von Claudia Rebhann: Qualitätsbewusste Weine, die gefühlvoll mit Erfahrung authentisch ausgebaut werden, um den Charakter zu erhalten. Weiche harmonische Rotweine erfahren traditionelle Holzfasslagerung.

KÜCHE

Warme Küche: Kleine Karte mit 2 Gerichten. Kalte Küche: Mittelgroße Karte mit 18 Gerichten. Spezialitäten: Die etwas andere kalte Platte, Lachsvariation, Schafs- und Schimmelkäse.

ANSCHRIFT

Hauptstraße 11
97516 Oberschwarzach-Kammerforst
Tel.: 09553-921080
Fax: 09553-921081

ÖFFNUNGSZEITEN

Anfang März bis Anfang Juni und Anfang Sep. bis 1. Advent
So und Feiertage ab 13 Uhr
(wetterabhängige Gastronomie, daher bitte kurz vorher telefonisch informieren)

NATURTRÜBER EDELBRAND

Klar, wir sind hier in einem Buch über Wein, aber wie Sie auf den umgebenden Seiten feststellen, gibt es im Frankenland jede Menge Vorzeigewinzer, wie auch Jürgen Rebhann einer ist. Doch hier haben wir zusätzlich zu den guten Weinen noch einen ganz besonders edlen Tropfen entdeckt, den naturtrüben Williams. Diese Edelvariante eines klassischen Williams-Christ-Birnenbrandes ist patentiert und bietet ein ganz besonders intensives Birnen-Geschmackserlebnis. Mittlerweile bieten die Rebhanns diese Köstlichkeit auch als Zwetschgenvariante – beides sollten Sie sich nicht entgehen lassen!

TIPP: Williams Christ Birnenbrand naturtrüb

Bus 8163 Breitbach, Oberschwarzach

Wei'Stübla

WWW.WEISTUEBLA.DE

Plätze (außen/innen): 50/50

AUS FUNK UND FERNSEHEN

Das Wei´Stübla war schon zweimal Star der Fernsehsendung „Schlemmen in Franken" – zurecht, wie wir finden. Schließlich begeben sich Renate Klinger und Christina Fallenbacher zweimal im Jahr auf kulinarische Schatzsuche, das bedeutet, sie reisen umher und sichten neue Weine und Rezeptideen für ihren Laden. Das führt dazu, dass sie alle zwei Wochen eine neue Spezialitätenkarte auflegen, die dann unter verschiedenen Mottos wie etwa „Grüße aus dem Morgenland" die Gäste begeistern.

TIPP: Aktuelle Spezialitätenkarte

WEINE

Rebsorten: Müller-Thurgau, Silvaner, Bacchus, Scheurebe, Weißburgunder, Regent, Riesling, Spätburgunder, Domina, Dornfelder, Schwarzriesling, Blaufränkisch, Cabernet Sauvignon, fränkischer alter gemischter Satz.

KÜCHE

Warme Küche: Mittelgroße Karte mit 10-12 Gerichten. Kalte Küche: Kleine Karte mit ca. 10 Gerichten. Spezialitäten: Fränkische Schmankerl und Brotzeiten, Köstlichkeiten aus aller Herren Länder im Rhythmus der Jahreszeiten.

ANSCHRIFT

Eduard-Lingel-Straße 17
97486 Königsberg in Bayern
Tel.: 09525-8346
Fax: 09525-981155

ÖFFNUNGSZEITEN

Ganzjährig geöffnet
Mi bis So ab 18 Uhr
Fest- und Feiertage ab 12 Uhr
Montag und Dienstag Ruhetag

Symbolerklärung s. vordere Klappe

Äs Madenhäusle

WWW.MADENHAEUSLE.DE Plätze (außen/innen): 60/58

WEINE

Rebsorten: Silvaner, Bacchus, Müller-Thurgau, Riesling, Kerner, Weißburgunder, Blanc de Noir, Dornfelder, Spätburgunder, blauer Silvaner. Weintipp/Empfehlung von Ernst Böhm: Rotwein Cuvée (aus Domina, Dornfelder und Schwarzriesling vom Weingut Mößlein in Zeilizheim).

KÜCHE

Warme Küche: Mittelgroße Karte mit 15 Gerichten. Kalte Küche: Kleine Karte mit 2 Gerichten. Spezialitäten: Saisonale Gerichte, kreative, fränkische Küche, Sabines selbstgemachte Soßen (jedes Gericht hat seine eigene Soße), Sabines Suppen.

ANSCHRIFT

Gustav-Adolf-Straße 17
97532 Madenhausen
Tel.: 09720-526
Fax: 09720-3809

ÖFFNUNGSZEITEN

Anfang Apr. bis Ende Okt.
Mi bis Sa ab 17 Uhr
So ab 11.30 Uhr
Montag und Dienstag Ruhetag
Anfang Nov. bis Ende März
Do bis Sa ab 17 Uhr
So 11.30 bis 20 Uhr
Montag bis Mittwoch Ruhetag
Für Gruppen und Feierlichkeiten nach Anmeldung auch außerhalb dieser Zeiten geöffnet

MIDD UNN OHNE ALKOHOL...

... fühlt man sich wohl in diesem über 300 Jahre alten Bauernhaus, mit dem sich Sabine und Ernst Böhm 1997 einen echten Lebenstraum erfüllt haben. Seitdem ist fränkisch die Amtssprache in dem urigen Wirtshaus, in dem auch regelmäßig Veranstaltungen wie „Wirtshausamd middn Onkl Willi unn sei Quetschn" steigen. Dann geht es hoch her und die Stube ist bis zum letzten Platz gefüllt. Am meisten Spaß macht übrigens das fränkische Menü, das man in einer kleinen Gruppe direkt aus dem Topf genießen kann.

TIPP: Sabines Suppen

Bus 8171 Madenhausen Gh. Kaminstube, Üchtelhausen

Hetzel's Heck'n

WWW.WEINBAU-HETZEL.DE

Plätze (außen/innen): 50/55

REFUGIUM DES BLAUEN SILVANERS

Unter den Reben auf den zweieinhalb Hektar Anbaufläche der Hetzels befinden sich auch einige Stöcke des extrem seltenen Blauen Silvaners. Dieser gilt als die Mutter des grünen Silvaners und liefert etwas kräftigere Weine, manchmal mit einem Hauch von Zwiebelhautfarbe. Dazu schmeckt die hausgemachte Wurst von Hans und Elisabeth Hetzel besonders gut, allerdings haben uns auch die Rotweine überzeugt.

TIPP: Vo Ölles Öbbes

WEINE

Rebsorten: Müller-Thurgau, Bacchus, Silvaner, blauer Silvaner, Weißburgunder, Schwarzriesling, Domina, Regent. Weintipp/Empfehlung von Hans Hetzel: Blauer Silvaner.

KÜCHE

Warme Küche: Kleine Karte mit 2 Gerichten. Kalte Küche: Mittelgroße Karte mit 13 Gerichten. Spezialitäten: Vo Ölles Öbbes, Kartoffeln mit Hausmacher Würst.

ANSCHRIFT

Scherenbergstraße 18
97478 Knetzgau-Oberschwappach
Tel.: 09527-207
Fax: 09527-951990

ÖFFNUNGSZEITEN

Ab Mitte Jan. für 8 Wochen und
ab Mitte Sep. für 8 Wochen
Fr bis So und Feiertage ab 14 Uhr
Montag bis Donnerstag geschlossen
Für Gruppen ab 20 Personen auf Anfrage auch außerhalb dieser Zeiten geöffnet

Udo's Heckenwirtschaft

WWW.UDOS-HECKENWIRTSCHAFT.DE **Plätze (außen/innen): 50/40**

OHNE VERSTÄRKER

Das trifft hier gleich zweimal zu: Einerseits, wenn die Musikanten in der Wirtschaft auflaufen, mit Steirischer Ziach (Mundharmonika) oder Zither, und andererseits in bezug auf den Wein, der ausgesprochen trocken, also ohne jegliche Restsüße, ausgebaut wird. Ein echter Geheimtipp für alle Trockenweinfans. Besonders profitiert davon der Cabernet Dorsa, eine Neuzüchtung aus Dornfelder und Cabernet Sauvignon, die es in Franken immerhin auf 20 Hektar Anbaufläche bringt. Der beste Zeitpunkt für einen Besuch ist der Donnerstag Abend, wenn es von Ende Juni bis Ende August frisch gegrillte Spareribs mit Salatbüffet gibt.

WEINE

Rebsorten: Müller-Thurgau, Silvaner, Bacchus, Regent, Cabernet Dorsa. Weintipp/Empfehlung von Udo Vogt: Alle unsere Weine werden ausgesprochen trocken ausgebaut - also ohne jeglicher Restsüße, also für alle Trockenweintrinker die richtige Adresse.

KÜCHE

Warme Küche: Täglich 1 wechselndes Gericht. Kalte Küche: Mittelgroße Karte mit über 10 Gerichten. Spezialitäten: Marinierte Heringe, gebackene Griefenwurst, Bratwurst, Wildschweinschinken.

ANSCHRIFT

Scherenbergstraße 41
97478 Knetzgau-Oberschwappach
Tel.: 09527-650
Fax: 09527-950843

ÖFFNUNGSZEITEN

März/April und
September/Oktober
Fr und Mo ab 18 Uhr
Sa ab 17 Uhr
So und Feiertage ab 15 Uhr
Dienstag bis Donnerstag geschl.

TIPP: Cabernet Dorsa

Alter Gewölbekeller

WWW.FAMWAGNER.DE

Plätze (außen/innen): 70/60

IMMER WAS ZU LACHEN

Für Inhaber Franz Wagner steht die Unterhaltung seiner Gäste im Vordergrund. Ob er einen seiner über 500 ständig paraten Witze zum besten gibt, die Liederbücher rausholt oder spontan eine kostenlose Weinbergsführung startet, mit ihm und bei ihm wird es nie langweilig. Den Gewölbekeller betreibt der Elektromeister eigentlich als Hobby, doch man könnte meinen, es wäre anders herum. In Sachen Wein hat Franz eine eigene Philosophie: Er steht auf junge, spritzige, kaltvergärte Weine. Freuen Sie sich also auf interessante Reben-Schmankerl!

TIPP: Rote Zipfel

WEINE

Rebsorten: Müller-Thurgau, Bacchus, Silvaner, Kerner, Domina, Spätburgunder, Regent. Weintipp/Empfehlung von Frank Wagner: Hausschoppen Müller-Thurgau halbtrocken.

KÜCHE

Warme Küche: Kleine Karte mit 4-5 Gerichten. Kalte Küche: Kleine Karte mit 10 Gerichten. Spezialitäten: Rote Zipfel (im Domina-Wein-Sud), Winzertopf, fränkisches Buffet.

ANSCHRIFT

Untere Ofengasse 7
97516 Oberschwarzach
Tel.: 09382-3101919
Fax: 09382-3101920

ÖFFNUNGSZEITEN

Anfang Feb. bis Mitte Mai und
Anfang Sep. bis 3. Advent
Sa ab 16 Uhr
So und Feiertage ab 14 Uhr
Montag bis Freitag geschlossen
Für Gruppen von 15 bis 20 Pers. nach Anmeldung auch ausserhalb dieser Zeiten geöffnet

DB 8163 Vorstadt, Oberschwarzach Bus

Symbolerklärung s. vordere Klappe

Die Alte Scheune

WWW.FAMWAGNER.DE Plätze (außen/innen): 50/200

WEINE

Rebsorten: Müller-Thurgau, Silvaner, Bacchus, Kerner, Spätburgunder, Domina. Weintipp/Empfehlung von Waltraud Wagner: Silvaner Kabinett.

KÜCHE

Warme Küche: Kleine Karte mit 6 Gerichten. Kalte Küche: Kleine Karte mit 9 Gerichten. Spezialitäten: Typisch fränkische Gerichte, blaue Zipfel, selbstgemacher Kochkäse, Rindfleisch mit Meerrettich (bei großen Veranstaltungen).

ANSCHRIFT

Untere Ofengasse 3
97516 Oberschwarzach
Tel.: 09382-5846
Fax: 09382-5886

ÖFFNUNGSZEITEN

Anfang Mai bis Mitte Nov.
Sa ab 15 Uhr
So ab 14 Uhr
Mo bis Fr geschlossen
Für Busse und Gesellschaften nach Anmeldung jederzeit geöffnet
Von Mitte Nov. bis Anfang Mai komplett geschlossen

WAGNER, DER ZWEITE AKT

Während Sohn Frank im Gewölbekeller schmunzelt, sind die Eltern Waltraud und Georg hier in der Alten Scheune am Zug. Nachdem die beiden zertifizierte Gästeführer sind, sollten Sie hier am besten auch eine entsprechende Führung buchen. Dazu kann dann auch eine Weinprobe in den Weinbergen der Familie – natürlich unter freiem Himmel – gehören, allerdings sollten Sie schon auch einen Blick in die kleine aber feine Speisekarte der Scheune werfen.

TIPP: Silvaner Kabinett

Winzerhof Familie Schwab

WWW.WEINBAU-SCHWAB.DE **Plätze (außen/innen): 30/40**

BEI CARINA I.

2011 ist das letzte Jahr, in dem Weinprinzessin Carina I. aus der Winzerfamilie Schwab das Zepter schwingen kann. Schon vier Jahre Übung hat sie mittlerweile und vertritt wie kaum eine andere die gelebte fränkische Winzertradition. Denn schon seit mehr als 100 Jahren dreht sich bei den Schwabs alles um die Reben. Seit 1988 managed nun Ewald mit seiner Familie Claudia, Christian und Carina den Betrieb. Die Gäste kommen besonders beim Hofschoppenfest an Pfingsten auf ihre Kosten, wenn drei Tage lang mit Wein und Winzerplatte gefeiert wird.

TIPP: Gerupfter

WEINE

Rebsorten: Müller-Thurgau, Bacchus, Silvaner, Spätburgunder, Dornfelder. Weintipp/Empfehlung von Ewald Schwab: Silvaner und Rotling.

KÜCHE

Warme Küche: Kleine Karte mit 1 Gericht. Kalte Küche: Kleine Karte mit 7-8 Gerichten. Spezialitäten: Selbstgemachter Gerupfter, Winzerplatte.

ANSCHRIFT

Vorstadt 6
97516 Oberschwarzach
Tel.: 09382-5152
Fax: 09382-315720

ÖFFNUNGSZEITEN

1. WE im Sep. bis zum letzten WE im Okt. und 1. WE im März bis zum letzten WE im Apr.
Sa, So und Feiertage ab 14 Uhr
Montag bis Freitag geschlossen

Symbolerklärung s. vordere Klappe

ONLINE AUF WWW. Wein.BY

Heckenwirtschaft Familie Eller

WWW.WEINK-ELLER.DE

Plätze (außen/innen): 0/40

WEINE

Rebsorten: Bacchus, Silvaner, Müller-Thurgau, Domina, Portugieser. Weintipp/Empfehlung von Eva Eller: Rotling.

KÜCHE

Warme Küche: Kleine Karte mit 1 Gericht. Kalte Küche: Kleine Karte mit 8-10 Gerichten. Spezialitäten: Winzerplatte, Käseplatte, blaue Zipfel.

ANSCHRIFT

Prappacher Straße 17
97437 Hassfurt-Prappach
Tel.: 09521-1730 (privat)
Fax: 09521-61382

ÖFFNUNGSZEITEN

Ab Mitte März (für ca. 6 Wochen) und ab Mitte Okt. (für ca. 6 Wochen)
Sa ab 17 Uhr
So ab 16 Uhr
Montag bis Freitag geschlossen
Für Gruppen ab 30 Personen nach Anmeldung geöffnet

34 EIMER WEIN

So viel mussten die Winzer aus Prappach bis 1290 jedes Jahr in die Bamberger Klöster St. Gangolf und St. Jakob liefern. Zu diesem Zeitpunkt war der örtliche Weinbau schon etwa 150 Jahre alt und wurde auch danach, als man von der Leistungspflicht befreit war, ein wichtiger Wirtschaftsfaktor der Region. So ist es bis heute geblieben. Eva und Werner Eller betreiben im ehedem elterlichen Haus von Werner zwölf Wochen im Jahr ihre Heckenwirtschaft. Nachdem das Haus sonst unbewohnt ist, gibt es dort kein Telefon. Sie müssen also außerhalb der Öffnungszeiten reservieren bzw. bestellen.

TIPP: Rotling und Winzerplatte

Bus 9105b Prappach, Haßfurt

DB

Weinbau Elmar Grau

WWW.WEIN.BY

Plätze (außen/innen): 50/50

ALLES GRÜN BEI GRAU

Klingt komisch, ist aber so: Der gesamte Hof ist von Reben durchzogen, die in den vergangenen 20 Jahren seit Gründung der Heckenwirtschaft auch jede Menge Zeit zum Wachsen hatten. Das Jubiläumsjahr 2009 war dann auch Grund, einen legendären eigenen Jubiläumswein abzufüllen, der allerdings mittlerweile ausgetrunken ist. Wir empfehlen Ihnen den feinen Rotling und dazu einen leckeren Schmankerlteller mit Spezialitäten aus der Hausschlachtung.

TIPP: Schmankerlteller

WEINE

Rebsorten: Silvaner, Müller-Thurgau, Bacchus, Domina. Weintipp/Empfehlung von Elmar Grau: Domina, Rotling.

KÜCHE

Warme Küche: Kleine Karte mit 5 Gerichten. Kalte Küche: Kleine Karte mit 7-8 Gerichten. Spezialitäten: Hausmacher Bratwürste, Winzerplatte, Schmankerlteller (Fisch, Lachs, Käse, Schinken, Schmalz), fränkischer Winzerplootz.

ANSCHRIFT

Hauptstraße 43
97729 Ramsthal
Tel.: 09704-7760
Fax: 09704-603318

ÖFFNUNGSZEITEN

Anfang März bis Mitte Apr. und Mitte Sep. bis Ende Okt.
Sa ab 15 Uhr
So und Feiertage ab 14 Uhr
Montag bis Freitag geschlossen
Für Gruppen ab 15 Personen nach Anmeldung auch außerhalb dieser Zeiten geöffnet

Weinbau Adolf Keller

WWW.WEINBAU-KELLER.DE Plätze (außen/innen): 50/50

WEINE

Rebsorten: Müller-Thurgau, Bacchus, Silvaner, Kerner, Scheurebe, Ortega, Faberrebe, Traminer, Riesling, Domina, Dornfelder, Regent. Weintipp/ Empfehlung von Karin Keller: Silvaner.

KÜCHE

Warme Küche: Kleine Karte mit 3 Gerichten. Kalte Küche: Kleine Karte mit ca. 10 Gerichten. Spezialitäten: Hausmacher Bratwürste mit Bratkartoffeln, Wurst aus eigener Herstellung.

ANSCHRIFT

Hauptstraße 6
97729 Ramsthal
Tel.: 09704-1851
Fax: 09704-7603

ÖFFNUNGSZEITEN

Ende Dez. bis Ende Jan
Fr und Sa ab 16 Uhr
So und Feiertage ab 14 Uhr
Montag bis Donnerstag geschlossen
Mitte Juli bis Ende Aug.
Fr und Sa ab 17 Uhr
So und Feiertage ab 15 Uhr
Montag bis Donnerstag geschlossen
(Silvester nur nach Voranmeldung geöffnet)

GENIALER KELLER

Dies ist hier durchaus doppeldeutig zu verstehen. Mit einer Feier im Gewölbekeller der Kellers treffen sie bei ihren Gästen immer ins Schwarze, am besten noch in Kombination mit einer Weinprobe. Dann können Sie unter anderem auch zwei echte Seltenheiten probieren: Einerseits die Faberrebe, eine Kreuzung von Weißburgunder und Müller-Thurgau, die seit 1967 Sortenschutz genießt, und andererseits den Ortega, einer Kreuzung aus Müller-Thurgau und Siegerrebe, die seit 1971 unter Sortenschutz steht. Die Namensgebung soll den spanischen Philosophen José Ortega y Gasset ehren.

TIPP: Faberrebe

Romsler Schoppehäusle

WWW.WEIN.BY

Plätze (außen/innen): 0/55

VON ALLES EBBES

So heißt nicht nur unser Leibgericht bei den Fuchsens, sondern das gilt auch für die Heckenwirtschaft selbst. Schließlich gibt es nicht nur Romsler (Ramsthaler) Weine, sondern auch jene aus dem Weingut von Tochter Sandra und Ehemann (Menz/Astheim). Dazu eigene Brände, Liköre und ein hauseigener Prosecco. Doch zurück zu „Von alles Ebbes": Hier handelt es sich um eine gemischte Platte mit Fisch, Wurst und Käse, eben ein echtes Allerlei, das Sie unbedingt probieren sollten.

TIPP: Von alles Ebbes

WEINE

Rebsorten: Silvaner, Müller-Thurgau, Bacchus, Kerner, Schwarzriesling. Weintipp/Empfehlung von Edgar Fuchs: Silvaner, Rotling, Bacchus.

KÜCHE

Warme Küche: Kleine Karte mit 4-5 Gerichten. Kalte Küche: Mittelgroße Karte mit 10 Gerichten. Spezialitäten: Bratwürste, blaue Zipfel, Kümmelbauch, „Von alles Ebbes" (Forelle, Lachs, Schinken, Käse).

ANSCHRIFT

Hauptstraße 8
97729 Ramsthal
Tel.: 09704-1387
Fax: 09704-7656

ÖFFNUNGSZEITEN

Mitte Jan. bis Anfang Mai und
1. WE im Sep. bis Anfang Nov.
So ab 14 Uhr
Montag bis Samstag geschlossen
Für Gruppen ab 20 Personen nach Voranmeldung ganzjährig geöffnet

Gasthaus Engel

WWW.WEIN.BY

Plätze (außen/innen): 120/55

AUS BIER MACH WEIN

Eigentlich sitzen Sie hier in einem Brauereiwirtshaus. Allerdings lösten 1995 Weinbau und Weinausschank den Gerstensaft ab, die Brauerei wurde abgerissen. Heute erleben Sie eine wunderschöne Weingastronomie mit liebevoller Dekoration und einer tollen Küche, die auf Vorbestellung fast alles möglich macht. An den Adventswochenenden wärmen sich die Roßstadter an der Glühweinhütte im Hof.

WEINE

Rebsorten: Müller-Thurgau, Silvaner.

KÜCHE

Warme Küche: Bratwürste + 2-3 wechselnde Gerichte, die nicht auf der Karte stehen. Kalte Küche: Mittelgroße Karte mit ca. 12-14 Gerichten. Spezialitäten: Schinkenröllchen, Sülze mit Bratkartoffeln, hausgemachter Pressack.

ANSCHRIFT

Frankenstraße 18
97483 Eltmann-Roßstadt
Tel.: 09522-439

ÖFFNUNGSZEITEN

Ganzjährig geöffnet
Fr, Sa und So ab 14.30 Uhr
Montag bis Donnerstag Ruhetag

TIPP: Hausgemachter Pressack

Hotel-Weingut Goger

WWW.HOTEL-WEINGUT-GOGER.DE Plätze (außen/innen): 100/265

AUF DER GOGERS WIES'N

So nennt man im Volksmund den Wein- und Biergarten von Stefan und Andrea Goger. Er Koch und Winzer, sie Mädchen für alles, stellen sie das perfekte Paar für eine erfolgreiche Weinwirtschaft. So kommen die Gäste immer gerne wieder und sitzen besonders gerne in der „Bocksbeutelbar", wo zwischen unzähligen gleichnamigen Flaschen und Wagenrädern auch die Weinproben stattfinden.

TIPP: Rindfleisch mit Meerrettich

WEINE

Rebsorten: Bacchus, Müller-Thurgau, Silvaner, Scheurebe, Kerner, Portugieser, Riesling, Schwarzriesling, Cabernet Sauvignon, Cabernet Dorsa, Dornfelder, Regent. Weintipp/Empfehlung von Herrn Goger: Silvaner.

KÜCHE

Warme Küche: Sehr große Karte mit 50 Gerichten. Kalte Küche: Kleine Karte mit ca. 10 Gerichten. Spezialitäten: Leberknödelsuppe, Rindfleisch mit Meerrettich.

ANSCHRIFT

Hauptstraße 28
97522 Sand am Main
Tel.: 09524-227
Fax: 09524-207

ÖFFNUNGSZEITEN

Ganzjährig geöffnet
Täglich ab 11 Uhr
Donnerstag Ruhetag

Symbolerklärung s. vordere Klappe

Weingut-Weingarten Familie Gottschalk

WWW.WEIN.BY

Plätze (außen/innen): 100/105

WEINE

Rebsorten: Silvaner, Bacchus, Kerner, Müller-Thurgau, Rivaner, Weißburgunder, Regent, blauer Portugieser, Domina, Pinotin. Weintipp/Empfehlung von Oliver Gottschalk: Rivaner, Regent Barrique.

KÜCHE

Warme Küche: Kleine Karte mit 5-6 Gerichten. Kalte Küche: Mittelgroße Karte mit 10-15 Gerichten. Spezialitäten: Marinierte Heringe (Fr), Flammkuchen, Hausmacher Brotzeiten.

ANSCHRIFT

Steigerwaldstraße 41
97522 Sand am Main
Tel.: 09524-3336
Fax: 09524-302969

ÖFFNUNGSZEITEN

Ganzjährig geöffnet
Fr ab 17 Uhr
Sa ab 15 Uhr
So und Feiertage ab 14 Uhr
Montag bis Donnerstag geschlossen
Für Gruppen auf Anfrage jederzeit geöffnet

IN DER FRÄNKISCHEN TOSKANA

So fühlt man sich auf dem Weingut am Ortsende von Sand am Main. Italienisches Dach, Terrakottaputz, Nussholzmöbel, uralte Bäume, abends Kerzenschein ... da kommt richtig Urlaubsstimmung auf. Passend gibt es dann den Regent mit Barrique-Note und Selbstgemachtes aus Hausschlachtung und Backofen. Den Rebensaft serviert Familie Gottschalk übrigens auch als Traubensaft, der auch ganz ohne Drehzahl einen echten Genuss darstellt.

TIPP: Flammkuchen

Bus 8180 Kirchplatz, Sand a. Main

Weinbau und Heckenwirtschaft Hofmann

WWW.WEIN.BY

Plätze (außen/innen): 0/40

UM DIE HOLZFASSTHEKE

Hier sitzen schon seit über 20 Jahren die Weinfreunde aus Sand und Umgebung und genießen die Freuden der fränkischen Weinkultur. Kein großes Kino, aber authentisch und mit dem typischen Charme einer klassischen Hecke. Besonders viele Menschen kommen vor allem zur Zeit des Altmain-Weinfestes nach Sand, Schätzungen gehen von über 50.000 aus. Und die kommen dann natürlich unter dem Jahr auch wieder – und finden oft in die kleine Schänke am Sander Ortsrand.

TIPP: Toastvariationen

WEINE

Rebsorten: Bacchus, Silvaner, Kerner, Müller-Thurgau, Regent, Dornfelder, Portugieser. Weintipp/Empfehlung von Daniela Hofmann: Silvaner und Bacchus.

KÜCHE

Warme Küche: Kleine Karte mit ca. 10 Gerichten. Kalte Küche: Mittelgroße Karte mit 12 Gerichten. Spezialitäten: Hausplatte, verschiedene Toasts.

ANSCHRIFT

Weidenstraße 4
97522 Sand am Main
Tel.: 09524-5687
Fax: 09524-6538

ÖFFNUNGSZEITEN

Anfang März bis Mitte Apr. und Mitte Okt. bis Ende Nov.
Fr, Sa und So ab 14 Uhr
Montag bis Donnerstag geschlossen

Altmain in Sand

Symbolerklärung s. vordere Klappe

ONLINE AUF WWW. Wein.BY

Weinbau-Gasthaus „Zur Krone" Weingarten Familie Schmitt

WWW.WEIN.BY **Plätze (außen/innen): 180/120**

WEIN UND BRAND

Neben den feinen Weinen haben sich die Schmitts vor allem Bränden und Likören verschrieben, die es hier in unglaublicher Vielfalt vom Weinhefebrand bis zum roten Weintraubenlikör zu probieren gibt. Im Weinberg stehen unter anderem noch einige über 60 Jahre alte Rebstöcke von Riesling, Elbling, Müller-Thurgau und Silvaner, die zusammen „Alter fränkischer gemischter Satz" ergeben und zu den absoluten Geheimtipps gehören. Die Elbling-Traube geht auf die Römer zurück und gilt als älteste Weinsorte Europas. Mittlerweile ist sie (außerhalb der schon römischen Anbaugebiete an der Mosel, die es noch auf über 500 Hektar bringen) bis auf wenige Rebstöcke fast ausgestorben.

TIPP: Einer der schönsten Weingärten

WEINE

Rebsorten: Müller-Thurgau, Kerner, Silvaner, Riesling, alter fränkischer gemischter Satz (über 60 Jahre alte Reben von Riesling, Elbling, Müller-Thurgau und Silvaner), Schwarzriesling, Spätburgunder. Weintipp/ Empfehlung von Jürgen Schmitt: Alter fränkischer gemischter Satz (alles Handarbeit).

KÜCHE

Warme Küche: Kleine Karte mit 7-8 Gerichten. Kalte Küche: Große Karte mit über 20 Gerichten. Spezialitäten: Winzerplatte, Käseplatte, selbstgemachter Gerupfter.

ANSCHRIFT

Zeiler Straße 24
97522 Sand am Main
Tel.: 09524-1282
Fax: 09524-1282

ÖFFNUNGSZEITEN

Ganzjährig geöffnet
Täglich ab 15 Uhr
So und Feiertage ab 14 Uhr
Montag Ruhetag

DB 8178, 9308, 952 Zeller Straße, Sand a. Main Bus

Symbolerklärung s. vordere Klappe

ONLINE AUF WWW. Wein.BY

Häckerwirtschaft Andreas Kümmel

WWW.WEIN.BY

Plätze (außen/innen): 70/60

WEINE

Rebsorten: Müller-Thurgau, Silvaner, Bacchus, Regent, Domina.

KÜCHE

Warme Küche: Mittelgroße Karte mit ca. 20 Gerichten. Kalte Küche: Mittelgroße Karte mit ca. 20 Gerichten. Spezialitäten: Marinierte Salzheringe (Fr), Hausmacher Wurst, hausgemachte blaue Zipfel.

ANSCHRIFT

Johannissteig 8
97522 Sand am Main
Tel.: 09524-5613

ÖFFNUNGSZEITEN

6. Jan. bis Mitte Juni und
Ende Aug. bis 3. Advent
Di bis Fr ab 15 Uhr
Sa, So und Feiertage ab 14 Uhr
Montag Ruhetag

WO DER ZIPFEL WOHNT

Die Häckerwirtschaft von Andreas Kümmel wartet unter anderem mit sehr feinen hausgemachten Blauen Zipfeln auf. Für diesen Franken-Klassiker lässt man rohe Bratwürste in einem Sud aus Zwiebeln, Essig, Weißwein und Gewürzen (Lorbeerblätter, Pfefferkörner, Nelken und Wacholderbeeren) garen. Dabei laufen die Bratwürste leicht bläulich an, was ihren Namen erklärt. Eine Köstlichkeit, die Sie sich gerade hier nicht entgehen lassen sollten!

TIPP: Blaue Zipfel

Bus 9308 Zeller Straße, Sand a. Main

DB

Weingut & Heckenstube A. & E. Rippstein

WWW.WEINGUT-RIPPSTEIN.DE **Plätze (außen/innen): 80/60**

REKORDVERDÄCHTIG

Mit einer Goldprämierungsquote von 80% liegt das Weingut Rippstein in der Spitzengruppe der fränkischen Weingüter, doch ist man trotzdem am Boden geblieben. Zum Beispiel werden Wurst und Kuchen noch selbst hergestellt, darunter der weithin bekannte Sander Käsekuchen. Ganz hautnah erlebt man die Rippsteins jedes Jahr am zweiten Augustwochenende, wenn das dreitägige Sommerfest ansteht.

TIPP: Sander Käsekuchen

WEINE

Rebsorten: Silvaner, weißer Burgunder, Müller-Thurgau, Riesling, Bacchus, Kerner, Domina, Dornfelder, Merlot. Weintipp/Empfehlung von Mathias Rippstein: Wir möchten in allen Kategorien „Erlebnisreiche" Weine: Wie wäre es mit einem komplexen, seidigen und samtigen Rotwein; oder vielleicht doch lieber einen edelsüssen Spitzenwein der nach Honig, Dörrobst oder exotischen Früchten duftet?

KÜCHE

Warme Küche: Kleine Karte mit 3 Gerichten. Kalte Küche: Mittelgroße Karte mit 18 Gerichten. Spezialitäten: Schinken vom Galloway-Rind mariniert in Portwein/Trüffelöl, hausgemachter Fränkischer Flammkuchen, Carpaccio vom Weißgelegten in Balsamico/Kürbiskernöl.

ANSCHRIFT

Sandgasse 26
97522 Sand am Main
Tel.: 09524-1341
Fax: 09524-301046

ÖFFNUNGSZEITEN

Mitte Sep. bis Mitte Dez. und
Anfang Jan. bis Ende Apr.
Di bis So ab 15 Uhr
Montag Ruhetag

Altmain-Weinfest Sand am Main

WWW.ALTMAIN-WEINFEST.DE

Die Sander haben sich gedacht: „Gehen wir das Thema Weinfest doch gleich professionell an..." und extra dafür einen Festplatz geschaffen, auf dem es jetzt immer hoch her geht. Von Freitag bis Montag ist vor allem Partystimmung angesagt, mit Bands für alle Altersklassen, Lasershow und natürlich jeder Menge feinen Weines.

So sind alle immer ganz traurig, wenn dieses Weinfest der Extraklasse mit dem traditionellen Brillantfeuerwerk ausklingt und man wieder ein Jahr warten muss (oder nur bis zur Kirchweih am ersten Septemberwochenende), um dieses besondere Flair zu erleben. Die Gäste kommen hierfür bis aus München angereist, als quasi Oktoberfesttourismus – nur andersrum. Besonders empfehlen wir den Steckerlfisch direkt aus dem Main – auf den Spieß – über den Grill – auf den Teller!

Termin: Zweites Wochenende im Juli

Schneider's Heckenwirtschaft

WWW.WEIN.BY

Plätze (außen/innen): 0/40

JUNG UND ALT AN EINEM TISCH

Die Heckenwirtschaft der Schneiders ist gefühlt nur eine einzige lange Eckbank. Das bedeutet, es gibt ein Ende, keinen Anfang und kein Gegenüber, sondern nur ein Nebeneinander. So sitzen auch die unterschiedlichsten Menschen zusammen und finden bei den guten hausgemachten Gerichten und eigenen Weinen immer wieder Anknüpfungspunkte für ein Gespräch über Gott und die Welt. Der gelernte Metzger Udo Schneider und seine Frau Birkis setzen sich – wenn Zeit ist – auch immer gerne dazu, sodass aus Wirtsleuten und Gästen eine große Familie wird.

TIPP: Kochkäse

WEINE

Rebsorten: Silvaner, Müller-Thurgau, Bacchus, Domina. Weintipp/Empfehlung von Birkis Schneider: Rotling (bei jüngeren Leuten sehr beliebt), Domina, Bacchus.

KÜCHE

Warme Küche: Keine warmen Gerichte. Kalte Küche: Große Karte mit ca. 25 Gerichten. Spezialitäten: Weißer Käs, Kochkäse, Hausmacher Winzerplatte, marinierte Heringe (Fr).

ANSCHRIFT

Mozartstraße 15
97522 Sand am Main
Tel.: 09524-6280

ÖFFNUNGSZEITEN

Ab Mitte Oktober und
im Frühjahr vor bzw. nach Fasching
Jeweils für 5 bis 7 Wochen
Fr ab 17 Uhr
Sa und So ab 15 Uhr
Montag bis Donnerstag geschlossen

DB 8178, 952 Zeller Straße, Sand a. Main Bus

ONLINE AUF WWW. Wein.BY

Heckenwirtschaft Rosemarie Ullrich

WWW.WEIN.BY

Plätze (außen/innen): 24/40

IMMER FRÖHLICHKEIT

So lautet für uns die Quintessenz des Spruches „Ein Gläschen Wein zur rechten Zeit vermittelt immer Fröhlichkeit", der an der Bruchsteinwand der Heckenwirtschaft zu lesen steht. Und die entsteht spätestens nach einem Gläschen hauseigenen Weines, zum Beispiel des Dornfelders. Diese frühreife rote Rebe war eigentlich einmal als reiner Deckwein gedacht, um anderem Rotwein zu mehr Farbe zu verhelfen. Mittlerweile hat der harmonische Wein schon einige Prämierungen erhalten und ist – sozusagen – auf dem aufsteigenden Ast.

WEINE

Rebsorten: Silvaner, Müller-Thurgau, Dornfelder. Weintipp/Empfehlung von Rosemarie Ullrich: Dornfelder, Rotling.

KÜCHE

Warme Küche: Kleine Karte mit 3 Gerichten. Kalte Küche: Kleine Karte mit ca. 8-10 Gerichten. Spezialitäten: Baguette mit Käse überbacken, Bratwürste, heisse Fleischwurst.

ANSCHRIFT

Sandgasse 10
97522 Sand am Main
Tel.: 09524-1015

ÖFFNUNGSZEITEN

Ab Anfang Aug. für 10 bis 12 Wochen
Fr und Sa ab 15 Uhr
So und Feiertage ab 14 Uhr
Montag bis Donnerstag geschlossen
Für Gruppen bis 50 Personen nach Anmeldung jederzeit geöffnet

TIPP: Selbstgebackener Käsekuchen

Bus 8180 Kirchplatz, 952 Limbacher Straße

DB

Weinstube Hammer

WWW.WEIN.BY **Plätze (außen/innen): 75/52**

URALT UND URGEMÜTLICH

So kommt die Weinstube Hammer in Schweinfurt daher. Sowohl drinnen als auch im von uralten Reben um- und überrankten Garten fühlt man sich ein bisschen zurückversetzt in die Tage, als das Städtchen am Main noch eine bombenunversehrte Altstadt hatte. Essen sollten Sie unbedingt das Gericht namens Spezial, nichts für Vegetarier, aber sehr lecker! Woher der Name Schweinfurts eigentlich genau kommt, ist übrigens bis heute unbekannt bzw. umstritten. Einer der bedeutendsten Söhne der Stadt, Friedrich Rückert reimte: „Hättest Mainfurt, hättest Weinfurt heißen können, weil du führest Wein, aber Schweinfurt, Schweinfurt sollt es sein."

TIPP: Spezial

WEINE

Rebsorten: Riesling, Bacchus, Acolon, Scheurebe, Domina, Chardonnay, Burgunder und viele mehr. Weintipp/ Empfehlung von Kurt Vogel: Fränkischer Chardonnay.

KÜCHE

Warme Küche: Mittelgroße Karte mit mehr als 10-15 Gerichten.
Kalte Küche: Kleine Karte mit ca. 10 Gerichten. Spezialitäten: Spezial (Gebratener Bratwurstteig mit Brot), Reblochon auf Mangosoße, Meeresfrüchteplatte.

ANSCHRIFT

Neue Gasse 31
97421 Schweinfurt
Tel.: 09721-21730
Fax: 09384-8802019

ÖFFNUNGSZEITEN

Ganzjährig geöffnet
Di bis Sa ab 16.30 Uhr
Sonntag und Montag Ruhetag

Symbolerklärung s. vordere Klappe

ONLINE AUF WWW. Wein.BY

Wein- und Kaminstube Korkenzieher

WWW.KORKENZIEHER-SW.DE **Plätze (außen/innen): 80/90**

WEINE

Rebsorten: Müller-Thurgau, Silvaner, Riesling, Bacchus, Traminer, Scheurebe, Domina, Burgunder und alle anderen fränkischen Rebsorten. Weintipp/Empfehlung von Wilfried Wiederer: Schloss Hallburg Silvaner trocken.

KÜCHE

Warme Küche: Große Karte mit mindestens 20 Gerichten. Kalte Küche: Mittelgroße Karte mit 15 Gerichten. Spezialitäten: Fränkische Bratwürste, Gerupfter, Lendchen in Madagaskarsoße, Korkenzieher-Schlemmerpfanne, Fisch- und Wildgerichte.

ANSCHRIFT

Bauerngasse 103
97421 Schweinfurt
Tel.: 09721-25995
Fax: 09721-5335354

ÖFFNUNGSZEITEN

Ganzjährig geöffnet
So bis Fr ab 16 Uhr
Sa ab 18 Uhr
Kein Ruhetag

GESTATTEN, OFFENER KAMIN

So kommt der Korkenzieher daher: Urig, rustikal und lecker. Letzteres gilt für die Wein- aber auch Speisenauswahl, die beide mit viel Liebe und Sachverstand immer an Jahreszeit und Gästebedürfnisse angepasst werden. Mit dieser Strategie haben es die Wiederers schon weit gebracht. Der Korkenzieher-Gründer Wilfried führt mittlerweile den Ebracher Hof, Tochter Heike den Korkenzieher und Sohn Marc nebenan den Gourmet-Tempel Kings & Queens (nur 20 Sitzplätze). Bei so viel familiärem Sachverstand können Sie gar nicht falsch liegen, also „Guten Appetit und Prost“!

TIPP: Korkenzieher-Schlemmerpfanne

Bus 8132, 8136 Kornmarkt, Schweinfurt

DB

Restaurant „RossStuben“

WWW.HOTEL-ROSS.DE

Plätze (außen/innen): 65/180

LECKERE ROSSINO-FLADEN

Neben den eigenen Weinen von der Schweinfurter Mainleite bietet Jürgen Süß eine breite Palette an internationalen Rebensäften bis zur Luxusklasse. Er repräsentiert mittlerweile die vierte Generation am Ruder des wohl ältesten Schweinfurter Hotels, in dem schon viele berühmte Gäste der Industriemetropole nächtigten. Highlight neben der mediterran angehauchten Küche waren für uns die Rossino-Fladen, die es in vielerlei Variationen gibt.

TIPP: Rossino-Fladen

WEINE

Rebsorten: Silvaner, Müller-Thurgau, Weißburgunder, Riesling, Bacchus, Spätburgunder, Domina.
Weintipp/Empfehlung von Herrn Süß: Silvaner Spätlese, (Eigenbau, ausgezeichnet mit einer Goldmedaille).

KÜCHE

Warme Küche: Große Karte mit über 20 Gerichten. Kalte Küche: Kleine Karte mit verschiedenen Salaten.
Spezialitäten: Saisonale Gerichte (z. B. Spargel-, Wildgerichte, Pfifferlinge), Rossino-Fladen in wechselnden Variationen.

ANSCHRIFT

Am alten Postplatz/
Hohe Brückengasse 4
97421 Schweinfurt
Tel.: 09721-20010
Fax: 0921-200113

ÖFFNUNGSZEITEN

Mo ab 16 Uhr
Di bis Sa ab 11 Uhr
So und Feiertage Ruhetag
Von Weihnachten bis 3König geschlossen

Barthel's Heckenwirtschaft - Weinbau Wagner

WWW.WEIN.BY

Plätze (außen/innen): 30/40

BEIM BARTHEL

Der Hausname ist abgeleitet von einem der Vorfahren der Wagners, der Bartholomäus hieß. Im Frankenjargon wurde daraus die Kurzform „Barthel". Die Gäste kommen vorwiegend mit dem Fahrrad nach Staffelbach, deswegen erkennt man auch an der Menge der Drahtesel vor der Tür, ob geöffnet ist. Als Wein legen wir Ihnen hier besonders den fruchtigen Kerner ans Herz, dem man die viele investierte Winzerliebe absolut anschmeckt.

WEINE

Rebsorten: Müller-Thurgau, Kerner, Domina, Schwarzriesling, Acolon. Weintipp/Empfehlung von Klaus Wagner: Kerner.

KÜCHE

Kalte Küche: Mittelgroße Karte mit über 10 Gerichten.
Spezialitäten: Wollschweinspeck (= Speckbrot), Winzerplatte, Hausmacher Platte.

ANSCHRIFT

Hallstadter Straße 5
96173 Staffelbach
Tel.: 09503-8771

ÖFFNUNGSZEITEN

Anfang August für 4 Wochen
Täglich ab 18 Uhr
Montag und Dienstag Ruhetag

TIPP: Wollschweinspeck

Bus 952 Staffelbach Ortsmitte, Oberhaid (Oberfranken)

DB

Heckenwirtschaft Familie Ambros Brech

WWW.WEINBAU-BRECH.DE Plätze (außen/innen): 0/40

ANNO 1803 ...

... kaufte die Familie Brech den Weinberg am Steinbacher Nonnenberg. Mittlerweile ist sogar schon die siebte Generation am werkeln und trotzdem – oder gerade deswegen – haben sich die klassischen Traditionen erhalten. Die Heckenwirtschaft ist außerhalb der Öffnungszeiten das Wohnzimmer der Familie. Und nachdem der Zuspruch immer größer wird, öffnet Ambros Brech im Herbst meistens später als gedacht, einfach, weil der Wein schon ausgetrunken oder verkauft ist, und der Keller erst wieder aufgefüllt werden muss.

TIPP: Weißer Käs

WEINE

Rebsorten: Müller-Thurgau, Silvaner, Domina, Portugieser. Weintipp/Empfehlung von Ambros Brech: Silvaner.

KÜCHE

Warme Küche: Es werden keine warmen Gerichte angeboten.
Kalte Küche: Mittelgroße Karte mit 15-20 Gerichten. Spezialitäten: Winzerplatte, Schinkenplatte, marinierte Heringe (Fr), weißer Käs.

ANSCHRIFT

Schönbacher Straße 10
97500 Ebelsbach-Steinbach
Tel.: 09522-5066 oder 09522-301888
Fax: 09522-301889

ÖFFNUNGSZEITEN

Ab Mitte Sep. für 6 Wochen
Fr ab 17 Uhr
Sa ab 16 Uhr
So und Feiertage ab 15 Uhr
Montag bis Donnerstag geschlossen

Heckenwirtschaft Hömer

WWW.HOEMER-WEINBAU.DE **Plätze (außen/innen): 0/40**

AUSGANGSPUNKT FÜR WEINWANDERER

Hier in Steinbach liegt ein idealer Einstiegspunkt für Wanderer, die auf dem Abt-Degen-Steig wandeln möchten. Idealerweise stärkt man sich für die Wanderung, die zwischen 5 und 25 km lang sein kann, noch bei den Hömers und kostet, was man später durchläuft. Zum Wein gibt es feine selbstgemachte Schinken- und Wurstspezialitäten nebst Holzofenbrot und eigener Kuchen- und Tortenproduktion. Abt Degen war übrigens im 17. Jahrhundert der 42. Abt des Zisterzienser-Klosters Ebrach und soll unter anderem für den Anbau des ursprünglich österreichischen Silvaners in Franken verantwortlich sein.

WEINE

Rebsorten: Müller-Thurgau, Silvaner, Domina, Portugieser.

KÜCHE

Warme Küche: Kleine Karte mit 3 Gerichten. Kalte Küche: Mittelgroße Karte mit 10-15 Gerichten. Spezialitäten: Schweine aus eigener Haltung werden zu Wurst und Schinken verarbeitet, marinierte Heringe, Kochkäse.

ANSCHRIFT

Schönbacher Straße 6
97500 Ebelsbach-Steinbach
Tel.: 09522-5842
Fax: 09522-5842

ÖFFNUNGSZEITEN

Feb. bis März und
Sep. bis Okt.
Fr ab 17 Uhr
Sa ab 16 Uhr
So und Feiertage ab 14 Uhr
Montag bis Donnerstag geschlossen

TIPP: Schinken

Bus 8156, 8177, 8180 Steinbach (b. Ebelsbach), Ebelsbach

DB

Heckenwirtschaft Familie Anne und Georg Karl

WWW.WEIN.BY

Plätze (außen/innen): 0/35

WENN DER METZGER WINZERT ...

... dann kommen nicht nur die Durstigen, sondern vor allem auch hungrige Gäste, die sich auf die selbstgemachten Wurstwaren freuen. Das sorgt dann auch dafür, dass der Laden fast immer komplett gefüllt ist und es in jeder Hinsicht heiß her geht. Dies wiederum stört auch niemanden, schließlich haben die drinnen Spaß und draußen ist keiner, weil der Hof etwas abseits am Ende von Steinbach liegt und von Wald umgeben ist.

TIPP: Winzerplatte

WEINE

Rebsorten: Müller-Thurgau, Silvaner, Riesling, Kerner, Spätburgunder.

KÜCHE

Warme Küche: Kleine Karte mit 3-4 Gerichten. Kalte Küche: Mittelgroße Karte mit 13-14 Gerichten. Spezialitäten: Hausgemachte Bratwürste, Winzerplatte, selbstgemachter Kochkäse, selbstgemachter Gerupfter.

ANSCHRIFT

Forststraße 43
97500 Ebelsbach-Steinbach
Tel.: 09522-6159

ÖFFNUNGSZEITEN

1. WE nach Ostern bis einschließlich Pfingstmontag und vorletztes WE im Sep. bis zum letzten WE im Okt.
Fr ab 17 Uhr
Sa, So und Feiertage ab 14 Uhr
Montag bis Donnerstag geschlossen

Symbolerklärung s. vordere Klappe

ONLINE AUF WWW. Wein.BY

Heckenwirtschaft Braunreuther-Brochloss

WWW.WEIN.BY

Plätze (außen/innen): 50/60

WENN DAS WAGENRAD ZUR LAMPE WIRD ...

... dann sitzt man eventuell in dieser gemütlichen Heckenwirtschaft im Fachwerkörtchen Unfinden. Der Ort, der übrigens unter Ensembleschutz steht, hat zwei wichtige Termine im Jahr: Am ersten Mai das Hoffest der Braunreuthers, am ersten Septemberwochenende das Sommerfest und in der Vorweihnachtszeit den „lebendigen" Adventskalender. Jedes Jahr bekommen verschiedene Familien in Unfinden eine Zahl zwischen 1 und 24 zugelost und schmücken eines ihrer Fachwerkfensterchen, von denen dann jeden Tag eines geöffnet wird. Ein schönes Spiel – besonders für die „Üflder" Kinder, die jeden Abend raten, welches wohl das nächste Türchen ist ...

WEINE

Rebsorten: Müller-Thurgau, Silvaner, Bacchus, Domina.

KÜCHE

Warme Küche: Kleine Karte mit 2-3 Gerichten. Kalte Küche: Mittelgroße Karte mit 10-12 Gerichten. Spezialitäten: Hausmacher Bratwürste mit Kraut, Winzerplatte (Hausmacher Wurst, Schinken, Käse), Appetitbrot, Matjesbrot, Gerupfter.

ANSCHRIFT

Schönaustraße 6
97486 Königsberg in Bayern-Unfinden
Tel.: 09525-679

ÖFFNUNGSZEITEN

Anfang Feb. bis 8 Tage vor Pfingsten und Mitte Juli bis 8 Tage vor Weihnachten
Fr und Sa ab 17 Uhr
So und Feiertage ab 14 Uhr
Montag bis Donnerstag geschlossen

TIPP: Hausmacher Bratwürste mit Kraut

Bus 8168 Unfinden Abzw., Königsberg i. Bay.

DB

Heckenwirtschaft Rausch-Austel

WWW.HECKENWIRTSCHAFT-UNFINDEN.DE **Plätze (außen/innen): 0/40**

WEINE

Rebsorten: Müller-Thurgau, Bacchus.

KÜCHE

Warme Küche: Kleine Karte mit 3 Gerichten. Kalte Küche: Kleine Karte mit 6-8 Gerichten. Spezialitäten: Selbstgemachter weißer Käs, hausgemachte Bratwürste, einmarinierte Heringe.

ANSCHRIFT

Königsberger Straße 10
97486 Königsberg in Bayern-Unfinden
Tel.: 09525-207

ÖFFNUNGSZEITEN

Ende Jan. bis Mitte März (für 8 Wochen) und Anfang Sep. bis Ende Okt. (für 8 Wochen)
Fr und Sa ab 17 Uhr
So und Feiertage ab 14.30 Uhr
Montag bis Donnerstag geschlossen

GANZ OBEN

Unfinden liegt in einem der nördlichsten Weingebiete Frankens, das hat auch schon die Inhaberfamilie Rausch (nach der Heirat der Tochter jetzt Austel) erlebt, als beispielsweise in den 1980er Jahren die Rebstöcke erfroren waren und man deswegen 1985 von vorne beginnen musste. So liegt neben den Weinen (Müller-Thurgau und Bacchus) ein weiterer Schwerpunkt auf dem kulinarischen Bereich, wo Wurst, Käse und Kuchen selbst hergestellt werden.

TIPP: Weißer Käs

ONLINE AUF WWW. Wein.BY

Weinstube „Altes Rathaus“

WWW.WEINSTUBE-ALTESRATHAUS.DE **Plätze (außen/innen): 45/55**

WEINE

Rebsorten: Müller-Thurgau, Kerner, Bacchus, Weißburgunder, Riesling, Silvaner, Scheurebe, Regent, Dornfelder, Domina.

KÜCHE

Warme Küche: Kleine Karte mit ca. 10 Gerichten. Kalte Küche: Kleine Karte mit ca. 10 Gerichten. Spezialitäten: Saisonal variierender Vorspeisenteller, marinierte Rieslingbirne mit gratiniertem Ziegenfrischkäse, Thymianhonig und Bauernbrot.

ANSCHRIFT

Hauptstraße 27
96173 Unterhaid
Tel.: 09503-7583

ÖFFNUNGSZEITEN

Ganzjährig geöffnet
Mi bis Sa ab 17.30 Uhr
So und Feiertage ab 16 Uhr
Montag und Dienstag Ruhetag
Mitte August für ca. 2 1/2 Wochen geschlossen

DA WO DER WEIN ANFÄNGT ...

... liegt Unterhaid, zumindest von Bamberg aus gesehen. Und in Unterhaid kommt man an Doris Pfeifer und ihrer Weinstube nicht vorbei, vor allem nicht als Radfahrer auf dem Main-Radweg. In dem liebevoll renovierten Fachwerkhaus (im Sommer auch dahinter) hat die gelernte Hotelfachfrau dem Ort wieder einen wahren Mittelpunkt gegeben, wie es das Rathaus seit 1684 auch gewesen war. Nur, dass die Debatten nun von jedermann geführt werden können und nicht mehr nur von den Ratsleuten.

TIPP: Bilder-Ausstellungen fränkischer Künstler

Bus 952 Unterhaid Ortsmitte, Oberhaid (Oberfranken)

Heckenwirtschaft Auer

WWW.WEIN.BY

Plätze (außen/innen): 0/40

DER PROTAGONIST IN UNTERHAID

Oberfranken hat ja nur einen winzigen Teil an Weinfranken, doch der hat es in sich. Schließlich steckt hier immer viel Idealismus bei den Winzern mit im Blut, oder wie es Maria Auer zu sagen pflegt: „Ich mach's nicht wegen des Geldes, es macht mir einfach Spaß!" Und das bekommen die Gäste auch zu spüren, wenn sie in der kleinen Heckenwirtschaft im ersten Stock des Hauses sitzen und mit Köstlichkeiten aller Art überschüttet werden. Man fühlt sich so ein bisschen wie der verlorene Sohn bei der Heimkehr. Fast alles ist mit Liebe selbst gemacht und wird mit der passenden Geschichte dazu serviert. Kein Wunder, dass die meisten Gäste zu Stammgästen werden ...

TIPP: Ziebeleskäse

WEINE

Rebsorten: Müller-Thurgau, Domina.

KÜCHE

Warme Küche: Nur Freitags einmarinierte Heringe oder Ziebeleskäse mit Kartoffeln, sonst keine warmen Gerichte. Kalte Küche: Mittelgroße Karte mit 18 Gerichten. Spezialitäten: Hausmacher Platte, selbstgemachter Ziebeleskäse mit Kartoffeln.

ANSCHRIFT

Hauptstraße 18
96173 Unterhaid
Tel.: 09503-1245

ÖFFNUNGSZEITEN

Ab Faschingsfreitag (für 8 Wochenenden) und ab dem 1. Oktoberwochenende (für 8 Wochenenden)
Fr ab 17 Uhr
Sa ab 16 Uhr
So und Feiertage ab 15 Uhr
Montag bis Donnerstag geschlossen
Für Gruppen nach Voranmeldung während der Heckenwirtschaftszeit auch außerhalb dieser Zeiten geöffnet

DB 952 Unterhaid Ortsmitte, Oberhaid (Oberfranken) Bus

Symbolerklärung s. vordere Klappe

Gasthaus Mohl

WWW.WEIN.BY

Plätze (außen/innen): 100/140

WEINE

Rebsorten: Müller-Thurgau, Silvaner, Domina, Bacchus, Spätburgunder.

KÜCHE

Warme Karte: Kleine Karte mit ca. 10 Gerichten. Kalte Karte: Mittelgroße Karte mit ca. 15 Gerichten. Spezialitäten: Hausmacher Brotzeiten, Sülze mit Bratkaroffeln, selbstgebackener Zwiebelkuchen (im Herbst), Lammbocksbraten von eigenen Lämmern, Entenbraten von eigenen Flugenten.

ANSCHRIFT

Hauptstraße 8
96173 Unterhaid
Tel.: 09503-5470
Fax: 09503-503605

ÖFFNUNGSZEITEN

Ganzjährig geöffnet
Mi bis Fr ab 16 Uhr
Sa, So und Feiertage ab 14 Uhr
Montag und Dienstag Ruhetag

SCHLACHTEN, BACKEN UND WINZERN

Dieser Dreiklang lässt einem echten Freund weinfränkischer Kultur das Herz höher schlagen. Schließlich verspricht er – wie auch bei den Mohls – immer echte Leckereien gegen Hunger und Durst. Zumal es hier schon seit 120 Jahren bzw. vier Generationen so zugeht. Diese lange Tradition ist wohl auch der Grund dafür, dass besonders viele Familienfeste aus der näheren und weiteren Umgebung hier gefeiert werden – öfters auch in Kombination mit einer Weinprobe, mit der man eine kleine Traubengenussreise unternehmen kann. Im September ist übrigens Dauerfeiern angesagt: Am ersten Sonntag die Kirchweih und 14 Tage später das Bremserfest, jeweils mit Livemusik.

TIPP: Lammbocksbraten

Bus 952 Unterhaid Ortsmitte, Oberhaid (Oberfranken)

Weinlokal Schwalbennest

WWW.WEIN.BY

Plätze (außen/innen): 80

DIE FROHE BOTSCHAFT...

... des Jahres 2002 war am ersten Advent ausnahmsweise mal nicht die bevorstehende Ankunft des Christkindes, sondern die Eröffnung des Schwalbennestes in Trunstadt. Am letzten Zipfel der klassischen fränkischen Weingegend startete damals der Traum von Gertrud Günslein, die in jeder Hinsicht die Mutter des Weinlokales ist. Die Weinberge bewirtschaftet vor allem ihr Vater Josef, der aber auch für die hausgemachte Wurst verantwortlich zeichnet. Ergänzt wird das Angebot von leckeren Kuchen und Torten, also kann man quasi immer hier einkehren.

TIPP: Jägerbrot

WEINE

Rebsorten: Müller-Thurgau, Bachccus, Silvaner, Kerner, Regent. Weintipp/Empfehlung von Gertrud Günslein: Regent.

KÜCHE

Warme Küche: Kleine Karte mit 5 Gerichten. Kalte Küche: Kleine Karte mit 10 Gerichten. Spezialitäten: Selbstgemachter Kochkäse, Jägerbrot, Hausplatte „Vo allem a bisserla".

ANSCHRIFT

Stückbrunner Straße 15
96191 Viereth-Trunstadt
Tel.: 09503-4247

ÖFFNUNGSZEITEN

Ganzjährig geöffnet
Fr und Sa ab 17 Uhr
So ab 14.30 Uhr
Montag bis Donnerstag geschlossen

Symbolerklärung s. vordere Klappe

Heckenwirtschaft Hans und Rita Lother

WWW.WEINGUT-LOTHER.DE **Plätze (außen/innen): 0/40**

DER PLATZHIRSCH

Über 500 regionale und nationale Auszeichnungen hat das Ehepaar Lother bereits eingeheimst und ist damit nicht nur von der Größe und Weinvielfalt her die erste Adresse im Schweinfurter Raum. Für die Gäste bedeutet das aber nicht nur ein besonderes Geschmackserlebnis, sie können nämlich auch auf das touristische Knowhow von Schwiegertochter Diana Lother zurückgreifen. Liebevoll erklärt sie bei einer Weingut-, Weinbergs- oder Weinkellerführung alles rund um den Rebensaft – und darüber hinaus! Für alle Federweißer-Fans: Hier gibt es Rot, Weiß UND Rotling ...

WEINE

Rebsorten: Müller-Thurgau, Bacchus, Silvaner, Kerner, Riesling, Gewürztraminer, grauer Burgunder, Scheurebe, Ortega, Chardonnay, Spätburgunder, Domina, Dornfelder, Blauburger, Cabernet Dorsa. Weintipp/Empfehlung von Sebastian Lother: Gewürztraminer, grauer Burgunder.

KÜCHE

Warme Küche: Kleine Karte mit ca. 8 Gerichten. Kalte Küche: Kleine Karte mit ca. 8 Gerichten. Spezialitäten: Knöchla mit Kraut, blaue Zipfel, selbstgemachter Gerupfter, Hausmacher Wurst.

ANSCHRIFT

Birkenstraße 3
97537 Wipfeld
Tel.: 09384-1867
Fax: 09384-8486

ÖFFNUNGSZEITEN

Ab dem 2. WE nach Fasching (für ca. 7 Wochenenden) und
ab dem letzten WE im Sep. (für ca. 8 Wochenenden)
Sa ab 17 Uhr
So und Feiertage ab 15 Uhr
Montag bis Freitag geschlossen
Für Gruppen ab 25 Personen nach Absprache auch außerhalb dieser Zeiten geöffnet

TIPP: Knöchla mit Kraut

Bus 44, 8135 Conrad-Celtis-Str., Wipfeld

Weinstube Georg Steinmetz

WWW.FRANKENWEIN-STEINMETZ.DE **Plätze (außen/innen): 70/80**

AM ZABELSTEIN

Von der einst so stolzen Burg auf dem Zabelstein stehen zwar nur noch einige mächtige Kellergewölbe und verfallene Mauern, aber der fleißige Wanderer findet ja bei Georg Steinmetz einen perfekten Platz zur Rast. Seine Familie betreibt die Wirtschaft seit 1875, heute ist die fünfte Generation am Ruder. Besonders hoch her geht es zu den Weinfest-Zeiten, wenn rund um den Gasthof ein buntes Sammelsurium an Sonnenschirmen von dem fröhlichen Treiben in dem sonnigen Steigerwald-Dörfchen kündet. Darunter versammelt sich dann ein nicht minder buntes Völkchen zur ausführlichen Verkostung von Scheurebe, Silvaner & Co., was oft bis spät in die Nacht andauern kann.

TIPP: Schnitzel

WEINE

Rebsorten: Müller-Thurgau, Silvaner, Bacchus, Scheurebe, weißer Burgunder, Spätburgunder, Domina, blauer Portugieser. Weintipp/Empfehlung von Tobias Steinmetz: Silvaner fränkisch trocken.

KÜCHE

Warme Küche: Kleine Karte mit ca. 10 Gerichten. Kalte Küche: Kleine Karte mit ca. 10 Gerichten. Spezialitäten: Schnitzel, Kotelett, Hausmacher Platte.

ANSCHRIFT

Zabelsteinstraße 17
97478 Knetzgau-Wohnau
Tel.: 09528-239
Fax: 09528-950346

ÖFFNUNGSZEITEN

Ganzjährig geöffnet
Mi, Do, Sa und So ab 11 Uhr
Montag, Dienstag und Freitag geschlossen
Letzter So im Monat geschlossen

Symbolerklärung s. vordere Klappe

ONLINE AUF WWW. Wein.BY

Gasthaus zum Kram

WWW.WEIN.BY **Plätze (außen/innen): 100/60**

WEINE

Rebsorten: Bacchus, Silvaner, Müller-Thurgau, Dornfelder. Weintipp/Empfehlung von Andrea Kram: Silvaner.

KÜCHE

Warme Küche: Mittelgroße Karte mit ca. 20 Gerichten. Kalte Küche: Mittelgroße Karte mit ca. 15 Gerichten. Spezialitäten: Verschiedene Schnitzelvariationen, hausgemachte Pizza aus dem Steinbackofen.

ANSCHRIFT

Hauptstraße 31
97539 Wonfurt
Tel.: 09521-2569
Fax: 09521-951194

ÖFFNUNGSZEITEN

Mo u. Fr ab 16 Uhr (Küche ab 18 Uhr)
Do und Sa ab 18 Uhr
So ab 11 Uhr
Dienstag und Mittwoch Ruhetag

ZWISCHEN BIER UND WEIN

Bei Andrea Kram scheiden sich die Franken-Geister: Die Weintrinker sind zwar mittlerweile in der Minderheit, dennoch lohnt sich auch für Gleichgesinnte der Weg ins Gasthaus zum Kram. Die guten Weine werden immerhin direkt von der sehr Wein-affinen Verwandtschaft hergestellt. Besonders zum Wirtshaussingen sind dann aber Bier- und Weinfreunde ein Herz und eine Seele – und geben sich auch gegenseitig gerne mal einen aus...

TIPP: Pizza hausgemacht

Bus 9122 Wonfurt

DB

Hotel Kolb - Erec's Restaurant

WWW.HOTEL-KOLB-ZEIL.DE **Plätze (außen/innen): 60/120**

DINNER IN DER KÜCHE

Das ist das Highlight bei Erec Jacobson, der das Hotel in der dritten Generation führt. Schließlich kann man dann zu zweit einen ganzen Abend lang direkt am Herd dem Küchenchef über die Schulter schauen – und dabei natürlich selber köstlich ein Fünfgängemenü verspeisen. Wenn Sie auch noch selbst Hand anlegen wollen, empfehlen wir, einen der ca. 20 Kochkurse zu besuchen, die hier regelmäßig stattfinden. Allerdings haben wir auch großes Verständnis, wenn Sie einfach nur genießen wollen, dabei können Sie nichts falsch machen!

TIPP: Der Profi für besondere Anlässe

WEINE

Rebsorten: Müller-Thurgau, Silvaner, Riesling, Scheurebe, Bacchus, Kerner, Weißburgunder, Grauburgunder, Rieslaner, Spätburgunder, Merlot, Domina, Dornfelder und viele weitere. Weintipp/Empfehlung von Erec Jacobson: Silvaner und Domina.

KÜCHE

Warme Küche: Mittelgroße Karte mit ca. 20 Gerichten. Kalte Küche: Mittelgroße Karte mit ca. 20 Gerichten. Spezialitäten: Rehrücken mit Schokoladensoße, saisonale Gerichte, mediterrane Spezialitäten.

ANSCHRIFT

Krumer Straße 1
97475 Zeil am Main
Tel.: 09524-9011
Fax: 09524-6676

ÖFFNUNGSZEITEN

Ganzjährig geöffnet
Mi und Do ab 16.30 Uhr
Fr bis Di ab 11.30 Uhr
Kein Ruhetag
Im Jan. nach 3König für 3 Wochen und Ende Aug./Anf. Sep. für 2 Wochen geschlossen

Altstadt-Weinfest Zeil am Main

WWW.ZEILER-WEINFEST.DE

Der Zeiler Weinbau geht einerseits auf das Bamberger Kloster am Michaelsberg zurück (um 1018), andererseits förderte der Ebracher Abt Degen (in Zeil geboren) im 17. Jahrhundert den Weinanbau in der Region. So eine lange Tradition muss natürlich gefeiert werden, und das tun die Zeiler auch ausgiebig – in ihrer gesamten Stadt.

Angefangen mit den Winzern über alle Vereine bis hin zur Narrenzunft ist dann alles auf den Beinen und das gesamte Örtchen im Ausnahmezustand. Das Fest beginnt mit einem bunten Trachtenaufzug am Samstag, am Sonntag freut man sich auf das Kapellen-Hochfeuerwerk, der Montag ist dem Ausklang gewidmet. Bahn-, Bus- und Schiffsshuttle bringen dabei die Feierwilligen aus der Bamberger Region nach Zeil. So mancher schafft es aber abends nicht mehr zurück und findet sich am nächsten Morgen unter strahlendem Sonnenschein in der romantischen Fachwerkstadt.

Termin: Um den ersten Sonntag im August

Zum Weinstock Familie Pottler-Zink

WWW.WEINBAU-POTTLER-ZINK.DE Plätze (außen/innen): 0/40

ERST ANRUFEN

Familie Pottler-Zink öffnet ihre kleine rustikale Heckenwirtschaft, die vor allem aus zwei großen Eichentischen besteht, meistens nur auf Wunsch der Gäste, außer natürlich zum Weinfest, da ist immer auf. Besonderes Lob verdient die Dekoration, zu der vor allem schöne Keramikweinblätter gehören. Die gefallen den Gästen manchmal ein bisschen zu gut, weswegen jedes Jahr wieder neue bei der Lebenshilfe geordert werden müssen. Brot, Wurst und vor allem der Kochkäse sind auch hausgemacht – da lohnt der Anruf auch, wenn man nur Hunger hat ...

TIPP: Kochkäse zum Weinfest

WEINE

Rebsorten: Müller-Thurgau, Silvaner, Scheurebe, Portugieser. Weintipp/Empfehlung von Michaela Pottler-Zink: Scheurebe.

KÜCHE

Warme Küche: Es werden keine warmen Gerichte angeboten.
Kalte Küche: Mittelgroße Karte mit 10-15 Gerichten. Spezialitäten: Hausgemachter Kochkäse, Hausmacher Wurst.

ANSCHRIFT

Lange Gasse 6
97475 Zeil am Main
Tel.: 09524-9797
Fax: 09524-9797

ÖFFNUNGSZEITEN

1. WE im Aug. immer geöffnet
Sonst Öffnungszeiten bitte telefonisch erfragen, da immer nur nach Voranmeldung geöffnet
Mo bis Fr ab 17 Uhr
Sa, So und Feiertage ab 16 Uhr

Heckenwirtschaft Elke Mahr

WWW.WEIN.BY

Plätze (außen/innen): 60/59

WEINE

Rebsorten: Müller-Thurgau, Bacchus, Silvaner, Dornfelder, Schwarzriesling. Weintipp/Empfehlung von Elke Mahr: Silvaner, persönlicher Lieblingswein von Elke Mahr ist allerdings der Dornfelder.

KÜCHE

Warme Küche: Kleine Karte mit 1-2 Gerichten. Kalte Küche: Kleine Karte mit ca. 8 Gerichten. Spezialitäten: Hausmacher Wurst, blaue Zipfel.

ANSCHRIFT

Silbersteige 3
97478 Knetzgau-Zell am Ebersberg
Tel.: 09529-1303
Fax: 09529-951671

ÖFFNUNGSZEITEN

Termine bitte vorher telefonisch erfragen
Sa, So und Feiertage ab 14 Uhr
Montag bis Freitag geschlossen
Für Busse und Gruppen nach Anmeldung jederzeit ganzjährig geöffnet

KLEIN ABER OHO!

Der kleine Weinbau der Mahrs bringt es immerhin auf sechs verschiedene Weinsorten und hat auch Qualitätsweine im Sortiment. Wer möchte, kann sich auch zu einer kleinen Weinbergswanderung anmelden. Den Ausklang gibt's dann in der gemütlichen Heckenwirtschaft, die trotz Neubau einiges an Flair zu bieten hat. Dazu wird das kulinarische Angebot großteils selbst hergestellt und steht der Qualität des Weines in nichts nach.

TIPP: Blaue Zipfel

Weinbau und Heckenwirtschaft Mühlfelder

WWW.WEINBAU-MUEHLFELDER.DE **Plätze (außen/innen): 50/50**

ALTE ROTWEIN-TRADITION

1115 ließ Bischof Otto von Bamberg auf dem kleinen Ebersberg eine feste Burg als Sitz für seine Amtsmänner erbauen. Ein Bauernaufstand 1525 und hundert Jahre später die Schweden verwandelten das Gelände zwar wieder in einen Steinbruch, heute ist immerhin ein schöner Aussichtsplatz geblieben – und natürlich ein wunderbar geeigneter Weinberg, der schon seit mehr als 65 Jahren Rotweintrauben trägt. Unterhalb der steilen Hänge befindet sich seit 2002 in der Ortsmitte die Heckenwirtschaft der Mühlfelders, in der man die feinen Weine, aber auch hausgemachte Wurstspezialitäten verkosten kann.

TIPP: Weinteller

WEINE

Rebsorten: Müller-Thurgau, Silvaner, Bacchus, Perle, Riesling, weißer Burgunder, Kerner, Ortega, Domina, Portugieser, Dornfelder.

KÜCHE

Warme Küche: Kleine Karte mit 3 Gerichten. Kalte Küche: Mittelgroße Karte mit 15-18 Gerichten. Spezialitäten: Blaue Zipfel, Hausmacher Bratwürste, Weinteller, marinierte Heringe.

ANSCHRIFT

Höhstraße 6
97478 Knetzgau-Zell am Ebersberg
Tel.: 09529-732 oder -951804
Fax: 09529-951646

ÖFFNUNGSZEITEN

3König bis Ende Jan., Anfang März bis Anfang Mai, Anfang Sep. (für 3 Wochenenden) und Anfang Nov. bis Anfang Dez.
Fr ab 16 Uhr
Sa, So und Feiertage ab 14 Uhr
Montag bis Donnerstag geschlossen
Für Gruppen ab 15 Personen auch außerhalb dieser Zeiten geöffnet

Symbolerklärung s. vordere Klappe

Heckenwirtschaft Müller

WWW.WEIN.BY

Plätze (außen/innen): 35/60

WEINE

Rebsorten: Müller-Thurgau, Bacchus, Silvaner, Portugieser, Schwarzriesling, Dornfelder, Domina. Weintipp/Empfehlung von Christine Müller: Frankensekt und Secco.

KÜCHE

Warme Küche: Ein warmes Gericht. Kalte Küche: Mittelgroße Karte mit 18 Gerichten. Spezialitäten: Große Winzerplatte, hausgemachter Flammkuchen.

ANSCHRIFT

Am Burgstall 8
97478 Knetzgau-Zell am Ebersberg
Tel.: 09529-520

ÖFFNUNGSZEITEN

Nach Aschermittwoch bis Ostermontag und ab dem 2. WE im Sep. für 6-7 Wochen
Fr, Sa, So und Feiertage ab 13.30 Uhr
Montag bis Donnerstag geschlossen (außer an Feiertagen)

WEISSER KÄS IM WEINFASS

Christine Müller ist Expertin für alles, was mit Käse zu tun hat. So macht sie neben Käsekuchen auch den Käse für den weißen Käs und für den Kuchen an sich selbst. Der schönste Platz für Gäste ist im Sommer eindeutig im Garten, wenn man sich in ein großes Weinfass hineinsetzen kann. Probieren sollten Sie natürlich auch die Weine des Hauses und den leckeren Flammkuchen!

TIPP: Flammkuchen hausgemacht

Bus 8178 Zell Kirche, Knetzgau

Heckenwirtschaft Rippstein-Mojzis

WWW.WEIN.BY

Plätze (außen/innen): 30/40

IM ALTEN ARMENHAUS...

... Entstand 1982 hier die erste Heckenwirtschaft von Zell. Zu genießen gibt es unter anderem als Hauswein Schwarzriesling, der wohl der Urvater der Burgunderfamilie ist und außer Wuchs und Form nichts mit Riesling zu tun hat. Hin und wieder kauft Familie Rippstein ein halbes Schwein, aus dem dann sehr feine Bratwürste entstehen – unbedingt probieren! Kleine Info für Geographen: Am Zeller Schlossberg liegt der Böhlgrund, das „Tor zum Steigerwald", dem Schnittpunkt der Regierungsbezirke Unter-, Mittel- und Oberfranken.

TIPP: Hausmacher Bratwürste

WEINE

Rebsorten: Schwarzriesling, Johanniter, Bacchus, Silvaner. Weintipp/Empfehlung von Christine Rippstein: Schwarzriesling.

KÜCHE

Warme Küche: Kleine Karte mit 2 Gerichten. Kalte Küche: Kleine Karte mit ca. 6 Gerichten. Spezialitäten: Käseplatte, selbstgemachte Bratwürste mit Kraut, Hausmacher Wurst.

ANSCHRIFT

Zeller Hauptstraße 16
97478 Knetzgau-Zell am Ebersberg
Tel.: 09529-738

ÖFFNUNGSZEITEN

Ab Ostern (4 Wochen) und Anfang Aug. bis Anfang Sep. (4 Wochen)
Do und Fr ab 18 Uhr
Sa ab 17 Uhr
So und Feiertage ab 14 Uhr
Montag bis Mittwoch geschlossen

Baierweinfest in Bach an der Donau

Symbolerklärung s. vordere Klappe

ONLINE AUF WWW. Wein.BY

Winzerstube Schamberger

WWW.WEIN.BY

Plätze (außen/innen): 100/50

WEINE

Rebsorten: Silvaner, Kerner, Müller-Thurgau, Bacchus, Spätburgunder, St. Laurent. Weintipp/Empfehlung von Herbert Schamberger: St. Laurent.

KÜCHE

Warme Küche: Fr und Sa jeweils ein Gericht. Kalte Küche: Große Karte mit 21 Gerichten. Spezialitäten: Frische belegte Laugenstangen, marinierte Heringe.

ANSCHRIFT

Am Burgstall 24
97478 Knetzgau-Zell am Ebersberg
Tel.: 09529-666
Fax: 09529-650

ÖFFNUNGSZEITEN

Palmsonntag bis Pfingsten und 1.WE im Sep. bis Allerheiligen
Fr ab 16 Uhr
Sa, So und Feiertage ab 14 Uhr
Montag bis Donnerstag geschlossen
Für Gruppen ab 15 Personen auf Anfrage auch außerhalb dieser Zeiten geöffnet

STOLZ AUF EIN VIERTELJAHRHUNDERT...

... Können Maria und Herbert Schamberger sein. So lange nämlich betreiben die beiden schon die Heckenwirtschaft und den Weinberg. Die Erfahrung mit den Reben konnte Herbert schon im Elternhaus sammeln, wo es eine kleine Anbaufläche gab, nun aber ist mit den Kochkünsten von Maria eine weitere Attraktion hinzugekommen. Am Eingang begrüßen ein Weinfass und ein aus Reben gefertigtes Holzkreuz die Besucher, die vor allem auf der Freifläche von einem wunderschönen Blick auf den Schloßberg und die Kirche überrascht werden.

TIPP: St. Laurent

Bus 8178 Zell Kirche, Knetzgau

DB

Heckenwirtschaft Manfred Sponsel

WWW.WEINBAU-SPONSEL.DE **Plätze (außen/innen): 0/50**

TAG DER ARBEIT MIT OCHS AM SPIESS

Rund um den ersten Mai startet hier das zweitägige Ochs-am-Spieß-Fest, bei dem ein stattliches Rindviech nach und nach im Magen der zahlreichen Gäste der Sponsels verschwindet. Drumrum gibt es Musik von Zeller Musikanten und allerlei weitere Bewirtung, natürlich nicht ohne die Weine aus dem eigenen Weingut.

TIPP: Winzerplatte

WEINE

Rebsorten: Müller-Thurgau, Silvaner, Bacchus, Kerner, Riesling, Domina, Portugieser, Schwarzriesling, Spätburgunder. Weintipp/Empfehlung von Margit Sponsel: Silvaner und Bacchus.

KÜCHE

Warme Küche: Blaue Zipfel auf Gemüsesud (Sa), sonst keine warmen Gerichte. Kalte Küche: Kleine Karte mit 10 Gerichten. Spezialitäten: Hausmacher Platte, Winzerplatte.

ANSCHRIFT

Hauptstraße 63
97478 Knetzgau-Zell am Ebersberg
Tel.: 09529-1284
Fax: 09529-1284

ÖFFNUNGSZEITEN

Nach 3König (für 6 Wochen) und
ab Mitte Okt. (für 3 Wochen)
Fr ab 16 Uhr
Sa, So und Feiertage ab 14 Uhr
Montag bis Donnerstag geschlossen

Symbolerklärung s. vordere Klappe

ONLINE AUF WWW. Wein.BY

Franken-Weingut Bauerschmitt

WWW.WEINGUT-BAUERSCHMITT.DE

Plätze (außen/innen): 100/40

DIE KLINGENDE HECKENWIRTSCHAFT

Martin Bauernschmitt wurde nicht nur die Ehre zuteil, den neuen Bamberger Weinberg am Michaelsberg bebauen zu dürfen, das Weingut, das er und sein Vater Kilian betreiben, ist auch eine der beliebtesten Adressen in der Zeiler Gegend. Ein bisschen liegt es sicherlich daran, dass an den Wänden ein Sammelsurium der unterschiedlichsten Musikinstrumente hängt, das jeder, der dazu in der Lage ist, auch benutzen darf. Dem Bamberger Weinberg verdanken wir übrigens auch das zugehörige Weinfest Anfang Juli, bei dem man zwischen Reben auf die Weltkulturerbestadt herunterschauen kann – einmalig!

WEINE

Rebsorten: Müller-Thurgau, Silvaner, Riesling, Bacchus, Domina. Weintipp/Empfehlung von Martin Bauerschmitt: Silvaner Kabinett (edler Keuper-Frankenwein).

KÜCHE

Warme Küche: Es gibt keine warmen Gerichte. Kalte Küche: Mittelgroße Karte mit 13 Gerichten. Spezialitäten: Kleine und große Häckerplatte, selbstgemachter Gerupfter, verschiedene hausgemachte Hefekuchen.

ANSCHRIFT

Ziegelanger 31a
97475 Zeil am Main
Tel.: 09524-302078
Fax: 09524-908005

ÖFFNUNGSZEITEN

Anfang Feb. bis Ende März, Anfang Mai bis Ende Juni, Mitte Aug. bis Ende Sep. und Anfang Nov. bis Mitte Dez.
Fr ab 16 Uhr
Sa, So und Feiertage ab 14 Uhr
Montag bis Donnerstag geschlossen
Für Gruppen nach Voranmeldung auch außerhalb dieser Zeiten geöffnet

TIPP: Gerupfter

Bus 8156 Ziegelanger, Zeil a. Main

Fränkische Weinstube Martinsklause

WWW.WEINGUT-MARTINSKLAUSE.DE **Plätze (außen/innen): 90/60**

DREI GENERATIONEN IM WEINVIERTEL-TAKT

Wo sogar die Oma mit über 80 Jahren noch ihre Frau hinter dem Herd steht, da kann sich jeder Gast getrost niederlassen. Soviel Erfahrung schmeckt man einfach – und soviel Liebe natürlich auch, wie die alte Dame in jedes Salatblatt steckt. Und auch die Kinder von Erich und Silvia Martin stehen bereits in den Startlöchern, sprich bedienen seit Jahren mit oder besuch(t)en die Weinbauschule in Veitshöchheim. Sohn Maximilian hat das Examen bereits hinter sich und ist dabei, seine eigenen Weinkreationen in Ziegelanger zu kreieren.

TIPP: Flugente (auf Vorbestellung)

WEINE

Rebsorten: Müller-Thurgau, Bacchus, Kerner, Silvaner, Riesling, Dornfelder. Weintipp/Empfehlung von Silvia Martin: Silvaner.

KÜCHE

Warme Küche: Mittelgroße Karte mit ca. 20 Gerichten. Kalte Küche: Kleine Karte mit ca. 10 Gerichten. Spezialitäten: Saisonale Gerichte, Flugenten (nur auf Vorbestellung, nur im Herbst) mit selbstgemachtem Wirsing und Klößen, neuseeländer Lamm.

ANSCHRIFT

Ziegelanger 6
97475 Zeil am Main
Tel.: 09524-5422
Fax: 09524-5701

ÖFFNUNGSZEITEN

Mi bis Fr ab 11 Uhr
Sa und So ab 10 Uhr
Montag und Dienstag Ruhetag
Für Gruppen ab 30 Personen nach Voranmeldung auch außerhalb dieser Zeiten geöffnet

DB 8156 Ziegelanger, Zeil a. Main Bus

Symbolerklärung s. vordere Klappe

ONLINE AUF WWW. Wein.BY

Winzerhof Schick

WWW.SCHICK-WINZERHOF.DE

Plätze (außen/innen): 50/46

WEINE

Rebsorten: Müller-Thurgau, Silvaner, Bacchus, Kerner, Riesling, Domina, Spätburgunder. Weintipp/Empfehlung von Heidi Schick: Riesling.

KÜCHE

Warme Küche: Ab und zu Tagesleckerbissen. Kalte Küche: Mittelgroße Karte mit 13 Gerichten. Spezialitäten: Eingelegter Camembert, Gerupfter, Blaue Zipfel, Marmeladenbrot mit selbstgemachten Aufstrichen.

ANSCHRIFT

Bergstraße 22
97475 Zeil am Main-Ziegelanger
Tel.: 09524-7892
Fax: 09524-300945

ÖFFNUNGSZEITEN

Anfang Feb. bis Ende Nov.
Genaue Zeiten auf Anfrage
Fr und Sa ab 15 Uhr
So und Feiertage ab 14 Uhr
Montag bis Donnerstag geschlossen
Reservierung erwünscht
Für Gruppen ab 10 Personen auch außerhalb dieser Zeiten geöffnet

SCHICK BIS ZUM EISWEIN

Bei Heidi Schick ist alles hausgemacht, die Rohstoffe kommen von Selbstvermarktern, ganz getreu der Philosophie des Vereines „Natürlich von hier“, bei dem sie im Vorstand mitarbeitet: „Neue Ideen und alte Werte“. Dass das wunderbar funktioniert, lebt sie in der eigenen Gastronomie vor und bietet Innovatives wie fruchtige Aufstriche und Gelees auch zum Mitnehmen an. Für die Weine ist ihr Sohn Sebastian – gelernter Winzer – verantwortlich.

TIPP: Eingelegter Camembert

Bus 8156 Ziegelanger, Zeil a. Main

DB

Weinhaus Zimmermann „Zur Sonne“

WWW.WEINHAUS-ZIMMERMANN.DE — **Plätze (außen/innen): 30/75**

IM WEINFEST-MEKKA

Fränkische Weinfeste haben Tradition und sind für alle Beteiligten ein Riesen-Highlight. Ganz besonders gut gefallen hat es uns unter anderem hier in Zeil. Schließlich verwandelt sich das gesamte Städtchen in eine große Festarena, jede Menge Buden säumen alle Straßen und an jeder Ecke gibt es eine andere Attraktion. Mit dabei ist natürlich auch jedes Jahr Wolfgang Zimmermann, der seinen Ökowein nach der Maxime „Biologisches Gleichgewicht statt Chemie“ an- und ausbaut. Diese Einstellung wirkt sich auch auf die Speisen aus, wir haben selten ein so gutes Schnitzel mit Kartoffelsalat gegessen (und das will wirklich etwas heißen).

TIPP: Eines der besten Schnitzel in Franken!

WEINE

Rebsorten: Müller-Thurgau, Silvaner, Bacchus, Domina. Weintipp/Empfehlung von Wolfgang Zimmermann: 2009er Silvaner (mit Silbermedaille bei der fränkischen Weinprämierung und Goldmedaille bei der DLG ausgezeichnet).

KÜCHE

Warme Küche: Mittelgroße Karte mit 10-15 Gerichten. Kalte Küche: Kleine Karte mit 10 Gerichten. Spezialitäten: Bauernenten mit Klößen und Bamberger Wirsing, Rehbraten, selbstgebackener Zwiebelkuchen (im Herbst).

ANSCHRIFT

Ziegelanger 19
97475 Zeil am Main
Tel.: 09524-5460
Fax: 09524-7529

ÖFFNUNGSZEITEN

Mo, Di und Fr ab 15 Uhr
Sa und So ab 11 Uhr
Mittwoch und Donnerstag Ruhetag
(für Gruppen nach Vereinbarung jederzeit geöffnet)

Die Mainfähre ist für alle da

x Ort mit Weinstube oder Heckenwirtschaft
Gastronomien beginnen ab dieser Seitenzahl im Buch
Weinroute
Baierwein -
Das kleinste Weinbaugebiet Deutschlands
Regensburg
Bach a.d. Donau
368
374
Kruckenberg
3

Der gemeine Mann auf dem Gäu sitzt Tag und Nacht beim Wein

So schrieb Aventinus noch um 1530. Damals war der Wein das Volksgetränk Nummer eins. Das Kloster Emmeram bezog über die Hälfte seiner Einnahmen aus dem Weinverkauf, und entlang der Donau und ihren Nebenflüssen Altmühl, Laber, Isar, Rott und Inn standen jede Menge Weinberge. Gegen Ende des 16. Jahrhunderts verschlechterte sich das Klima, und im Dreißigjährigen Krieg wurden viele Weinberge zerstört. So kam es, dass das Land nach und nach auf's Bier umschwenkte, wozu auch die Förderung des Gerstensaftes durch die Wittelsbacher beitrug. Von ehemals 2.000 Hektar Baierweinfläche standen 1870 noch 100, 1968 sogar nur noch einer.

Glücklicherweise fanden sich genau zu diesem Zeitpunkt wieder Liebhaber und Verfechter der Regensburger Landwein-Tradition, und man entschloss sich mit staatlicher Unterstützung, einen kleinen Teil des ehemaligen Gebietes um Regensburg-Winzer, Tegernheim, Bach a.d. Donau, Kruckenberg und Pentling zu erhalten. Die Stadt Regensburg (Gartenamt) betreibt sogar einen eigenen Weinberg auf den Winzerer Höhen. Die Anbaufläche hat sich heute bei 4 Hektar stabilisiert, immer noch winzig im Vergleich zu den 6.000 Hektar Frankenwein. Der Weißwein überwiegt mit knapp 90 % der Anbaufläche, wovon 2/3 mit Müller-Thurgau bepflanzt sind, auf den restlichen 10% wachsen Spätburgunder, Merlot und Blauer Portugieser.

Wir wollten Ihnen dieses zweitkleinste Weinbaugebiet Deutschlands nicht vorenthalten, es gehört zwar von der Einordnung her nicht zum Frankenwein, sondern ist als „Regensburger Landwein" eigenständig. Nachdem man von Nürnberg aus in einer guten Stunde zum Baierweinmuseum gelangen kann – und sowohl die Menschen wie auch der Wein absolut liebenswert sind – fanden wir es eine perfekte Ergänzung zu unserem Frankenweinstubenführer.

Symbolerklärung s. vordere Klappe

ONLINE AUF WWW. Wein.BY

Weinstube zum Bacherer

WWW.WEIN.BY

Plätze (außen/innen): 80/60

WEINE

Rebsorten: Müller-Thurgau, blauer Spätburgunder, grüner Veltliner, Riesling, Bacchus, grauer Burgunder, Dornfelder und weitere. Weintipp/ Empfehlung von Rosalie Nägeli: Müller-Thurgau und blauer Spätburgunder (beide aus eigenem Anbau).

KÜCHE

Warme Küche: Kleine Karte mit 1-2 wechselnden Gerichten. Kalte Küche: Mittelgroße Karte mit ca. 20 Gerichten. Spezialitäten: Brotzeitplatte, hausgemachte Suppen, hausgebackene Kuchen.

ANSCHRIFT

Hauptstraße 73
93090 Bach an der Donau
Tel.: 09403-8915

ÖFFNUNGSZEITEN

Ganzjährig geöffnet
Di bis So ab 14 Uhr
Montag Ruhetag

WO DIE MUSIK WOHNT

Im Baierweingebiet ist vieles anders, manches aber auch sehr ähnlich wie in Franken. Besonders schön finden wir die auch im Bacherer gelebte Musikantentradition: Im Gegenzug für den Ohrenschmaus bekommen Musiker hier einen Gaumenschmaus zurück. Interessant: Die ursprünglichen Inhaber wanderten nach Amerika aus. Dass es die Weinstube heute noch bzw. wieder gibt, verdanken wir der Schweizerin Rosalie Nägeli, deren Schwiegereltern den hauseigenen Weinberg betreiben.

TIPP: Hausgebackene Kuchen

Bus 810 Bach Ost, Bach a.d. Donau

DB

Eibl's Weinstube zum Sauberg

WWW.WEIN.BY

Plätze (außen/innen): 100/120

UNTER DEM WEINBLÄTTERDACH

Monika und Karl Eibl dürften eine der schönsten Terrassen im Baierweingebiet haben. Nicht nur, dass man wunderbar auf die Donau blicken kann, man ist dabei auch komplett von Weinranken umgeben. Natürlich sitzt es sich auch drinnen schön, hier hat man fast denselben Blick – vom Wintergarten aus. In Sachen Wein gibt es nicht nur die eigenen Baierweine (der Weinberg beginnt gleich hinter dem Haus), sondern auch einige Vertreter aus dem nahen Österreich.

TIPP: Saure Zipfel

WEINE

Rebsorten: Elbling, Müller-Thurgau, Bacchus, Dornfelder, Domina, blauer Zweigelt. Weintipp/Empfehlung von Karl Eibl: Bacchus.

KÜCHE

Warme Küche: Kleine Karte mit 4 Gerichten. Kalte Küche: Kleine Karte mit ca. 10 Gerichten. Spezialitäten: Selbstgemachter Obatzter, saure Zipfel.

ANSCHRIFT

Hauptstraße 70
93090 Bach an der Donau
Tel.: 09403-606

ÖFFNUNGSZEITEN

Ganzjährig geöffnet
Täglich ab 13 Uhr
Montag Ruhetag

Symbolerklärung s. vordere Klappe

ONLINE AUF WWW. Wein.BY

Weinstube Heitzer

WWW.WEINSTUBE-HEITZER.DE

Plätze (außen/innen): 70/85

SO ALT WIE DAS REINHEITSGEBOT

Man glaubt es kaum, die heute eher modern anmutende Weinstube Heitzer fußt auf eine etwa fünfhundertjährige Tradition und ist somit die älteste Weinstube der Region. Heute zeichnet Angela Winkler für die Bewirtung verantwortlich, die das Lokal vor einigen Jahren kaufte, im Weinberg führt Reinhard Ullsperger weiterhin Regie. Neben seinen Trauben Johanniter, Dornfelder und Regent gibt es in der Weinstube noch weitere deutsche Weine und vor allem Klassiker aus dem nahegelegenen Österreich.

WEINE

Rebsorten: Johanniter, Regent, Müller-Thurgau, grüner Veltliner, Zweigelt, Schilcher, Kerner, Scheurebe, Bacchus, Riesling, Silouette, Chardonnay, Edelvernatsch, Portugieser. Weintipp/Empfehlung von Angela Winkler: Müller-Thurgau.

KÜCHE

Warme Küche: Kleine Karte mit ca. 8 Gerichten. Kalte Küche: Kleine Karte mit ca. 10 Gerichten. Spezialitäten: Winzerplatte, Brotzeitplatte, Schweinebraten (So).

ANSCHRIFT

Obere Bachgasse 9
93090 Bach an der Donau
Tel.: 09403-954832

ÖFFNUNGSZEITEN

Ganzjährig geöffnet
1. Mai bis Ende Okt.
Täglich ab 12 Uhr
Dienstag Ruhetag
Anfang Nov. bis Ende Apr.
Mi bis Sa ab 14 Uhr
So und Feiertage ab 12 Uhr
Montag und Dienstag Ruhetag

TIPP: Schweinebraten am Sonntag

Bus 810 Gasthof zur Post, Bach a.d. Donau

DB

Straußenwirtschaft Otto Müller

WWW.WEIN.BY **Plätze (außen/innen): 0/35**

DER BESTE OBATZTE DER WELT

Die Gäste kommen regelmäßig von weit her zu Otto Müller in die rustikale Mini-Heckenwirtschaft, allerdings nicht nur wegen des guten Weines, sondern vor allem wegen des Gerupften, pardon, Obatzten, wie es im Baierweingebiet heißt. Stammgäste halten ihn für den besten der Welt. Gemeinsam mit seiner Frau kümmert Otto sich liebevoll um Gäste und Rebstöcke, darunter auch der Elbling, die älteste Weinsorte Europas, die sonst fast nur noch an der Mosel angebaut wird. Genauso wie dort sind auch hier die Römer für die Rebe verantwortlich, die bekanntlich 179 nach Christus im heutigen Regensburg für über 200 Jahre ihr Lager aufgeschlagen hatten.

TIPP: Hausgebackene Kuchen

WEINE

Rebsorten: Elbling, Müller-Thurgau, Perle von Alzey, Dornfelder, Portugieser, Spätburgunder. Weintipp/Empfehlung von Otto Müller: Elbling.

KÜCHE

Kalte Küche: Kleine Karte mit ca. 5 Gerichten. Spezialitäten: Hausgebackene Kuchen, Winzerschinken, selbstgemachter Obatzter.

ANSCHRIFT

Hauptstraße 54
93090 Bach an der Donau
Tel.: 09403-8296

ÖFFNUNGSZEITEN

Ab 26.12. bis Ende März und
Ende Sep./Anfang Okt. für 2-3 WE
Fr, Sa, So und Feiertage ab 12 Uhr
Für Gruppen auf Anfrage unter der Woche geöffnet

Das BaierWeinMuseum mit Fest

WWW.BAIERWEIN-MUSEUM.DE

Seit den Römern war die Donau auch um Regensburg ein ergiebiges Weinbaugebiet. Bis zum heutigen Tage erlebten Wein und Winzer hier jede Menge Aufs und Abs, von der großen Blütezeit zwischen 1300 und 1600 bis zur fast kompletten Vernichtung nach den strengen Frostjahren 1956 und 1957. 1998 öffnete das BaierWeinMuseum seine Pforten, womit es nun auch eine hervorragende Dokumentation dieser einzigartigen Kulturlandschaft in Bayern gibt.

Im Garten des Museums sind Terrassenweinberge mit vielen bekannten Rebsorten angelegt, ein Weinlehrpfad erklärt die einzelnen Sorten und gibt die nötigen Hinweise, um Wuchs, Form und Farbe unterscheiden zu können. Dazu wird auch das Leben des Winzers und seine einzelnen Arbeitsschritte erklärt. Eine tolle Gelegenheit, sich einen umfassenden Überblick zu verschaffen. Und das noch am konkreten Beispiel.

Im Inneren finden sich Gegenstände und Dokumente aus der Baierweingeschichte, viele Infotafeln und ein Multimediaraum, außerdem eine originale historische Weinpresse. Und damit der Stoff nicht zu trocken bleibt, schenkt man auch gerne ein oder mehrere Gläschen Baierwein aus, bei dem dann noch in Ruhe über Wein und Winzer gefachsimpelt werden kann.

Das schönste Erlebnis war für uns das Baierweinfest, das jährlich im September stattfindet. Dann bevölkern zahlreiche Menschen aus der Umgebung, aber auch Regensburger den Museumsweinberg und alle anderen verfügbaren Flächen und trinken den Baierwein-Federweißen jedes Jahr bis zum letzten Tropfen aus. 2010 war das leider schon um 18 Uhr, so dass die weinselige Menge in die Weinstuben des Ortes weiterziehen musste.

Anschrift und Öffnungszeiten:
Hauptstraße 1a
Bach a.d. Donau
Geöffnet jeden ersten Sonntag
im Monat von 14 bis 17 Uhr.

Infos:
Verwaltungsgemeinschaft Donaustauf,
Wörther Straße 5, 93093 Donaustauf
Tel.: 0 94 03-95 02-0, Fax: -80
eMail: poststelle@vg-donaustauf.de
Website: www.baierwein-museum.de

Symbolerklärung s. vordere Klappe

Weinstube „Zum Kruckenberger“

WWW.ZUM-KRUCKENBERGER.DE

Plätze (außen/innen): 80/165

GROSSE TERRASSE UND GROSSES HERZ

Irmgard Riedl macht nicht nur den Wein des Hauses selbst, sogar die Häkeldeckchen auf den Tischen nebst ausgeschnittenen Herzen etc. sind echte Handarbeit. Früher brachten sich die Gäste aus dem Ort noch ihre Brotzeiten selbst mit auf die gigantische Sonnenterrasse, heute lassen sie sich die Köstlichkeiten ihrer Wirtin schmecken. Besonders beliebt sind die Enten und die Flammkuchen der sympathischen Winzerin, wobei es erstere nur auf Vorbestellung gibt.

WEINE

Rebsorten: Müller-Thurgau, Silvaner, Grüner Veltliner, Blauer Zweigelt. Weintipp/Empfehlung von Irmgard Riedl: Müller-Thurgau und Silvaner.

KÜCHE

Warme Küche: Kleine Karte mit 5 Gerichte. Kalte Küche: Kleine Karte mit ca. 10 Gerichten. Spezialitäten: Winzerjause, selbstgemachter Flammkuchen.

ANSCHRIFT

Kruckenberg 64
93109 Wiesent
Tel.: 09482-1683 oder 0170-3180334

ÖFFNUNGSZEITEN

Täglich ab 14 Uhr
Anfang Apr. bis Ende Okt. Dienstag Ruhetag
Anfang Nov. bis Ende März Dienstag und Donnerstag Ruhetag
Für Gruppen nach Absprache auch außerhalb dieser Zeiten geöffnet

TIPP: Winzerjause

Bus 810 Kruckenberg Nr. 20, Wiesent

DB

Weinstube „Zum Vogelherd“

WWW.WEIN.BY

Plätze (außen/innen): 70/100

WO'S DEM ALTKANZLER SCHMECKT

Hausgemachter Pfälzer Saumagen ist nur eine der vielen Spezialitäten, denen sich die Heitzers verschrieben haben. Viele legendäre alte Rezepte feiern hier in der Küche ihre Wiedergeburt und lassen das Herz der Gäste höher schlagen. Der Name der Weinstube rührt von dem Hang, an dem das Anwesen liegt. Dort wurden früher verschiedenste Vögel gefangen, was im 19. Jahrhundert sogar eine Freizeitbeschäftigung für den „normalen“ Bürger war. Heute zwitschert das Federvieh wieder unbehelligt, wenn die Gäste sich bei einem leckeren Schoppen und einem der schon erwähnten historischen Schmankerl entspannen.

TIPP: Pfälzer Saumagen

WEINE

Rebsorten: Müller-Thurgau, Bacchus, Elbling, Kerner, Spätburgunder, Dornfelder, Acolon, Portugieser und weitere.

KÜCHE

Warme Küche: Mittelgroße Karte mit 15 Gerichten. Kalte Küche: Mittelgroße Karte mit ca. 15 Gerichten. Spezialitäten: Hausgemachter Pfälzer Saumagen, Gulaschsuppe, regionale Schmankerl.

ANSCHRIFT

Kruckenberg 56
93109 Kruckenberg
Tel.: 09482-3090

ÖFFNUNGSZEITEN

Ganzjährig geöffnet
Mo bis Sa ab 14 Uhr
So und Feiertage ab 11 Uhr
Mittwoch Ruhetag

Frankens Weinstuben und Heckenwirtschaften alphabetisch nach Namen

Frankens Weinstuben und Heckenwirtschaften alphabetisch nach Namen

Frankens Weinstuben und Heckenwirtschaften alphabetisch nach Namen

Der wohl älteste Weinberg Bayerns

WWW.REGENSBURG.DE

Im zweiten Jahrhundert nach Christus schuf ein römischer Soldat auf den heutigen Winzerer Höhen ein kleines Heiligtum zu Ehren des Gottes Bacchus. Das entdeckten die Regensburger aber erst in den 1950er Jahren, und es dauerte nochmals 30 Jahre, bis Gartenbauamtsleiter Ernst Stösser, ein Winzersohn aus Baden-Württemberg, die Oberpfälzer überzeugen konnte, dort die alte Weinbautradition wiederzubeleben.

Die Franken griffen den Regensburgern unter die Arme und luden sie zur Fortbildung ein, schließlich gehört das Baierwein-Gebiet zur ihrem Verwaltungsbereich. Heute bewirtschaften Stösser und sein Team einen Weinberg von 8.000 Quadratmetern und zusätzlich die Reben, die sich mittlerweile an den Gebäuden des Gartenbauamts hochranken. Und das alles ehrenamtlich! Über 20 Mitarbeiter kommen so regelmäßig nach der Weinbergspflege zu einer kräftigen Brotzeit zusammen und genießen den tollen Ausblick auf Ihre Domstadt.

Das Ergebnis dieser Arbeit Names Salutaris kann sich sehen lassen und wird auch von Weinkennern geschätzt. Dabei ist es gar nicht so einfach, an den edlen Tropfen heranzukommen. Denn er ist nicht käuflich, sondern wird von der Stadt nur zu ganz besonderen Anlässen verschenkt. Selbst die jährliche Verkostung des Vorjahresweines im historischen Weinkeller ist den höchsten Beamten und Politikern vorbehalten. Ein normaler Bürger muss biblisches Alter erreichen – dann kommt der Bürgermeister mit einer Flasche Salutaris vorbei.

INFO

Am Regensburger Weinberg stehen neben den Hauptsorten Müller-Thurgau, Silvaner, Kerner, Weißburgunder, Regent und Dornfelder auch viele weitere Sorten, deren Eignung für das Baierwein-Gebiet getestet werden soll. Der Ausbau erfolgt immer trocken, teils sogar im Barrique. Die Etiketten werden jedes Jahr von einem Künstler gestaltet.

Freizeitführer neu erfunden!

Wie Sie am vorliegenden Buch und der Tatsache, dass es sich um die zweite Auflage handelt, sehen: Wir kümmern uns um die Fränkische Genuss- und Freizeitkultur!

Das tun wir mittlerweile seit vielen Jahren und haben uns – so wurde uns zumindest gesagt – auch einen Namen gemacht. Unsere Bücher stehen für eine authentische, nicht durch Werbung und Kommerz verzerrte Recherche und Präsentation. Wir konzentrieren die zentralen Informationen auf einer oder maximal zwei Seiten und bringen damit alles Wesentliche auf den Punkt. Dabei sind Text, Bild und Layout in einer Hand, ohne Hin und Her zwischen verschiedenen Ansprechpartnern.

Das bedeutet für Sie als Leser eine verlässliche Informationsquelle mit hohem Engagement und Eigeninteresse, die ihnen kurzweilig ein komplexes Thema erschließt. Wenn Sie selbst eine Region oder Stadt betreuen bzw. vertreten, dann kann das für Sie auch ein perfektes Instrument bedeuten, die Stärken und Besonderheiten für eine breite Leserschaft aufzubereiten. Deswegen arbeiten wir gerne mit Partnern zusammen, die uns Anregungen für die Erschließung eines bestimmten Themas geben – und damit den Startschuss für ein neues Buchprojekt. So sind zum Beispiel die Genusswegweiser für Kulmbach, Haßfurt und Bamberg entstanden, oder auch der Erlebniswegweiser für das Fränkische Seenland bzw. der Führer zu den fränkischen Brauereien.

Zögern Sie also nicht, uns zu kontaktieren, wenn Sie ein attraktives Gebiet oder Thema an den Leser bringen wollen – wir prüfen Ihr Anliegen und setzen es auch gerne um, wenn es die nötigen Voraussetzungen erfüllt. Die Unabhängigkeit in der Recherche lassen wir uns natürlich dabei nicht nehmen, aber das ist ja auch in Ihrem Sinne, denn Anzeigenblätter gibt es genug...

Frankens Brauereien und Brauereigaststätten
ISBN: 978-3936897647
672 Seiten - 19,90 Euro
Jetzt erhältlich!

Frankens schönste Bierkeller und Biergärten
ISBN: 978-3936897821
672 Seiten - 19,90 Euro
Jetzt erhältlich!

Kontakt u. weitere Infos: **www.guidemedia.de** oder **Tel.: 0951-5194166**

ERLEBNISWEGWEISER

Erlebniswegweiser
Fränkische Schweiz
ISBN: 978-3936897845
240 Seiten
2. Aufl.: April 2011!

Erlebniswegweiser
Fränkisches Seenland
ISBN: 978-3936897814
240 Seiten - 9,90 Euro
Im Handel!

GENUSSWEGWEISER

Genusswegweiser
Bamberg Stadt & Land
ISBN: 978-3981269314
264 Seiten - 9,90 Euro
Im Handel!

Genusswegweiser
Landkreis Haßberge
ISBN: 978-3981269352
264 Seiten - 9,90 Euro
NEU: Ab Mai 2011!

Weitere Werke bereits in Arbeit:

Herbst 2011:
Erlebniswegweiser Metropolregion Nürnberg
1. Auflage, 672 Seiten;

2012: Genusswegweiser Nürnberg, Erlebniswegweiser Altmühltal;

2012: Frankens Weingüter
2015: Bayerns Brauereien

Liebe Weinfreunde,

wir möchten uns bei Ihnen herzlich für Ihr Interesse und Ihre rege Mitarbeit bei der Weiterentwicklung des vorliegenden Buches bedanken. Nur so war und ist es möglich, immer ein aktuelles Bild der lebendigen fränkischen Weinkultur zu bieten. Wir haben auf dem Weg zum vorliegenden Buch unzählige Leserzuschriften durchgearbeitet, die Tipps herausgesucht und uns anschließend auf den Weg zum persönlichen Test gemacht. Meist waren wir überrascht und begeistert, welch wundervolle Horte der Weinkultur sich in unserem Landstrich verbergen.

Deswegen laden wir Sie ein, uns auch weiterhin auf unserer Reise durch Franken zu unterstützen. Wir freuen uns über alle Anregungen und Vorschläge und können bereits heute versprechen, dass es sicher auch in der nächsten Auflage wieder viel Neues und Spannendes zu entdecken geben wird. Bis dahin freuen wir uns, wenn Sie vielleicht auch bei einem anderen Thema zu einem unserer Bücher greifen, beispielsweise, wenn es um die fränkische Bierkultur oder auch um die Freizeit in Fränkischer und Hersbrucker Schweiz oder im Fränkischen Seenland geht (alle aktuellen Werke siehe Seite 382 und 383).

Sie erreichen uns unter:

GuideMedia GbR
Markus Raupach & Bastian Böttner
Grüner Markt 15
96047 Bamberg
Tel.: 0951-5194166
Fax: 0951-2084263
eMail: info@guidemedia.de
Website: www.guidemedia.de

Übrigens: Alle Tipps und Informationen zu unseren Büchern können Sie auch auf der Website **www.wein.by** finden. Die dortigen Daten werden ständig aktualisiert. Falls Sie also einmal wegen Öffnungszeiten oder ähnlichem nachschauen wollen, ist die Information nur einen Klick weit weg (natürlich ohne Gewähr).

Auf Wiedersehen im nächsten Buch!

Wein.BY
WEINKULTUR ERLEBEN

GUIDEMEDIA